河出文庫

# 性・差別・民俗

赤松啓介



河出書房新社

# 性・差別・民俗

◉

目次

## III 土俗信仰と性民俗

# 性・差別・民俗

# I

# 民俗境界論序説

## はしがきに代えて

# 1　無間の鐘を撞く

播州は市川の流域、神崎郡某所ということにしておいて、近郷近在に鳴りひびいた長者がある。それだけの富豪、長者であるにもかかわらず、御当家では先祖から正月のお雑煮餅が祝えなかった。どうして祝えなかったのか、その素因をあらあら物語ると、市川流域の川に臨んで古寺、破《や》れ寺があるが、その寺とも、寺あとともいえるあとに、十二月の暮、つまり極月の極日、師走の三十日、旧暦の季冬三十日の夜も丑満刻。ウシミツドキになると、ああらふしぎやな、けたいやな、天から降ったか、地から湧いたか、こつ然と鐘楼が顕出した。もとより鐘楼であるから、釣り鐘も、撞木もある。昔から、この日、この刻に、この鐘を撞くと、近所近在にないほどのシンショモチ、すなわち大金持ちになるというコトワリ、イイツタエ、つまり縁起、伝説があった。近所近在の慾深い連中、百姓どもも、それをよく知っていたのだが、この「無間の鐘」、また「無限の鐘」だけは撞こうとしなかったのである。なにが「無間」であるか、また「無限」であるのか、それはわからない。しかしいかな「無法」者、いかな「無茶」者も、この「無間の鐘」、また「無限の鐘」だけは、どのように責められ、強いられようとも撞こうとしなかった。鐘を撞いて、この世で土地持ち、金持ち、いや大土地持ち、大金持ちとなったところで、「無間の鐘」、「無限の鐘」を撞いて、どのような責苦に現世、来世に遭うものなのか、それはわからない。自分一代はともかく、死後の世界にも、わが身の子孫にまで、その責苦が及びかねないとしたら、いかな無法者も、いかな無茶者も手びかえ、さしひかえざるをえなかったのである。

しかるにある年の暮、どうにものっぴきならぬ借銀が重なり、どうにしてでもカネを作らねばならぬことになり、いかな地獄の責苦であろうとも、この借銀、借財の責苦に勝るものがあろうか、ならばいっそ心を鬼にして、あの「無間の鐘」「無限の鐘」を撞いて見せようと、その長者、金満家の御先祖が決心いたされた。その年の暮、極月師走の極日、三十日の陽も暮れるのを待って、人の居ないのも見定めて、市川の川堤へ登って、かの幻の鐘楼が湧出するのを待ったのである。ほんまに鐘楼が現出するのか、しないのか、それは遠い昔からの伝承であって、いままでに撞いた者がいないのでわからない。しかし、これに賭ける外にないと弱気の出るのを自ら叩き叩き、待っていると、いよいよ丑満刻、ウシミツドキの真夜中になると、ああらふしぎや、奇怪や、いつ、どこから運ばれてきたのか、落ちてきたのか、夢まぼろしのような鐘楼が浮かんでいたのである。とつ、おいつ、どうしたものかと思いなやんだが、いまさらどうしようもあるものか、三千世界がどうなろうと、過去、現世、未来の子孫、眷属がどうなろうとおれのしったことかと、おぼろに浮かぶ鐘楼へ無我夢中で駈けより、駈け上り撞木にとりつき、一つ、二つと撞いたのは覚えているが、後は夢うつつにわからなかった。すんだ鐘の響きを聞いたようにも思うが、はっきりとはわからず、去る年が消えるのと同じように、いつの間にかまぼろしの鐘楼も、無間の鐘、無限の鐘もふっとかき消えてしまっている。いまはこれまでと家へ飛んで帰り、冷えた寝床でふるえておられたそうだ。もとより女房、こども、一家眷属の末までかくしてのことで、あの鐘の音を聞いていなかっただろうか、近所近在のムラ、ムラにひびき渡っていなかっただろうかと心も空であったが、よくよく考えてみたらば、当夜はどこのお寺さんでも鐘楼があり、鐘を釣り下げて居れば撞いたはずで無間の鐘、無限の鐘の響きも、その合声のなかにまぎれて消えたはずである。それからはすること、なすことみんな弓の的に当るように芽が出て、いつの間にか巨富を積み、百万長者として近郷近在にならぶもののない豪家と光り輝くことになった。いつしか年越しとなり、去年のいま頃のことを思うとまことに夢まぼろしであるが、どんな責苦があるものかと毎日、ふるえる気持ちで待っていたのも、なんとしたことか繁昌するばかりで、自分はもとより家内一同も無病息災、こんな結構なことがあろうかと喜ぶほかない。

明けて正月、初日の出とともに家内、召使い一同祝いの膳について、まずはめでたいとお雑煮を待っていると、お嬶《かか》さんが顔色変えて出てきて長者をものかげへよんで、お雑煮を炒いてフタをとってみれば、なかにヒルが一ぱいおりました。なにをしたのと女中を叱ると、女中も顔色を変え、これで三べん捨てて替えましたとふるえておりました。ああ、これが無間の鐘、無限の鐘を撞いた報いかとわかったものの、いまさらどうすることもできず、それではお雑煮を抜いて、お正月にしようではないかということで過ごした。しかし、その翌る年の正月も、お雑煮がヒルとなり、またもや雑煮抜きの正月をするほかなくなる。こうしてお雑煮抜きの正月を重ねるうちに、いつしか無間の鐘、無限の鐘を撞きなさったという噂が高くなり、いかに大金持ちになろうともお雑煮が食べられないような正月では、めでたい正月とも祝えないだろうと評判が立った。そうした世間の後指にさされて、いつのほどにか家屋敷のあとも消えたというはなしである。

ばかな、雑煮がヒルになるぐらい、どうということもあるまい。それぐらいのことで大地所持ち、大金持ちになれるならば、俺も無間の鐘、無限の鐘を撞いてみようではないか。市川流域などとぼやかすこともあるまい。いずこの、どこにあるのか、はっきり教えよといわれるだろうが、それもいつのほどにか掻き消えている。しかし、いつの時代であろうと、どのような社会、世界であろうと、無間の鐘、無限の鐘を釣るした鐘楼は、夢まぼろしのように湧き出ているのであるまいか。仏法の難しい解釈はさておいて「無間」地獄とは絶え間のない欲望に狩り立てられ、駈け走らされて、狂い廻る「阿鼻」地獄でもあるようだ。「無限」も、「無間」も同意語らしいが、「無間」をどのような無法な手段であろうと、おのれの欲望のためには行使するという残虐無惨さの世界の実現とみて、また「無限」をいかほどに財宝を積み上げようと、更にその上の財宝を求めて狂う不満欠落の世界の希求とみれば、どうやらわれわれ人間は始発の時代から「無間地獄」「無限地獄」の世界を狂い走り抜けてきたらしい。進歩といい、発展といい、「無間」の惨烈な手段を求め、「無限」の際限のない欲望にかわくこともないようだ。これほど物満ち、金足りているのに、まだまだこの上になにが欲しいのか。私は坊主や牧師ほどのウソツキでないし、政治家や事業家ほどのカネ狂人ではない。私は年に一回、つまり一度よりテレビを見ないのである。ほんとのはなしだ。うちのテレビは二十年も前に、親類が捨てるというのを拾ってきたものである。二、三年はカスミながらもどうにかカラーであったが、それからだんだん映らなくなり、いまでは2と、6ぐらいがどうにか白黒で見えることだ。しかしとてもまともでは映らないので、スイッチを入れてから箱の上を思いっきり叩くか、箱の下の台を蹴り上げるといかにも不承不承らしく顔を出してくれる。それほどまでにしてなにが見たいのか。NHKの宣伝するわけでないが、紅白歌合戦とそれにつづく往く年、来る年の鐘の声である。ああ、また愚かな人間世界に寂滅為楽の鐘が鳴り響く。ただ、しかしこれを「寂滅為楽」と聞く奴が何人居るだろうか。来年こそはどんなにしてでも金を儲けて、立身出世をして、他人を蹴り落としてでも地位を固めないことには、というのでは、「無間の鐘」「無限の鐘」を撞くのである。せっかく人間と生れて、いくら長生きしても百歳は、まだ稀であろう。長い百歳か、たったの百歳か、それはわからぬが、その人世を金儲けと立身出世であくせくして、どれほどの満足があるのか。「無間」地獄、「無限」地獄の餓鬼と化して、修羅の世界の妄執にこの人世の最期の瞬間を落ちるのは虚しい気がする。私は死後の極楽世界を空想するほどバカでないから、せめてこの世で呼吸のとまる一瞬を平静に終末したいと思う。俺の息がとまるときは、すなわちこの世界、この地球が滅亡するときだ。まさに寂滅為楽であり、それから先のこと、後のことはわからぬ。

テレビ二十四時間放送と聞いて、つくづくと日本人のバカタレにあきれ果てた。俺は一年に一度よりテレビを見ないが、それで別に時代遅れにもならぬし、不自由もしていない。二十四時間放送の行きつく先は、日本人を二十四時間起こして働かせることになるだろう。一日中、一年中、永遠に寝る間もなく働き続けて、お前らなにが欲しいのだ。一日に黄金のメシを百パイ、重量百貫の黄金のキンキラ衣裳を引きずって、黄金の豪邸に住んでみたいか。まあ、やめとく方がええ。一日、三度、二ハイか三バイのめしが安気に食え、寒さを防げる程度の着物があり、雨風を避けられる程度の住家があれば、それで十分である。私はいま老齢年金月額三万円弱、これではなんぼなんでも安気に食えん。そこで女房こどもがなんとか七、八万円で食え、と喧《やかま》しくいう。ただ、私はそれで十分に食っているから、その上の高望みはしない。日本人一億、この程度の生活を理想とすれば、そんなに目の色変えてカネ、カネと狂い廻らずともよかろう。世の中には「満願の疾病」に狂うバカも居るもので、ええ年をしてから松下幸之助みたいにカネに狂うのが居る。事業とはいうが、金が儲からぬような仕事はしないだろう。世界中のカネを掻き集めるのが理想だろうが、昔風にいえば死んであの世へ持って行けるのは、たったの「六文」なのだ。やめておくがよい。

一九八七年の暮も、もう三十余日に近くなる。また往く年、来る年の除夜の鐘が近くなってきた。ああ、また愚かな人間世界に寂滅為楽の鐘が鳴りひびく。正月のお雑煮餅を祝わんかとナベのフタをとって見ると、原子の火、核の火が燃えさかっている。これこそわれわれ愚かな人間が無間の鐘、無限の鐘を撞いてしまった報いで、雑煮餅が呪いのヒルに化したのだ。われわれ人間には、もう正月すら心から喜び迎えることもできないようになったのである。雪やコンコン、あられやコンコン、正月来たらなに嬉しい。割り木のようなトトそえて、雪のようなママたべて、竹馬乗って、タコ揚げて、羽子板突いて、手まりついて、遊びのネタはいくらでもあった。小さい家の前の小溝にもキレイな水が流れ、ドジョウが跳ね、小鮒が泳いでいる。犬はワンと吠え、猫はニャンと鳴き、雀が群れ飛び、トンビがピイ、ヒョロヒョロと大きい輪を描いて見せてくれた。このほかに、なにが欲しいのか。「無限」の富を求め、「無間」の地獄へ落ちた私たちは、いま空も、地も、川も、海も化学物質、核物質の汚染で死滅させ、やがて一切の生物が絶滅する日を待ち望んでいる。そうなると山の神、野の神、あらゆる妖怪変化たちも、またその歴史を閉じるだろう。一つ積んでは空を飛んだ鳥のため、二つ積んでは地を走ったケモノのため、三つ積んでは水の中で暮していたサカナのため、しかしおのれの醜悪な野望のために地球を崩壊させた人間のために積んでやる石は、いくら無間地獄の底にもなかった。ＴＨＥ　ＥＮＤ。

人間も、地球も、宇宙も、いずれは滅亡する。この短い生涯をなんとか、有意義に暮らせないかというのも、また一つの生き方だろう。そうなると百人、百趣で、どうぞ御勝手に、と突き放すほかあるまい。あらゆる宗教、思想が人間いかに生きるべきかを考え、教えてきた。まだすべての人間が聖人、君子になっていないのを見ると、失敗したのである。孔子、釈迦、キリストその他の教祖たちをもってしても失敗しているのに、いわんや末世の坊主や牧師たちにできることであるまい。しからば不逞の人間どもを弾圧、飴と鞭とで馴化させるほかなかろう。これも歴史以来、幾多の王朝、政治権力の交替、変革をもってしても、いまだに分裂と抗争、戦闘と政治的弾圧とを繰りかえしている。マルクスこそ、こうした矛盾を止揚し、新しい人類の歴史を切り拓くかと期待したが、どうやら新しい矛盾を増幅しただけのようだ。マルクス理論は本質的に、覇者の理論である。どこの国にでも、実行できるようなものではない。いまのところ可能性のあるのは、ソ連、中国、アメリカ合衆国ぐらいのもので、将来性があるとすれば印度、ブラジルを加える程度であろう。日本は高度成長で東西の対抗を利用して、経済大国へ駈け上がった。しかし、その基盤は極めて脆弱、とても永続性のあるものではない。大英帝国ですら一世紀に及ばなかったのだから、植民地の殆どない日本の前途はさらに短いだろう。しかも中国の鄧政権は近代化を急ぐことなく、その基盤の秩序ある整備と発展を企図している。中国大陸の巨大な人口と資源とが目的的に開発されるならば、五十年を待たずして日本は拝跪するほかなかろう。かつての軍部のように、ジリ貧に耐えるか、ドカ貧に賭けるか、二者択一の時期がくる。ソ連ゴルバチョフ政権のペレストロイカ路線が定着すれば、ドカ貧の賭けはいよいよ失敗するほかあるまい。要するに四つの島で、なんとか生きて行く方法を考えるほかないだろう。私は沖縄の人たちが、なぜ「琉球王国」、あるいは「琉球共和国」として独立しないのか、その政治的認識を疑っている。「奄美諸島」以南の返還を求めて、独立すべきだろう。独立した上で、日本と連合国家体制を組むか、中国と連合体制を組むかは、人民の要望に従うというのが定式である。日本にとっても、できるだけ贅肉を削って生きて行くことになるだろう。あらゆる幻想を捨てて冷静に考えるならば、われわれの近い未来の環境は、こういうことにならざるをえない。

## 2 境界の調査と弾圧

そういう人間世界の破滅が、もうすぐ近い段階になったというのに、たかが原発被曝ぐらいに目くじらたてなさんな。そら、ほんまにそうや。ほな一つ、ええじゃないか、ええじゃないか。お前のもんは、俺のもん。お前のカカは、俺のカカ。ええじゃないか、ええじゃないか、と踊り狂うてこまそうか。なにがアホやいうても、知床を守れ、宍道湖を守れ、四万十川を守れ、原発試行をやめとけなどと騒いでいる奴ほどバカタレはあるまい。そんなことぐらいでとめられるはずもなく、後には土建屋、企業会社、政治家が利益でつながっている。反対運動をやればやるほど値を釣り上げて、金儲けが大きくなるのだから、おそらく反対運動のグループのなかには廻し者も多く、ここらが最高というところでピタリと終息、まじめに自弁で走り廻っているアホどもはハジキ飛ばされてダウン。警察からは不逞の輩と目をつけられて、一生、ろくなことはあるまい。戦前は治安維持法、戦後はレッドパージで、一生人並の給料をもらったことがない私が証明してやる。

ちょうどただいま、二月十七日（水）午前十一時、国民年金振込通知書がとどいた。これまで三月毎支給が二月毎に変更、支払金額は五万五二五〇円、これを二で割って月額いくらになるか、ヒマのある奴は計算してみてくれ。これもいわゆる追い込み年金で、女房や娘が出資してくれてどうにか確保できた。世のため人のため、せっせと原稿を書いてきたがこれが殆どタダ。うちの女房が怒って、タダとはどういうことか、わかっとるのか。メシ代は別として、ペン代、インキ代、紙代から状袋代、切手代まで持ち出しなんやぞ。ドアホとどなられたが、ほんまにそうやと思うがどうしようもない。この本もどうせそう売れず、執筆に半年かけて割ると月額五万円にもならず、また女房に資料代にもならぬとどなられる。俺に借りのある奴、すこしでも原稿料よこせ。まあ、それはあきらめるとして、若気の至りで「来れ！　牢獄、絞首台」などと意気がっていると、末はこういうことになった。

戦前、多可郡の小作人を訪ねて話をしていると、女房がチョットと裏へ引き出す。聞こえないと思っているのだが、農婦の地声はかなり高い。破れ壁一つでは、筒抜けである。「お前、ともだち連れてきても、今晩食わせるもんないぜ。わかっとんのか。お前は宗五郎になった気でええやろが、わしらどないするんや。アホが、他人《ひと》におだてられて、ええ気になりおって」と叱られていた。全くその通りで、私も母や一族から同じ文句で叱られていたから、どちらのいい分もよくわかる。わかっても、どうしようもない。農民組合でも、水平社運動でも同じことで、淡路へ行ったとき夜遅く歩いていると立ちどまった友人が「見張っとれよ」と傍の畑へ入った。ナスやキュウリをかかえてきて、お前もかくせとタモトやフトコロへねじこみ、あいつの家へ行っても食うもんないからなあ、という。ナンキンはええのやが、かくせんでのお、と笑った。いまの農協や解放同盟の人たちには想像もできないだろうが、腹がへってたまらなくなるとイモ、西瓜、ナスビ、キュウリはよく盗んで食ったもんである。冬になると食うものがなくなるが、大根の抜き残りやつるし柿などを盗み食いした。田舎はまだ食う物があるが、町になると残飯あさりをしなければ、水より食うものがない。戦後に農協や団体役員、各級議員に浮上したのもあるが、私らのように水底を這い廻っていた連中は、これも奇妙に浮かび上がったのがいないのだ。運動が沈滞して去る者は去り、僅かに残った畳壁を楯として肩を寄せ合って戦った、真に「戦士」とよべる人たち、かれらは殆ど沈黙したまま戦場から去っている。それが、まことの「戦士」の作法であろう。

　東播地方でも、とくに明石、加古、美嚢、多可の諸郡は小作争議の激しい土地であった。牛の双角に松明《たいまつ》をつけて、地主の家へ追い込んだとか、立禁の札を引き抜いて田植え、警官隊と乱闘したとか、全村の小学校児童に同盟休校させ、寺や公会堂で自主的教育をやったとか、当時の有名な武勇伝はかずかずとある。農民運動史の資料を蒐集するためにと、現地へ行って調べてみると、それに関係した人たちは殆ど語ろうとしなかった。誇りをもって語るのかと期待したのに、全く外れたのである。とくに主力となって働いた婦人たちは、もうあんなことはイヤだとはっきりと断った。当時は運動が沈滞し、警察の監視も強くなっていたからだと思っていたが、そうでもなかったのである。あんな大騒動になるとも思わず、なんとか手作りでやろうと思っているとどんどんと応援が来出した。しかしそんな連中に食わせる米はなし、宿をせえいわれてもフトンがない。初期の間に隣近所の町や村から手伝いに来てくれた連中は、さすがにわかっているから俺の食いブチだけやぜえと断りながら、二升、三升と米を持ってきて帰ってくれる。その余り米でどこから来たのかわからん連中を食わせてやっているのに、めしが悪いとか、副食がなっとらんとか文句をいい出し、あげくにこの辺のムラは酒も売っとらんのかと皮肉をぬかす。なに様《さま》の家へ来とると思っとるのか、家見てもわからんのか、と思いまっせ。遠い所から旅費つかってきたのか知らんが、こっちが頼んだわけでなし、大けな顔して他人《ひと》をこき使い、騒動が大きくなるほど自分の手柄になるのだろうが、わたしらには大けな迷惑ですわ、と叱られた。まあ騒動が大きくなれば三俵、五俵と米も集まるし、闘争資金も増えるのは間違いないが、それとともに主導権も地元から離れて、いわゆる闘士、煽動家の手へ移る。争議に勝っても、負けても、騒動を大きくするほど煽動家の手柄になるが、かれらにこき使われて第一線で働かせられ、ブタ箱、刑務所へ放り込まれた奴ほどあわれなものはあるまい。労働争議、部落解放運動なども同じだが、初期の苦しい兵站《へいたん》を支えた女たちが気がついてみると、どこからきたのかわからん奴にうまいこと油揚げをさらわれて、残ったのは借金と骨折り損のくたぶれ儲けだけでは、二度とやる気にならんのもわかる。「ひたむきの女たち」（牧瀬菊枝著、『無産運動のかげに』。一九七六年三月、朝日選書五九）が居たのも事実だが、はるかに多くの女たちがまた、失望し、戦線から離脱して行ったのも事実であった。私も戦前には、そういうことをいっていたのでは、農民に解放はありえないと説教していたが、そうした通常の多くの女性たちに納得してもらえないで、民衆の解放など絵に描いた餅にすぎないとわかる。たとえは悪いが「一将功成り、万骨枯る」は軍人世界だけでなく、どこの世界でも同じだ。要するに正直で、頭の廻転が遅い奴は利用されるだけであるし、下っ端でこき使われておるのは、どこの世界であろうと一生、浮かび上がられんということなのである。

しかし下っ端の人生には、浮かび上がるような政治屋どもにわからない面白い世界もあった。宮本常一に「土佐源氏」という、変わった報告がある。岩波文庫版『忘れられた日本人』では「土佐源氏」、日本残酷物語『貧しき人々のむれ』では「土佐檮原《ゆすはら》の乞食」になっており、同文であった。『好い女』（6）では「土佐乞食のいろざんげ」となり、殆ど同文だが小林区署の役人の嫁さんと、伊予の庄屋のおかた（奥さん）との情交だけが精細に描出されている。原文は秘密出版であったように書いているが、そういうことはあるまい。前二書とも情交の部分だけ削除、または欠落になっていた。それで宮本の創作でないかという噂もあるようだが、私は聞いた通りの報告であると思う。世にいう教育者とか、学者とかいうバカモンは、自分の住んでいる世界すらよく見ていないのに、少しでも道徳、倫理に反したと独断すると、あれはウソだとか、創作だとかほざく。戦後の民俗学の研究者どもも、昔のわれわれのように地を這うような民俗採取はやらない。まとめて成績の上がりそうなところをねらって網を打ち、かかったものだけを分析、統計化して、いかにも科学的調査であるかのように見せかける。それでは貧乏人、渡世人、漂泊者など非定住人、被差別者たちの世界が欠落するのは当然だろう。さらに悪質であり、滑稽なのは、支配権力側の視角からより物が見えないから、公式的な文書記録といえば信用して典拠にする。私たち下から見上げる立場からいえば、徳川時代の地方《じかた》文書にしろ、明治以後の地方の報告文書にしろ、あれほどインチキ、ペテンの多いものはない。町村役場や現場の組織、団体が、どんなにして行政や調査の報告を書いているかを見ておれば、これほどひどい作文はなかろうといえる。ほんとうの民衆の非常民の生活実態を切り落としてしまうのだから、あれで民衆や底辺の人たちの世界がわかるはずがない。

戦前、われわれは国家権力や政府を信用しなかったから、地獄の下まで自分で入って行って納得できるまで調べた。宮本も同じ型の人間だから、私は疑いをもったりしない。岩波文庫版『忘れられた日本人』二六一頁に「田中翁の名を知ったのは昭和十四年の春であるとおぼえている。栗山一夫君から『こういう記録があるのだが』と言って示されたのが、毛筆で、しかもきわめて達筆で罫紙にかかれた『粒々辛苦』と題した島根県邑智郡地方の稲作の語彙である」以下、二八一頁まで出版の経過が詳しい。この「栗山一夫」は私の本名で、唯物論全書『考古学』執筆のため今宮のスラム街から都島へ下宿を移した直後であった。宮本と知り合ったのは昭和五、六年頃で、上方郷土研究会の会合であったと思う。この頃の大阪には妙な奴が集まって居ったもので、私は考古学と両棲動物であったから「東京考古学会」の例会などで知り合ったのが藤森栄一で、ときどき彼の著書にも登場させてもらっている。宮本も、藤森も権力や虚名にあこがれるような型でないから、ほんとうに地を這い廻るような調査をして多くの業績をあげた。宮本は下宿へ三、四度ぐらい訪ねてきたと思うが、このときは時局が切迫してきたようだから、もう運動から手を引いて民俗学に専念してはどうかと親切に勧告にきてくれたのである。忠告はありがたいが、実はもう検挙がいつあるかわからんので、郷里から逃亡中ということなのだ。ついては田中梅治翁からこういう貴重な記録を自由に使えと預ったのだが、私にはもう余裕がない。このまま置いておいて家宅捜査でとられると、どうなるかわからんので預って欲しいし、できたらガリ版でもよいから出版したいと頼んだのである。大阪にも知り合いの民俗学研究者はたくさん居たが、信頼できるのは宮本の他に居なかった。私が検挙されたと聞くだけで、こんなものを知らずに預りましたなどと密告するような奴ではしょうがない。いろいろと苦労して宮本は約束を果たしてくれたわけで、まことに申しわけないと拝謝するほかなかった。宮本、橋浦、玉岡など柳田派でも仲よくした研究者があったので、考古学でも森本系の藤森とは肝胆あい照らしたといえる。その当時の情況では、私と交渉をもつのはよほど度胸があったといってよい。

　私の企画も、正直にいうと、宮本と同じように全国を這い廻ることであった。もし革命が成功したら郷里の飯盛野に小さい博物館を建ててもらい、全国を廻って考古、民俗の調査をしたいというのである。そういう私に研究費や調査費を出してやろうというのはいないから、せめてその時代になったときに役立つ基礎調査をしておく、というのが当時の根本命題であった。私の生活や調査費を造出させながらやろうというのだから、行商圏と一致させるほかなく東播七郡の加古川流域に調査も限られたのはやむをえない。しかしその限りではこれまでの柳田民俗学でできなかった調査をやろうと考えた。詳しくは唯物論全書『民俗学』で書いたが、要するに史的唯物論の立場、とくに講座派の理論を基礎に展開するという方向である。当時では合法的に発表できる限界で、これも昭和十三年十二月に「唯物論研究会」の弾圧で終息した。ともかく柳田は常民民俗学というが、ほんとうは常民ですら切り捨てているのでないか、というのが私たちの疑いで、かれらが常民といっている階層に、それ以下の水呑百姓や日傭農業者、被差別者を含む農民の実態調査が当面の目標となる。そうした民俗調査で柳田が意識して触れるのを避けたのは、一に民俗の階級性であり、二に差別であり、三に性の問題であることが明らかになったから、これらの問題を解明する方向へ調査を集中させることにした。そこで調査の方法論として柳田のように極めて恣意的、機会的な資料採取をするのでなく、地域、ここでは東播七郡と周辺地域の徹底的に精密な組織調査を実施することになる。そのために創立した「兵庫県郷土研究会」を中心に郡ごとに「加西史談会」「美嚢郡郷土研究会」などの地区センターを置き、各町村にサークルを配して作業に当たることになった。もとより短期間にできるわけがなく、空白も多かったが、次第に整備の方向にあったのは確実である。資料採取の標本を示すと

ハヤソメハン　　東播地方の習俗は一般に様式としては極めて崩壊している。しかしそうした崩壊様式のなかに古い型が珠玉の如く含まれているのを発見する。ハヤソメハンもその一つだ。加西郡在田村下芥田では、元旦の朝早く山から青い葉の木と、葉のついていない木を二本切ってきて、戸袋に外からもたらしておく。これをハヤソメハンというのである（宮崎三之助氏談）。これと同一の型であり、系統を同じうすると思われるもので、現在やや異なった伝承をしているのに加西郡加茂村山下のものがある。即ち、大晦日に山へ行って樫の木を枝なり七尺位程に切って持ち帰り、じゃまにならない内庭にクイを打ちつけ、それをくりつけてちょうど木が生えているようにする。それにシメを張り、二日の朝オトコシがなったドウビキを枝へかけて祭る。正月三日間祀り、その後はかたづけてトンドにいっしょに焼いた。しかし、これは大きい家やジュントウな家でないとしない。その名称は、話された山下鹿太郎氏は御存知でなかった（以下略）。（『民間伝承』第三巻第一号、昭和十二年九月刊）

明らかなように資料採取の地名、提供された氏名は僅かな差であっても記録したのであり、他に年齢、必要があるときはムラでの職分、学歴なども加えた。極めて厳密な資料採取と記録をしたので、後に同似の資料が出た場合の比較照合のためもある。しかし、これは昭和十三年二月、「唯物論研究会」解散とともに資料提供者、談話者の氏名を公表しないことにし、同年十二月、弾圧、検挙の開始とともに約三百名を越える一切の名簿を焼却して、被害拡大の防止処置をとった。これはまことにやむをえざる処分であり、さらに十四年十月、私の検挙による家宅捜査で大半の資料を掠奪され、僅かに残された資料を整理、目下「はりま民俗」として続刊中である。

唯物論全書『考古学』執筆のために関係資料、とくに加古川流域の調査資料を集中していたことと、民俗学資料の整理と公表を急いだため採取ノートなどを集中していたので、その被害を拡大してしまった。考古学や民俗学の資料ノートは思想とは関係がないから、残置するだろうという見込みがあまかったのである。私は検挙されていたので、直接に立会したわけでないから、その情況はわからないが、前後四、五回にわたって捜査、押収したようだ。押収物の選別は係員によっても差があり、残存資料から推察するとかなりデタラメであったといえる。まとまった資料が残っているかと思うと、集めていた資料がバラバラに解体されているという情況で、あまり統一した方針はなかったらしい。いずれにしても、せっかくの資料が散乱したことは同じである。

私たちが第一次調査で計画したのは、農耕作業と、これに付属した民俗行事であった。次いで第二次調査として村落共同体と社会構造という計画であったが事実として、調査のムラの情況に応じて、双方を合した調査をしたのもある。村落共同体の社会構造として、特に重視したのはいわゆる年齢階梯制で、いまいわれている性民俗は、この調査に伴って採取したものであった。これらの資料も多くを押収されてしまったので、その復元はかなり困難である。ただし別に性民俗をねらって掠奪したわけでなく、無作為の押収であっただろう。性民俗の採取には、当時では別に秘密にするようなものでないのが多かった。しかし戦後では地名、人名などを公開しないような要請も出てきたが、いまのところ確定的な地名は出さないけれども、よく読めばだいたいの推測ができるように手を加えてある。これだけ出しておけば、当時の人たちが読めば資料の提供者、あるいは採取者まで推察できるだろう。もう殆ど在世の人はないだろうと思うが、それほど人は去り、世の中も変わった。せめて村落共同体の最末期の環境と、戦時下における抵抗と屈従の歴史を残しておきたいというのが、私の唯一の目標である。

## 3　非定住人の世界

いま日本の民俗学の大きい流れをつかんでいうと、第一段は土俗、俚諺の時代で、趣味家、旅行者が山海の僻地に出かけ奇習珍俗を見聞し、紹介するということであった。

第二段は民間伝承、民俗の時代で、柳田国男、折口信夫たちが、科学としての資料採取、思想史の源泉を探るという方向を開く。しかし柳田の民俗学には、国民、かれの用語でいえば常民の進むべき道を指示してやらねば、という政治理念があった。それに反撥する政治理念から、私たちの対抗が起こったことは明らかである。第三段は戦後、とくに高度成長以後の民俗社会学、民族人類学の方向といえるだろう。村落共同体への第一撃は農地解放であり、これで主柱の一つであった地主階層が解体された。第二撃は農業の化学、機械化であり、これで農村の近代化が進行し、村落共同体の機能は殆ど停止され、長い伝統のある民俗行事、儀礼が廃滅し、祭礼の観光事業化がすすんでいる。いまの農村へ入って驚くのは、戦前の農村では極めて普通であった水口祭、山の神の祭り、天花、虫送りなどの行事が殆どなくなっていることだ。つまり農村へ入っても、もう戦前の農村、したがって農民やかれらの意識を復元する手段がなくなっている。その意味では戦後の民俗学研究者は極めて不幸であり、気の毒であった。そのために私たちから見ると、戦前の農村や農民、村落生活、社会機能を想像し、推理するのはよいが、あまりにも美しく考えすぎる。地主と小作との決闘の場でもあった農村が、それほどの天国であったわけがない。

赤松民俗学の特色は、百姓どものどてっ腹へ匕首《あいくち》を突っ込んで、これでもか、これでもかと掻き廻し、ドロドロと血を吹き出させる土佐「絵金」の世界である。ああ、お前はええ子だ、ええ子だと頭を撫ぜてやったり、お前はほんまに「おおらか」でよい気性の子じゃ、などとアメをねぶらせたりして、百姓や田舎の世界がわかるはずがない。昔ばなしや夜這い民俗の採取にまで、「おおらか」な百姓をでっち上げているのには吹き出した（『民話の手帖』三四、「いろばなしの世界」、日本民話の会刊。『よばいのあったころ』解説、マツノ書店刊）。なぜ、たかが夜這いに行くぐらいに、「おおらか」にならねばならんのだ。たかが夜這いのはなしをするだけで、百姓が「おおらか」にならねばいかんのか。百姓はバカで、強慾で、助平で、どうしようもない野郎どもだという発想が根にあるから、こうした心にもないお追従をいう。夜這い経験のある最後の段階の男としていえば、夜這いにもとった、とられたの修羅場もあるし、もうこれが最後の逢う瀬という愁歎場もある。当たり前だろう。私は夜這いを柳田らのように淫風陋習と思わないが、さりとて万世に誇るべき良風美俗とも考えていない。ある歴史的段階で発生し、終息した民俗ということなのだ。それだけの、はなし――なのである。いわゆる「夜這いばなし」には二つの系統があり、一つは「実歴談」、つまり体験した事実や伝聞であって、ほんとうのことだからそう面白くもないし、そのくせに今の社会観念からいえば極めて非教育的であった。長野県阿智村老人クラブ『故老は語る』「青年時代」（昭和五十三年十二月刊）、を読めばわかる。よばいや夜あそびになると、いずれも匿名にしているが、戦前なら日常茶飯事で、かくす方がおかしい。私もいろいろと他の経験者の資料を採取しているが、どことも同じようなものだ。他の一つは「艶笑話」で、いま一般に喜ばれている語り物であるが、これは面白く造成しているから、それだけ事実から遠くなる。こんなものを聞かせられて、まだ百姓を「おおらか」にしなければならないとは、そんな細い神経では夜這いが難しい。夜這いとは難しいものでもないが、若い衆のなかではできなかった者もある。そういうものなのだ。

いまの民俗学の傾向を見ていると、本格的な長期にわたる基礎調査を計画するものはおらず、ただ小手先の器用さだけで奇風珍習を発掘しようという傾向が多い。要するに、第一段への逆戻り現象である。他人が知らないような珍奇の民俗を発見、報告、論文を書いて博士になり、大学教授になりたいという立身出世願望がみえみえのも多い。「かくし念仏」「かくれ切支丹」「ゴゼ」「イタコ」「はしりがね」など、いろいろの世界が浮き上がってきた。いま沖縄の古い祭祀、儀礼の調査に浮き足立っているのもわかる。わっとたかって、ひっぱり合いすれば、それだけで行事、祭礼が変容するのがわからんのか、バカタレめと思う。そんな初歩的なことを踏みにじるようでは、民俗調査の資質はない。できるだけ変容させないように、刺激しないように長い時間をかけて記録するというのが本筋である。いまの実態調査、民俗調査などの報告を見ると、よい資料のありそうな土地をねらっての網うちで、計画性も、長期継続性もない。統計、図表などをしかるべくならべ、学術報告らしくすれば一丁、仕上がりになる。こんな調査をやられた後にはペンペン草が生えて、あと十年は入れない。

いま中世の浮浪民、非定住人たちの追究が行われているが、現代の浮浪民、非定住人の世界すらわからないのに、想像や推理では無理である。現代の浮浪民、非定住人の世界がわかって、逆算して行けばわかることもあるだろう。現代の浮浪民、非定住人は、われわれが想像する以上に多い。ただ、その本体はヤミにつつまれている。三角寛が三十余年で解明しようとしたサンカの世界ですら、まだ殆どわからない部分が多い。ヌスット宿でないかと疑われていた、各地方の峠や山中の一軒家のルートも、いま正体不明のまま消失しようとしている。オセタという西国三十三所の廻向のルートと拠点。六十六部の廻国のルートと拠点、殆ど戦後の地主没落で消え去った。しかしかれらの世界が完全に消滅しただろうか、私はそうは思っていない。戦前、大島紬の行商をやっていた女性と知り合ったことがあるが、最近、神明国道を歩いていると追い越したクルマがとまって、問屋へ納めるのをくすねたから安くする、英国製の最高級の生地で三十万円だが、十万円にすると持ちかけられた。すなわち大島紬の行商ルートは、戦後も健全だとわかる。サンカも殆ど姿を消してしまい、常民のなかへトケコミしたようだが、地下の組織は生きているだろう。ハシケを家とした水上生活者の一団、いま殆ど機帆船となり、九州から東京までの近海を泳いでいる。こうした人たちの正体を調べようなどと、バカな野心は起こさないのがよい。ウラの世界には、ウラのオキテがある。仲間になって生涯を埋めるのならよいが、よいところで足を洗ってあっといわせるような論文を書いて、博士、教授になる、などと夢を見るのはやめておくがよい。絶対に死体が上がらない海もあるし、あまり人の行かぬ林の中に白骨が横になり、木の枝に縄がゆれているという風景もある。地下活動の経験があれば、これから奥は通行禁止だとわかった。この禁を冒さない限り、われわれの友好は保たれる。それで十分であり、それ以上のことを知る必要はない。

　私が疑問をもっているものが、もう一つある。南太平洋やアフリカの現地人たちと共同生活、その社会構造や宗教意識の実態調査をやったという民族人類学、宗教社会学などの連中のことだ。せっかく二年も三年も現地に居着いて、土語もベラベラになったし、信用もできたから、現地の女性、あるいは男性と結婚して、ここで骨を埋めます、というのならわかる。もうこれで調べることもなくなったから、本国へ帰って論文を執筆し、瞠目させるような業績に仕あげ、博士、教授の立身出世のコースを確保しよう、などという、まことにうす汚い根性を丸出しというのを見ると、悲しいというよりアホらしくなった。あれで、ほんまに現地の人たちの正確な調査ができたのか、疑わしくなってくる。自分たちの生活や社会を踏み台にして、立身出世をねらっているような人間と、かなり長期の共同生活しながら、その本性を見抜けなかったなどということがあろうか。南太平洋やアフリカの「未開土人」は知能の遅れたバカで、お人好しで、なんでもハイ、ハイと正直に答えてくれたなどと虚仮《こけ》にしているつもりだろう。原始に近い生活に戻るほど、感覚が鋭敏でなければ自分の命が危い。かれらがとっくに本性を見抜き、喜びそうな資料に造作して与えていたとすれば、いったい彼らの研究、報告とはなんであろうか。そうした危惧を持たなかった方が、われわれにはおかしい。『サンダカン八番娼館』を書いた山崎朋子が、朝日新聞夕刊に「底辺に生きる女たちのこと」を記している。天草島の元からゆきさんたちが彼女に、かつて取材と称して訪問したあるマスコミ関係者について、「あんときは面白かったなあ。みんなしていいかげんにほら吹いてやったら、それがそのまんまテレビに出よったよ」「ほんなこつ。手みやげひとつ持たんと、自動車で乗りつけて来おって、帳面片手にフンフン言いながら人の話聞くようなやつに、なんでおれらがほんまのことしゃべらなならん義理があるか！」。あのときの、部屋を揺るがすような老女たちの哄笑を、わたしは肝に銘じて忘れまいと思う――と山崎が書いている。これは元からゆきさんにとどまらず、農村のどん百姓、部落、ドヤ、スラム街などの人たちも、役所や学者、他所者たちと見るとずいぶんとまやかし、ていさいのよいことをいう。師範学校の郷土調査というので同行したら、よんべ夜這いした奴がぬけぬけとおじいさん、おばあさんの代にはやったらしいがといいながら横を向いて舌をペロっと出してみせた。ドヤ、スラム街、零細市場街などの実態調査というのも、あれほどデタラメ、インチキなのはあるまい。土方鉄『差別への凝視』（一九七四年三月、創樹社刊）一〇二頁に「私は、（部落の）実態調査に何回か立合ってもみたが、面接による質問に「ウソ」を答えているのを目撃したこともある」と書いており、よほど書き廻しに苦労している。ムラに五年や十年住んだところでほんとうのことがわかるものでなく、ムライリして三代、漸くムラの人間にしてもらえた。いわんやただ通り過ぎて行くだけの連中に、ホンネなど出すものでない。ただの統計材料ならともかく、これは民俗慣行、宗教意識、家族構成、社会構造の素材となると致命的だろう。

アフリカや南洋の人たちが、かれやかれらが引上げた後で、どのような「笑い」を笑っているか、目に見えるような気がする。なにをつまらんことをいっているのか。要は現地で暮したこと、学術論文に仕上げたことを業績にすれば、それでよいのだ。この他に、なにが必要なんだ、ということになれば、その通りである。定石通りのいい方にすれば、南洋やアフリカの土人どもに商品を売りつけ、かれらの資源を掠奪する資本のために、先導の道をつけてやれば、それで目的は達せられている。これが真の意味での業績だというなら、その通りだろう。科学とはそういうものとすれば、私たちにはなにか虚しいものが残る。

いわゆる浮浪民、漂泊民というが、ほんとうの世外人は、殆ど存在しないだろう。それでは、いずれ死ぬほかあるまい。浮浪し、漂泊しているように見えても、かれらには碇《いかり》を下ろして停泊する場所もあるし、そうした生活に必要な組織と機能がある。ただ定住的な農民、商人、漁民たちにくらべると、極めて移動性が強いし、その組織や機能を公然と表明することは稀であろう。そこで私は「非定住人」とよぶことにしているが、こうした非定住群にもいろいろの型があった。いわゆるルンペン、浮浪者にも、だいたい夜泊場所が一定し、屑物拾い、雑役人夫などの職業もあり、軽度の機構らしいものも持っている。ただ弱肉強食だけでは、とうてい生存できない。これがホイト、乞食などとなると、橋の下などに群居し、親方みたいな者もあって、縄張りのあるのもあった。しかし生計活動の範囲はかなり限定的で、そう遠くまで移動することはない。つまり固定の住居はないか、ないようなものだが、生活の範囲は限られているので移動限定型とする。この典型的なものといえるのは、戦前のスラム街のドヤや五十軒長屋、百軒長屋の住人たちであろう。かなり定住性もあるといえるが、一般に比すると流動的であり、独特ともいえるような生活様式があった。戦後のバタ屋、日傭労働者たちとは似ている面もあるが、かなり変化したともいえる。釜崎日雇労働組合ができ、大都市の全国日雇労働組合協議会が結成されていることも、新風といえるだろう。いずれにしてもまだまだスラム街と、その住人たちの生活、歴史はわかっていない。

次は一定の根拠地もあるが、かなり広域にわたって長期の移動生活をするもので、最も典型的なのは陸上に多い行商移動型であろう。その代表的なのは越中富山の置き薬で、今は大和産も多い。これは殆ど公然の活動であるから、説明の要もあるまい。しかし昔の大島紬行商のような、非公然の行商もあった。こうした活動を極めて限定的な個人に近い行為でないかと思うのは、素朴すぎる。富山の薬売りと同じで、その根拠地があるし、商品の生産地、集積地、宿泊地、活動地域の限定つまり縄張りもあった。いくつかのグループにわかれて活動しているようであったから、相当の機構と機能とをもっていたと推定される。根拠地では通常の生活をしており、一定の休養があったらしい。もちろん推定にすぎないので、それ以上のことは不明である。まあ、立入禁止と思えばよい。いま摘発されている霊感商法は日弁連の調査によると、殆どこの種の行商様式と同じようである。統一教会の存在を推認されているが、これも立入禁止と思えばよい。霊感商法以外にも類似のものがあると思うが、われわれの介入すべきものでなかろう。

　戦前、ヌスット宿、バクチ宿などと俗称されている茶店が峠の上や、深い林野地帯に孤立してあった。その正体はいまもってわからないが、戦後は焼けたり、廃屋となって消滅してしまっている。いまかれらに実害を与えることもあるまいから、私の推定を加えてみよう。だいたい播丹国境地域には東から福知山線、加古川線、播但線が南北に併行し、その間には山脈が起伏している。ルートの主幹は、これらの鉄道を横に継ぐものと思われ、また独自の尾根道で姫路、神戸、京都へ出るのもあったらしい。加西郡の法華山に近いムラの呉服店が襲われ、相当の反物他を盗られる事件があった。数日後、それらしいものが加古川線滝駅から、手荷物で加古川へ送られたのでないかという噂が出る。事実とすれば、近くに北條線の法華口駅があるのに、それを越えて山中を運ばれ、加古川線の滝駅へ出されたのだ。数日間、どこでかくされていたのかわからない。盗品を鉄道貨物で送るバカはいないから、誰かが手荷物として加古川まで持ち出したのはわかる。一度、こうして流れたものは、新品でも、古着として扱われるということだ。これは私の探偵的推理で、事実か否かは保証しない。盗難に遭った被害者の話では、一か所だけ戸締りの悪い所から侵入されたようで、夫婦が寝ているフトンを二尺ばかり後へ下げて、下に敷いていた財布も奪られたそうである。盗品の反物や衣類をゆっくりと荷造りしていたらしく、刑事は二人仲間といったそうだ。こうして流された贓品《ぞうひん》は、まず戻らない。よほどのプロでないと、こんなに巧妙にはできないし、単独でないという背景も組織を考えさせる。

この頃、年に一件か二件ぐらい田舎の旧家、地主の土蔵が襲われて、美術骨董品が根こそぎとられる事件があった。たいてい盆か、暮ぐらいに開けてびっくりということで、殆ど盗品の行方はわからない。こうした土蔵は相当の防衛手段がとってあり、素人では難しいだろう。隠語ではムスメといい、専門職はムスメ師《シ》といった。手口もいろいろで前から入るのがミズアゲ、横から外すのがコシマキ、底から崩すのがソコヌキ、その他にもいろいろとある。入りやすいのはシロムスメ、難しいのはクロムスメ、品物の多いのはハラミムスメなどと、なかなかうまい。これも単独では困難、一回というのは少なく、数度にわたって搬出するのもある。そうした美術骨董の情報は、おそらく田舎廻りの骨董屋から流れたとみるのが常識だろう。ウラの世界も複雑怪奇で、こうした取り扱いの難しいものが一度に運ばれるとは思われず、どこかに隠匿されてぼつぼつと流されたにちがいない。いまのようにトラックで手軽に輸送できず、相当の手間をかけただろう。すぐに峠の茶屋やルートを想像するのは早いが、似たようなウラの道を考える方がわかりやすい。

大島紬行商の女性と同伴してみると、これも加古川線社町駅から、福知山線古市駅まで山間のムラ、ムラを廻った。こうした行動には、自ら計算された意図があったと思ってよく、どこかでルートが重なっているかもしれないが、それはわからない。私は民俗学の範囲で興味をもったが、それ以上に彼女たちの生活の中へ踏み込む趣味はもたなかった。峠や深い林のなかの一軒屋が、ヌスット宿、バクチ宿などと噂されながら、どうして密告や監視の目をくぐって存立できたか、それが民俗学の一つの課題といえる。いわばオモテとウラとの接点に、どのような生活と社会機能、人間意識が働いていたか、であった。難しくいえば聖と俗、浄と穢などに働く接点の、原型的、原理的な作用を発掘できないかということなのである。後に某警察署の留置場で数度の検事拘留に屈服しないという怪物に出あったが、古着、古物のウラの流通を握っているボスらしかった。まあ伊勢某ということにして、彼のだいたい推理できるような絵解きを綜合すると、大都市のスラム街などに拠点があって、全国的に流通ルートがあるらしい。ことわるまでもなく私の推理であって、事実か否かの責任はもたないであろう。よくいう「泥棒市場」などと、どのように関係があったのか、それも一つの疑問であるが、地下茎の露頭といえるかもしれない。ともかく表の、正規の商業ルートの他に、いくつものかくれたルートがあり、表とうらとの接点の境界に、非定住人といえる人たちの生活が顕在化する部分を生じたといえる。それがどのような歴史と、人間意識を育てたのだろうか。いま漸く民俗学の「境界」の課題として、提示できるようになったといっておく。

次は海上の船舶移動型で、その代表的なものはハシケと、いわゆる水上生活者であろう。ハシケは港湾荷役と沿岸輸送を主とするもので、一部には船を家族生活の場とする人たちもいる。戦前には沖合いに停船している船舶へ日常品、土産物などを売るのもあり、また船舶と波止場との間に海上タクシーとして活動するものなど、いろいろと雑多な作業をした。ハシケ群の本拠とされるものは、瀬戸内海の諸島とするものが数群、淡路島附近に一、二群ということらしい。その他にも散発的なものがあるのは、もとよりである。最大の集結地は神戸港で、盛期には数百艘に達し、京橋附近を本拠にしていた。次は大阪港で安治川口に集結し、二百艘ぐらいになったこともあるらしい。その他では尼崎、堺、飾磨《しかま》などであったが、いずれも戦前のことで、現在ではコンテナ化で急速に廃絶、生き残ったものは機帆船に転身している。機帆船は戦前にも活動していたので、多少の問題を含むものがあった。これは輸送、とくに長距離輸送に現れるもので、貨物の過載、抜荷というのが多く、昔の千石船、帆前船から、機帆船、現代の長距離トラック群まで、同じような問題をかかえている。悪質ということになれば麻薬やピストルなど禁制品の密輸、移送などがあり、これもルートがあるとみてよいが、もう税関の課題で、民俗学の介入すべき範囲でないだろう。

戦前のハシケや帆前船、機帆船は、盆や祭礼に故郷の港へ帰航し休養したのであり、貿易港の荷役の他に、近海の輸送に当たるのもあった。明治から大正前半までは、まだ帆前船の輸送が盛んで、抜荷も派手にやったらしいが、海賊をやるのもあったそうである。敗戦後の物資不足時代には二百トンから五百トンぐらいの機帆船で台湾あたりまで遠征、貿易と海賊をやったそうであるから、さすがに倭寇の末裔というべきだろう。新しい資料を加えておくと、淡路東浦の機帆船の進水式《ふなおろし》には「大和とカラの商買《あきない》繁昌、天一地六、五と五と二を積んで、オモテ三あわせ、トモ四あわせ」とサイコロ二つと女の髪の毛を「お船玉さん」に祭ったそうだ。これにもいろいろと雑音が多く、女房の陰毛、処女の陰毛などというのもあるし、その前夜またはフナオロシの夜にお船玉さんの下で女房、または女と性交、泣くほどお船玉さんが勇んで喜ばれるそうである。

バクチ、喧嘩などで機帆船の船員たちも、ときどきかかってきた。だいたい瀬戸内海の運航だが、名古屋以東へ行くのもある。殆ど千石船、廻船、帆前船と同じような航路であるらしく、この頃はまだ港、港の遊廓が盛んで、浜島、御座、的矢、鳥羽など志摩沿岸はよかったらしい。瀬戸内では室津、下津井、伯方、徳山などがよく、瀬戸内の島じまの港は古いので、だいたいよいそうである。これらの港の女郎は、女郎とはいうが近所のムラの娘が多く、それで嫁入り道具や費用を作るのが目的なので、都市の遊廓とは違うそうだ。しかし島によると金を借りた女郎もあり、また都市の遊廓の女郎なども、いわゆる足抜きに頼ってくるらしい。遊廓から逃げても、鉄道の駅や旅客船の船着場へ行くのは、わざわざ網にかかりに行くようなもので、まず成功しなかった。だから賢いのは機帆船を頼んで逃げ込むそうで、これなら鉄道も旅客船もない港で下船できるから、殆ど成功するし、船員も勝手をよく知っているので、逃走コースを教えてやる。そのかわり滞船中には炊事係をし、夜のサービスも勤めてくれるそうだ。機帆船は一応のコースも、寄港日時も予定するが、それはあくまで予定で、旅客船のように定時でないから、追手がかかっているとわかると、どんなにでも変えられる。また機帆船相互に連絡もあるから、あの港で張っているようだという情報も入った。まあ船幽霊やお船玉さまのはなしも聞くが、港みなとの酒や女のはなしも楽しい。大都市の遊廓は面白くなく、兵庫県では西宮、明石、室津などの評判がよく、飾磨は悪いそうだ。私などが驚くのは実によく覚えていることで、港のことはともかく遊女屋のこと、遊んだ女子衆のこと、源氏名、本名、年齢、ネヤ、年明けなど、通算すると百名を越えるのに性格、風姿、接遇、言葉づかい、得意な唄、芸、好物とびっくりする。まあ年に二、三回か四、五回ぐらい着岸、だいたい寄港がわかると二、三港ぐらい先から電報をしておく。九州へ行ったら三角、牛深へ是非行ってみろとすすめられて、後に訪ねてみたら全く教えてもらった通りであった。室津なども戦前は賑やかで良い遊女町があったが、今は絶望的で昔の情緒は完全になくなっている。そういうことだが、船に女が居ないとどうするのかと聞いたら、いまのことだから、一日走れば遊廓のある港へ着けられる。それよりもなにもない田舎の港で、荷上げができず逗留というのに困るそうだ。昔の千石船、初期の貨物船などのときは、少年のカシキが船頭や幹部の相手をしたが、いまはそれほど苦労せんだろうというはなしである。

ひとときマドロス民謡が流行していたけれども、港みなとには酒と女とがあった。みなととは陸と海との接点、二つの異なる世界の境界である。そこでは酒と女と、男と船との祭りがあった。戦後の汽船の巨大化と発達、港湾の技術的変革につれて、もう古いみなと情緒は消えてしまっている。つまり海と陸との境界がなくなって、海も陸の延長になった。しかし機帆船の世界には、まだ古い陸との接点、古い港町とのつながりがある。いま私たちの残されている機会は、この僅かな細い糸がたよりであろう。ただ遊女町の追放と破壊とで、昔の祭りの情緒がなくなり、どこの港町もかつての繁昌をしのぶすべもなくなった。むかし著名であった志摩の安乗、的矢、御座なども、もう戦前の姿をしのぶよしもない。渡鹿野の繁昌というのは、いわば名古屋、大阪、神戸などの遊び場の延長で、境界の祭りなどといえるものではなかった。まだ菅島、答志島、神島に、古い面影が残されている。播磨沿岸でも明石、高砂、飾磨、室津、家島など、かつての姿はないし、備前の日生、牛窓、備中の下津井、備後の鞆の浦なども変容してしまった。因島、大三島以西の諸群島も、ポンポン蒸気船がとりもって走っていた頃は、まだ古い町並、港らしい酒と女との世界があったけれども、フェリーが走るようになって、あっという間もなく消えている。かつて陸と海との接点、この境界に生きていた女たちには、街道の宿駅、城下町の遊里の女たちと違った世界があった。機帆船の船員たちが九州の果てから東京に至るまでの、港みなとの女たちを愛し、彼女たちの生活をいとおしんでいたのは、ただの商売女という接し方でなかったからだろう。古代の刳抜《くりぬき》船から帆前船、千石船、ポンポン蒸気、機帆船までは、陸と海との接点、神と魔との境界が生きていた。船幽霊や漂流談の影に生きていた、そうした日常の生活と祭り、陸と海との性交の生きた姿を少しでもとどめておこうではないか。

次は職能移動型で、これは技工型、芸能型、巡礼か廻国型に分けてもよかろう。技工型には古い木地屋、鍛冶屋、大工、屋根師などといろいろと多かったし、次第に定着してしまったが、箕つくろいのサンカなどは典型的といえる。近代になると旋盤師、仕上師、研磨師などという機械工の一部に渡り職人が発生し、また板前の他にコックなど洋食関係にも渡り職人が発生した。封建的な土壌の上に導入された、西洋技術の一つの受入形態といえるだろう。しかし、これらの人たちの生態は、まだ明らかにされたとはいえない。私は幕末からの洋服仕立職人たちの渡りを調べたものがあるけれども、まだまだわからないことが多かった。その他にもマッチ、石けん、歯磨き、ラムネなどいろいろとあるが、『神戸財界開拓者伝』に極めて素描したものがある。渡り職人は、新しい西洋技術の伝来に伴っても発生した。芸能型には季節的な出稼ぎが多いけれども、旅芝居のように殆ど旅廻りのものもある。典型的なのは加西郡東高室の播州歌舞伎で、一時は北海道から九州まで多くの座を組んで廻ったらしい。「石屋三分に、百姓一分、残る六分は皆役者」と唄われたように、役者になって移動する者が多く、四十余町の田地の半分まで他村の所有になった。ときどき本拠へ帰るだけで、殆ど旅廻りで暮らしたのである。ただしその詳しいことは、まだわかっていない。その他に操り人形、播州音頭などに廻ったのもあるが、季節的なもので、ここでは触れる必要がなかろう。

廻国型には西国三十三所の観音札所を廻るオセタがあり、三十三所観音を祭った厨子を背負って定められたムラ、ムラの宿を廻って札所巡礼した。私が追跡した例では山陰の宗教的村落の出身で、このムラでは札所の廻国巡礼に出る人が多く、だいたい三か月か、五か月で一巡、休養してまた廻るそうで、半職業化したものといえる。四国遍路もあったと思うが、これはまだ資料に出会わない。六十六部の日本廻国は、まだ詳しい資料に接しないが、ある一例では山陰の出身で、縁のできた土地に廻国記念の塔を建立しているのもあった。地区的、季節的なものとしては、大峰山登拝と山伏、修験者の活動がある。古くは熊野道者、高野聖、伊勢御師など、それぞれ殆ど勧進の旅に暮らしたようである。後に都市や田舎に定住して、熊野比丘尼などの一部は遊女化するのもあった。夜這いのあった田舎の尼寺、庵住さんたちのなかには、ムラの性愛生活に関与し、教導する者もあったのである。こうした人たちが、ただの宗教の伝道、宣布をしただけとは、私は信じない。政権と密着した神主、僧尼と違って、聖と俗、貴と賤との接点、その境界に生きた彼、彼女たちが、田舎の百姓どもになにを与えたのか、いま殆ど明らかでない。しかし農業技術の新しい伝達とともに、かれらの精神を騒がせるような危険思想をも導入したことは、まず疑いなかろう。かくし念仏、かくれ切支丹、不受不施派などの地下組織と、かれらの間につながるものがあったのではないか。昔ばなしに現れる山伏、修験、オセタ、六十六部、比丘尼など廻国者たちのかくれた政治理念、それが町と村、動と静、移と住との接点、境界で、どのように作動し、伝播したであろうか。そうしたウラの政治理念と、その流れを見る必要があると思う。

播磨、とくに加古川流域はまとまった藩領がなく、天領、一万石の小藩や他藩の飛領、旗本領などが多かったので、政治的にはかなり自由であったらしい。そのためか近世後半になると綿作、酒造、干鰯などの産業が発達し、銀貸も激増した。したがって百姓一揆、村方騒動も頻発し、とくに寛延二年正月の姫路藩領を主とする一揆、天保四年九月の加古川流域一帯の一揆は、一万人、二万人といわれており、その伝承のなかには見馴れない若武者が先頭で指揮したとか、天狗が回状を配ったとかいうのがある。これを回国型宗教者、芸能人たちの仮の姿でないかとする確証はないが、あんがいに疑いもありそうだ。幕末の但馬の「生野の変」は有名だが、加古川流域の加東郡市場村近藤亀蔵は当時、西国一の銀貸といわれていたが、長州藩のアジトとなり、伊藤博文なども潜伏していた。市川流域から姫路にもアジトがあり、産業資本の発展につれて革新的な流れも入ったのである。当時は文人、芸能の他に和算、蘭医などの学術も流伝していた。

## 4　性的民俗の境界性

民俗学に興味をもち初めて気がつくのは、小学校教育で教える修身道徳と、ムラやマチ（都市のなかの下町、スラム街）の人たちのなかにある「性」意識との大きい落差である。良妻賢母、三従七去的女性観を注入されても、現実のムラやマチでは、それはタテマエとしてあるだけで、それを実行しようなどというのは居ない。ムラの性教育というのは、六、七歳ぐらいからわかりかけ、小学校へ行くようになると、かなり具体的になる。もう十歳ぐらいになると近所の家へ風呂をもらいに行ったり、自宅の風呂へ近所の人たちを招くと、もらいに来ていた女房や嬶《かか》連中が裸のこどもをつかまえて、もうだいぶん大きなったやないか、と、つかんでしごいてくれた。痛い、痛いと泣くまねして見せると、ちゃんとしとかんと嫁はんもらわれへんぜえ。親ができることでないから、おばちゃんらがちゃんとしたるねん、と叱られた。加西郡地方では二、三歳ぐらいがアオトンガラシ、五、六歳ぐらいまでがトンガラシ、八歳ぐらいからスボケ、十歳ぐらいで頭を出しかけるとチョロムケ。この頃からこども仲間で、お互いにむき合ったり、年長のこどもにしごかれて逃げたりする。十二、三になってかなりむけるようになるとジョジョムケ、半分以上もむけるようになるとハンムケ、殆ど露頭するようになればオオムケ、マルムケ、ホンムケ、むけかえるようになるとゴロムケといった。夏になって泳ぐようになると、お前はまだチョロムケや、俺はハンムケやなどと競べ合う。個人差もあるが、だいたいの目安があったので、遅れているのはオバチャンたちが気をつけて教えないと、スボケで十五、六になってもカワカブリになる。カワカブリだと性交ができないとか、女に嫌われるとかいうことになっていた。

女の子も十歳近くになると、若衆たちがいろいろと教育する。七つ、八つまでは風呂へ入れてやったり、マエを洗ってやっていたのに、そのうち恥ずかしがって見せぬようになった。さては毛が生えかけたなあ、生えかけを見物したいと誰も居ないときにおさえつけ、コシマキをはねてマタへ手を入れると、怒ってあばれるやら、噛みつくやら大騒ぎになる。娘を相手にするのと、また違って面白い。ときどき押え込んで遊んでいるとハア、ハア、ウン、ウン、兄ちゃんのアホと半泣きになるが、やっぱり嬉しいとみえ、しまいにはこちらのマタへ手を入れにきて、つかみにくる。アホとたたくと手をすべらせて、キン玉をにぎったので、そんなとこにぎるなと叱ったが、そのうち彼女が兄ちゃんのキン玉にぎったら、グニャグニャしてやわらかかったとしゃべるようになった。この話がいつのまにか十《とお》の女の子に夜這いして、キンダマにぎられて逃げたのがいるという艶笑話になる。さらに発展して十の女の子が、こどもを生んだという噂になった。若い衆が集まった席で、お前、ほんまにあの子のオマンコしとらんのか。アホ、こどものオマンコができるか。そんでもキン玉にぎられたぐらいなら、オマンコもいろたんやろ。そら、オマンコぐらいなぜたり、つかんだりするわい。ついでに指一本ぐらい入れたんやろ。どアホ、ひっかからんぞ。そやけど十で腹おおけしたいうたら、やったんは九つぐらいからやなあ。九ついうたら、指一本入れるのが精一ぱいやぜえ。こらっ、お前、どこの子の穴へ入れたんじゃ。あっ、しもた。アホ、白状せえ。まあ、若衆たちの猥談というのは、こうして展開する。

私は女の子の集団に頼まれて、ヨニの計測をさせられた経験があった。女の子たちの間では、かなり後までかくすことはなかったが、八—九歳ぐらいになると異性には公開せんようになるらしい。男の子も、お互いではかくさないが、十歳ぐらいから異性には見せないように気配りする。どうもこのあたりがこどもとおとなの境界らしく、その接点では早くも男と女との「性」の戦い、「性」の誘いが開花していた。ムラ、村落共同体の性的規範が、このあたりから発動してくるようで、オバサンたちが男の子の初歩的な性教育を初め、若い衆たちが妹や従妹たちのために性の誘惑を教えるようになっている。無性的であったこどもが、男と女とに分かれる、その境界がどのような世界であったか、私たちはまだ殆どわかっていない。しかし村落共同体の性的規範が、極めて健全に作動していたことは明らかである。あるムラで八つの女の子がマタから血を流して泣いているのを発見、医者へ連れて行って五針縫うたというような事件が、ときどき起こった。まあ、中年男のいたずらだろうというのが多い。他にも被害があったのは他所から子守奉公に来ている女の子たちで、七―八歳から十四―五歳までだが、九―十歳ぐらいになると雇主や若い衆たちから水揚げさせられるのもあった。つまり村落共同体の規範の外で起こったものといえるが、その限界性を示すものだろう。

十三が男にとっても、女にとっても、極めて重要な境界であったことは、男のヘコイワイ、女のカネハジメ、ユモジイワイ、オバイマキなどの民俗で明らかである。つまり、ここで男と女とが明確に分離され、男は男として、女は女として、その世界を生きて行くことになった。しかし十五が一般的には、こどもとおとなの接点、ここで成年祝い、若衆入りを通じて一人前として認められる。十三と十五の二層構造になっているので、こうした構造がいつから、どうして始まったのか、解明すべき課題であろう。封建社会の武士たちの成年祝い、すなわち元服はもと必ずしも十五と限られず、十歳ぐらいから行われているようだが、一般的には十三、十五が多い。ムラによって十三を若衆入りとするものもあって、そうした単層構造のムラもある。女の場合は初潮をもって、こどもとおとなとの接点とし、これをもって正確な切離しの根拠とした。しかし一人前の男、女になったとはどういうことであるのか。一定量の作業ができ、いろいろのミコミ、企画と消費ができるようになった。それだけであろうか、他にさらに大切なものとしてなにがあったか。それが性交能力であり、その管理が村落共同体の大きな課題であったのである。

十三になった男の子のヘコイワイ、フンドシイワイなどに、目上の女性たちによる性教育、社寺の参拝をかねて同伴の年長の女性たちによる性教育などが行われた。そうした教育を受けた体験によると、親から今日はフンドシして行くんやぜといわれ、オバハンによう頼んであるからまかしておくように注意されたそうである。近所と親類の女たちに連れられて寺へ参ったが、男の子の方をテビキ、オテビキというそうだ。寺へ参ってほどよい山のなかへ連れ込まれ、一人が後から抱きかかえ、一人がフンドシを外して、まだスボケやといったそうである。タテリ、チャウスなど教えてもらい、また女との接し方をいろいろと習った。初めて女の中へ射精した実感もあり、こんなことかと思ったそうである。初潮のあった女の子にも、いろいろと性的教育をするムラや、性民俗もあった。それでは十三とはなんであろうか。「十三と十六、ただの年でなし」といい、性民俗の二層性が昔から認められていた。女には初潮があるが、男にはなにがあったのか。それを顕在化させるのが十三の詣りで、ここでリンガの成育と有効性をテストされ、第一層の試練を経過したということだろう。

　では男の一次的性徴憑とは、なんであったのか。まず包茎の露頭であり、未開社会に多いといわれる割礼習俗と通底する民俗であったと思われる。日本では割礼習俗が発達しなかったので、機械的に包皮を切除する習俗はなかった。しかし包茎をカワカブリとして忌んだり、嫌う風習はある。だいたいリンガの包皮を意識し、むくようになるのは九、十歳ぐらいからで、近所のオバサンたちや年長の友人たちがシゴキを教えてくれる。多くの田舎の男たちの体験によれば、シゴキの初めはそうよいものでなく、そのうちに快感を覚えるようになるが、射精はしない。射精をするのはやはり十三で、不思議に一致する。つまり相当の自家訓練を加えて、第一次の性的関門を通過、オバサンたちのテストに合格ということになった。すなわち男の一次的性徴憑は露茎であり、その射精によって性能を確認されたというべきだろう。私たちはヘンズリを、男の忌むべき悪習と誤解してきたのだが、すくなくともムラ、村落共同体では男の経過すべき段階、必修すべき訓練として公認していたのである。ヘンズリで射精の体験がなければ、女と初めて接して完全な性交が困難だろう。女との性交を経験し、射精の快感を記憶すると、ヘンズリの手法もいろいろと変化させ、女との性交体位の予備知識ができる。若衆入りして、夜這い公認まで、かれらは射精距離の長短、液量の多少を競技、ますます砲身の鍛練を加えるというのが、ムラの男たちの基礎教程であった。

「十六で娘は、道具揃いなり」「十六で娘は、文福茶釜なり」といい、これは陰毛の発生ということである。娘は十三で初潮、十六で発毛となり、性徴憑の二層性は明確であった。では男の二次的性徴憑はなんであったのか、これは不思議と女と同じで、性毛の発育である。十五、六からヒゲが生え、同時に陰毛も育った。陰毛の発育は、男にとっても、女にとっても、肉体的な完結であったといえるだろう。宮田登『女の霊力と家の神』(人文書院、一九八三年七月刊)は、私見によればこの性民俗の二層性に多くの資料を提供している。いま「陰毛の呪力」のなかの「七難のそそ毛」をとりあげると、とくに陰毛の長い巫女の一団があったらしい。陰毛がどれだけ長くなるものか、それはわからないだろう。戦時中、私にほろ苦い経験がある。もう末期になった頃、千人針も底をつき、死線を越えるというので五銭白銅貨を止《とど》めにくくりつけるのだが、それを女の髪の毛でするといっていたのを、いつのほどか女の陰毛に限るといい出したらしい。あんたの工場は女工が多いのだから頼んでみてくれというのだが、まともに頼む気はなかったものの、話をして見ると、そんな長い毛があるのと叱られた。いや、ある。昔から七難のそそ毛といって一丈ぐらいの長い毛のある女があり、それも赤、黒、黄、白、青と五色の揃った人もあるといったら、あんたはじきそないなことというとまわりの女たちから肩をたたかれるやら、腕や股やらをつねられた。痛いと泣いて見せると、カワラケも居るやろがといいながら、どのくらい長いものか女たちが調べてくれる。機械工場であるから計測は専門だが、だいたい五〇ミリ、せいぜい七〇ミリだろうということだ。なかには二寸五分、三寸というのもあり、正確に計測させせろと追い廻される。うちのがいちばん長いらしいわ。このひと、それが見たいのやろ、見せたりんか。さあ、あんた、とりんかいなとつきつけられ、うやうやしく御開帳、十本ばかり採取、実験してみたら、よく断《き》れるし、結ぶとすぐ解《と》けるし、まあウソだろうとわかる。しかし熱心に実験してくれた人もあって、毛を縫い糸にからませればできるそうだ。七難のそそ毛というのも、たぶんそんな工夫をしたので、まるまるウソともいえないだろう。ただし唄になると「お万が開《そそ》の毛、江戸までとどく」「長いとも長い、佐渡までとどく」とするのがあり、もう信仰の外ということになる。ワイ、ワイ、ガヤ、ガヤと賑やかになって、もう千人針のネタもつきていろいろと新手の工夫や種類もでてきたのがわかった。そのうち徴兵忌避、召集解除などのマジナイ、お札《ふだ》のあるのもわかる。あるところに車止神社があり、このお札は車を止めるくらいで、徴兵や召集ぐらいストップさせると評判らしい。それはともかく「陰毛」に呪力があるという信仰は、古く、広く信じられていたのだろう。私では十五、六歳の男や女たちに、陰毛が発生するとは、どうしたことになるのか。私は第二次性徴憑としての陰毛の発生と成育は、外なる神の来臨を立証するシルシであったと思う。すなわち第一次性徴憑としての初潮、露茎は、内なる神の成熟と逸出であり、その内と外との接点、この境界の深さと秘密性とが、いわゆる思春期の世界であった。

陰毛など生えてしまえば、そんなもので悩んだかいなあ、ということになるが、男も女も先輩たちの経験談や与太ばなしに一喜一憂した覚えがあろう。加西郡で娘宿の頃のはなしを聞いていると、そのムラでは初潮があっても夜這いをさせず、発毛している情況を姉さんたちが検査、これならというので許可したそうだ。いつまでもこどもでは恥ずかしいので、姉さんたちに知恵をつけられ、菜種油をすり込んだり、卵の黄味を塗ったりして苦労し、生えてくると髪油を塗って長く、美しく整えたそうである。「十三ぱっちり、毛十六」「生えぬのを、十六七は苦労がり」と人知れず苦労したのだ。加西郡の童謡に、「はげ山、鉄道《てつど》みち、汽車ポッポ」があり、人の前で唄うなと叱られる。ハゲ頭のことかと思っていたが、チャワンのことだとわかった。カワラケの方言で、ところどころに毛があるそうで、そんな女性《ひと》もいたのである。しかし野郎どもの方も射精競技や勃起測定などに引き出されるから、毛無しではさまにならず、早く毛が生えるようにと、まず唾液《つば》をすり込むことから始め、やはり遅れると卵の黄味を塗った。毛がうすいと心配なのは、女の種油をすり込んだようで、当時の田舎ではそのくらいより手当のしようがなかったのだろう。この頃はもう毛生えぐすりの広告も出ており、秘かに小包みで個人名にして送らせたのもあるらしい。河内地方で聞いたのでは、毛長大明神へ願掛けするというのもあり、大和の生駒のある行場では毛が生えますようにという絵馬を実見した。なんのことかわからなかったが、女が陰毛を剃っている絵馬もあり、そうした民俗が各地方にもあるだろうが、まだ報告に乏しい。日本の民俗学で、この重要な境界民俗について報告するのは、これが初めてである。いま私たちは殆ど忘れてしまっているが、かつては陰毛の発生と成育は神の降臨のシルシとして、村落生活の年齢階梯を画する重要な一段階であった。それ故に公開されるべきものであったから、無毛に対する恐怖と屈辱感が大きかったのではないかと思う。しかし異形は、他方では神に奉仕すべき役割を負ったから、宗教者、芸能者などには無毛が多かったとみてよい。行基、最澄、空海、道元、親鸞、日蓮、一遍、小町などが無毛であったという確証はないが、それを考えてみると、陰毛のもっていた役割がわかるような気がする。

ムラの若衆宿の伝統というのもいろいろだが、青年団などの公式な歴史とはだいぶん違うと思ってよい。若衆宿から青年宿、青年倶楽部と変化、これから公会堂に改編、戦後は公民館になっている。しかし明治中頃から青年宿の改組が喧《やかま》しくなって、表と裏との分裂が拡大された。青年宿、青年倶楽部、公会堂などの集会場があるのに、それを利用するのは年に数回の公式集会だけで、日常の集合はタマリバ、ヨリバ、ケンミバなどである。これらの私設集会場はムラによって違うが、庵寺、堂舎、神社長屋、火見ヤグラ小屋、ヨロズ屋などが多い。昔の古いヨロズ屋、ナンデモ屋が殆ど廃屋になったり、スーパーに変化、わからなくなっている。ムラの中心か、外れに近く古い街道に面して、前に小溝が流れ、一隅に樹木が茂り、その前に牛馬をつなぐ杭や石があり、狭いながら広場があった。ヨロズ屋の形態も多趣多様で、スーパー形式が多いが、簡易食堂、宿泊を兼ねるのもある。女房には女傑が多く、若衆たちの相談役、指南役を勤めた。柳田派の民俗学や教育者たちの青年調査、実態報告というのは公式の青年集会所、公会堂などの活動ばかりで、ほんとうに毎晩のように集まってくるアツマリバ、ヨリバなどの活動はわからない。

なぜ、こういうことになったのか。——つい最近まで、志摩半島の安乗や、五島列島から壱岐にかけての島々には、娘宿の習俗が残っていた。――まるきり、猥談の氾濫で、男が一人で参加しようものなら、なみいる女たちにひやかされて、それこそひどい目にあってしまう（樋口清之『性と日本人』一〇四―五頁、昭和六十年十一月、講談社刊）。娘宿ですらその通りなのだから、若衆宿がさらに輪をかけて激しいものであったのは当然である。これを淫風陋習として排撃、親に孝、君に忠の説教ばかりしたところで、若衆や娘が集まるはずがあるまい。そこで公認の集会所に行く者は居らなくなり、自分たちのタマリバ、ヨリバを作って楽しむことになる。たいてい正月初めの若衆入り、県から通達のあった会合、講演会など、年に数回ぐらいしぶしぶ集まった。講演会などへは若衆入りしたぐらいのがひっぱり出されるか、廻り番で出るかでしょうことなく出席する。

青年団主催の自主的講習会というのも、年に二、三回は開催した。今晩、公会堂で浪花節やりまっせ、とアルキが触れ廻ってくる。ムラの老若男女こどもまで喜んで、晩飯を早くして集まった。「忠次、赤城山籠城」の一席、御存じ板割浅太郎と目明し勘助の物語。ラストは勘助の遺児を背負った忠次の赤城落ち、泣かせるなあ。ただいまの「花」の御礼は、と若衆たちの声も景気がええ。ところが、なんとこれが××小学校校長○○先生「乃木将軍と青年時代の修養」の本体であった。まだこれはよい方で、架空の講演をデッチあげ、講師謝礼が酒代に化ける。どこの田舎の青年団でも、このくらいのことは二つ、三つぐらいやった。ムラの若衆連中の会計検査をしようなどというバカモンはいない。区長などの幹部が、おい、県から通達がきとるぞと報らせると、それから幹部が集まって相談、しかるべく講演や講習、見学などを設定、カネの方も適当に配分して会計を工作、もって忠孝礼節の教導、国民道徳の涵養、郷土社会の伝統を継承、青年の修養に多大の成果を挙げた、という結論になる。こうした分団報告が集中して町村、郡、県、大日本青年団本部の青年調査、実態報告になった。柳田派の民俗調査、教育家の青年調査というのも、こうしたウソッパチ、デッチアゲの形式的報告を基礎にしたから、はるかに実態から遠くなる。

ヨリバ、アツマリバでは、若衆たちははるかに自由に青春を満喫した。酒を飲み、バクチをやり、娘や女の品定めをし、娘をかつぐ相談もする。喧嘩もやるが、仲裁もさせられるし、他所のムラの若衆とのモメゴトにも出動させられ、おとなたちとの交渉も馴れさせられた。ほんとの人間としての訓練と鍛えがあったわけで、これこそ若衆宿の伝統というべきだろう。娘や女たちも、夜や雨、ヒマをつくって集まってきた。平素は広場の一角に力石や土俵を置き、かついだり、走ったりしたが、秋になると五斗俵を持ち出し、五十間、百間と走る競走をする。倉庫へ搬入、または搬出の想定であり、娘や女たちがワア、ワア、キャ、キャとはやしたてて盛り上げた。

加古川流域には上から新町、大門、市場、国包、船頭、高砂の川港があり、昔は米の輸送で賑わっている。新町、大門などには、最近まで千俵倉が残っていたし、川から岸まで百メートルぐらいの急崖があり、米俵をかついで登り、下りをした。こうした力量の大きい川港に近いムラには、またマラカケの検定がある。俵の積み出し前が多かったが、若衆頭が集め、ムラによると娘や女の代表が立会って検査した。まず勃起の情況を観察、水平よりやや高いのをサゲ、中位の起立をダシ、最高の突起をハネという。これもムラによって違うようだが、いかな赤松もそこまで詳しく調査する機会がなかった。一般にはソリといいシタソリ、ナカソリ、タカソリというぐらいだろう。具体的な検定方法になるとチャビンカケ、ドビンカケ、テツビンカケの三段階があり、それをさらに三合カケ（コカケ）、五合カケ（オオカケ）にしたというが、はなしだけのようで、まず三合カケだけだろう。初めはスカケ、またはカラカケであるが、これにネカケ、一寸カケ、二寸カケ、三寸カケ、五寸カケがある。五寸カケは、まあ飾りであろう。次はホンカケで、これは一合入り、二合入り、三合入りとなる。だが初めは水入り、次に酒入りとなった。体験者によると、酒入りを落とすとパアになるから緊張、難しいという。まあ、ここまでくる者があれば、酒一升出したそうだ。昔も同じようなことをやったと見え、猥本にドビンカケがあり、田舎ではさらに計量化していたのだろう。やってみるとチャビンカケのカラカケ、二寸カケぐらいが限界、ホンカケならネカケが精一ぱいであった。しかし馬力を曳いて五十俵ぐらい積み、高砂まで積み下ろすような男には、凄いのが居るのも確かである。飛び入りということで検査してもらうために参加、まあ検査官がつまんだままあててくれ、よし、よしとそこそこまで合格させてくれたが、まともにやれば恥さらしであった。米俵かつぎなどは力量の他にコツがものをいうけれども、これは奥底からの力なので米俵をかついで急崖をかけ上がることになると、その差がわかったそうである。そのため番付をつくり、賃銀にも割が出た。もう川港が廃止になって長いから、今では遊びになっていると嘆いていた人もある。テッピンカケなど、まともにやれるのは二、三人で、まあ飾りといってよかった。それにしてもムラには一人前の作業規定量があり、これを消化できないとムラを離れるほかなかったのである。しかも特殊な川仲仕稼業には、これだけの検定があったわけで、そんなに牧歌的に暮らせたわけでない。山には山の、海には海の、それぞれの一人前の作業、技術規定量があり、また特殊な稼業に応じたテストがあったわけで、若衆たちの生活はわれわれが想像する以上に厳しかったといえる。

ムラの性生活、性信仰、性民俗が、村落共同体のなかで、どのような社会的機能をもち、また歴史的役割を果たしてきたか、まだ全くわかっていない。私たちが気づいて調査し、資料を集めはじめたときには、いわゆる近代思想、とくに日本では教育勅語型理念、国家倫理的精神で、村落共同体のもっていた自主性、平和思想を徹底的に弾圧、解体させ、破壊に狂奔していた。その悪質な手先として働いたのが柳田民俗学で、このため貴重な資料を埋没、抹殺してしまったのは、痛恨というほかあるまい。とくに最も被害が大きかったのは「夜這い」民俗であり、夜這い世代では、夜這い民俗が特別に変わったものでなく、少し大袈裟にいえば日常の茶飯事で、夜這いばなしなど「今日は」のあいさつと殆ど同じである。だいたい若衆たちは夜になると出番があって、数人が集合所へ出頭した。頭分《かしらぶん》が、その晩の情況を見て、お前らは寝て来い。お前らは警備やと振り分ける。夜番はもともと夜盗、野荒し、密漁、水とりなどの警戒のためであるが、そう毎晩、事件があるわけでない。にもかかわらず毎晩のように夜警を出したのは、他のムラからくる夜這い人を防ぐためであった。したがって野守《のもり》、山守、水守など明確な目的の番役と違うので、俗にというか、本音《ほんね》というかではオンナバン、ムスメバンといっている。もとより番役にかかわらず、勝手に夜這いに行くムラも多いのだが、そうしたムラでも順廻りの夜番はあった。だから寝番に当たった若衆たちは、相談して夜這いの入り先を決める。これもムラによっては順廻りがあるし、女の側から希望が出るなど、いろいろの条件で決めることになった。もとより同じムラのなかでの抜け駈けもあれば、他のムラからのオンナアラシ、ムスメヌスットもある。しかし、だいたいはそうして決めたムラが多い。だから一人の娘か、女とより交渉したことがないという若衆はなく、殆ど数人、十数人の女、または娘と交渉する。

どこのムラでも同じというわけでないが、若衆組、娘仲間の確立されているムラでは、夜這いにも一定のオキテというか、作法というようなもののあるのがあった。こうした「内規」みたいなものは伝承だけで、文書化しないのでわからないが、しかし「はなし」として聞くことも多い。だいたい若衆入りした男は、ムラの年長の娘や後家さんたちに割り宛てられる。初めて夜這いに行くと、何某の息子の某です。お初《はつ》の役目、ありがとうございますとか、よろしくお願いしますとかあいさつした。もとより百も承知だが、改めて名乗りさせる。私もさせられたから、これは確かだ。そのとき男は足袋を持って行き、女は手拭いを呉れる。どちらにとっても、必要品ということだ。初めての夜、先輩が誘いにきてくれたので出ると、なんじゃお前、その格好、雨祝《あま》いとちがうぞ、とどなられる。下駄はいていたからで、夜這いは草履、兄貴分になると雪駄。日の出、つまり初めての若衆が足袋をはいたり、雪駄をはいたりするとどなられる。かりに女や娘の家へ行っても放り出されるというわけで、足袋はいて雪駄チャラ、チャラとなるとベテランだ。しかも必ず手拭いで顔をかくすよう、ホオカブリをして歩く。それが夜這いの正規の服装というわけで、夜、他人に会っても、一目で夜這い人とわかる。これが播磨の加西、加東、美囊、多可あたりの山村地帯で、大正末頃から昭和初め頃まで残っていた夜這い作法と、民俗であった。

民俗学の研究というのやら、民話の採取などというのには、とんでもないニセモン、バカモンが居る。夜這いは、百姓がおおらかだからするものらしい。おおらかであろうと、なかろうと夜這いは、ムラの生活から切り離せなかったのだ。おおらかなどと持ち上げるのは、百姓に忠君愛国を強制した支配権力におもねり、同調するもので、「民話」などとしらじらしい。ムラの戸数、人口には差があるし、出稼ぎの多い村もあれば、あまり出入の差がないのもある。家にしてもこどもの多い家、男か女に片寄った家、後家になった家など、いろいろと差を生じた。そのため性生活にも、さまざまの不均等を生ずるのは必然だろう。江戸、大坂や宿場であるまいし、女郎や飯盛女が安直に抱けるようにはなっていない。夜這いとは村落共同体の維持、存立のための必須の手段、民俗であったのだ。それでなければかりに戦国時代から初まったとしても、これほど継続されるはずがあるまい。若衆は娘、女をとった、とられたと大喧嘩するし、好きな若衆や男の家の前で、母と娘とがつかみ合いの大立廻りをする、それが夜這いなのだ。あたり前だろう。

娘に夜這い、帰りに隣の間《ま》を抜けていると足をつかまれた。うちへも寄りんかいな、と誘われる。親子丼だが、どっちの味がよかった。おふくろの方が、深みがあったなあ。そんなものである。今晩、俺の家へ泊らんかと誘われて行くと、姉と母も居て接待してくれた。友人と遅くまで談笑、お前、奥の部屋でねろといわれる。入ってみると暗いが、おぼろげに人のねているのがわかった。姉の接待かと思って後からだきしめたら、わかる。うちきらいか、といわれてもしようがない。朝起きてみると、弟も姉も家に居なかった。さすがに弟も、味はどうやったと聞かない。しかしいろいろと世話をしてもらうし、その後も通った。母親も気に入ったから、お相手に誘ったのである。後家さんに貞操を強要するようなバカはおらず、ものわかりのよい息子が適当な相手を探してくれた。お前、ええ味の女世話したろか、というのでついて行くと、僅か二間《ま》、それもタタミは一間で、後は板の間、台所というわけで、馬小屋が横につけられている。夕飯がすみ、五右衛門風呂へ入って出てみると、オヤジがいない。どうしたんだ。夜這いやろ。あんたがねたら、ねるとこないんや。こうして女房が、一夜妻になってくれる。淡路の漁村で、男が三日、家を留守にすれば、夜這いに行ってもよいと聞き、ええこと聞いたと近所のムラで話をしたら、アホらしい。その晩に夜這いに行きよるわと笑われた。このムラに夜這いがありますかと尋ねてみたら、うちへおいでと誘ってくれる。夜食も終わって、いつ話を聞かせてもらえるのかと思っていたら、寝間へ連れられた。先方は本番と思っていたわけで、夜這いの日常的なムラなら、好きになれば自由に相手をしてくれる。

夜這いの艶笑話と、こうした実歴談との間にはかなりの差があった。実歴談はあんまり面白くもないし、ネヤがよかったの、まずかったのといえるものでもない。性技の研究を目的とするわけでもなし、その一夜が楽しければよいのである。しかしムラのなかで娘や女と継続的に接触すれば、いつも楽しいというわけにもならず、すねたり、怒ったり、泣いたりということになった。結婚したいといい出すのもあれば、楽しむだけ楽しんだらええやないのと割切ったのもある。それはさまざまであって、柳田派民俗学がいうように結婚を前提とする夜這いなど、存在すると空想するのがおかしい。結婚と夜這いは別の民俗で、夜這いから結婚になったとしても、夜這いは結婚を目的にする民俗ではないのだ。夜這いはもっと自由に、男と女とが性交を楽しむものである。都市や宿場の遊女、飯盛女と遊ぶようなもので、ただ代償の支払いをしないだけ、双方に選択の自由が確保されていたのだ。これが商業的経営の売春との、決定的な違いであり、夜這いが極めて健康な性的民俗として深く浸透し、作動していた所以である。

いったい日本の農村で「一夫一婦」的結婚様式が必要であったのか、まずそれが疑わしい。若い頃、大阪府北河内郡四条畷附近の宇迦之御魂社という、当時流行の神祠へ行くと本殿の白壁に「祈願書」というのがあり、右ノ者ハ自分義兄死ンダ其日遠方ヨリ気ノ毒ト思ヒ親切ニ手伝ニ来テ居ル妊娠中ノ人妻ト知リツツ強姦シタリ、と告発（栗山一夫「生駒山脈地帯の民間信仰調査」3、『旅と伝説』八―三、昭和十年三月刊）、近くのムラで聞いてみたら、なんど思い違いでっしゃろというはなしである。後にわかったのは、お通夜の晩に雑魚寝になるムラもある、ということだ。お通夜だから近親が多いわけで、そうした解放もあったのである。摂津、播磨の国境地帯、有馬、美嚢郡接触地域で、姉の産見舞に来た妹を妊娠させたと噂が出た。民俗学をやっているから、まるまる批難する気はない。どうなっているのと聞いたら、姉妹が出産するとお互いに産見舞に行く。この辺では産後七五日といって、主人はお預けを食う。姉妹が多いほど差し繰りをできるわけだが、ともかくその間に適当に産見舞に行ってやる。男たちもお互いさまで、女房が出産すれば他の姉妹が来てくれた。お互いの気心もわかるし、親族としての団結も固くなる。そううまいことばかりでもあるまいが、ともかく古い様式の兄弟の一群と、姉妹の一群との婚姻みたいなものに近い。どうしてこうした性民俗が行われていたのか、一夫一婦制では考えられないようなことである。夜這い民俗の日常的な存在といい、こうした近親の性解放といい、日本のムラでは性の自由が極めて大であった。日本の婚姻史は上層の、文献だけがたよりであるから、ほんとうの民衆の性民俗が殆どわかっていない。一夫一婦式限定性民俗と、不特定多数式自由性民俗とがあったわけで、いま二つの接点、境界の民俗が僅かに古い民衆の性民俗を伝承していることになる。

戦乱と飢餓、疾病と天災とにさらされていたムラが、絵に描いたような一夫一婦式限定性民俗を維持できるはずがない。極めて自由な、どのような情況にでも対応できる、不特定多数式自由性民俗の発生と展開とは、おそらく古代のムラから継承してきた伝統であろう。日本書紀に極めて複雑な近親婚の報告があり、古くから絵解きが盛んである。しかし一般民衆の生活では、それほど複雑な近親婚が普通であったのであり、ムラの限定された社会環境、民衆の生活ではいわゆる村内婚を主とすれば、近親婚の重複も発生した。近代のムラでも母子、父娘、兄弟姉妹の性関係、共棲生活は、そう珍らしいことでもない。むしろ、そうした性関係を含めて、極めて多様の不特定多数式自由性民俗であった。いまわれわれにとっての課題は、国家的支配権力の管理機構である一夫一婦式限定性民俗を解体させ、もとあるままのムラの不特定多数式自由性民俗を確保、あるがままの人間としての性の自由を確立することである。

ムラにとって、民衆にとって支配権力、国家とはなんであったのか。徳川幕藩制三百年の支配も、ムラにとって、民衆にとって「年貢」をとりにくる他所者にすぎなかった。さすがに維新変革を切開した連中は、その実相を知っていたから、ムラを、民衆を恐怖している。維新後の天皇制確立、市町村制施行も、ムラを破壊し、百姓を解体させるための装置であった。しかしムラは、村落共同体は生き続けている。忠君愛国の猛烈な宣伝、教育にもかかわらず、ムラは解体されなかった。ムラにとって、明治以後の政権、天皇制国家とはなんであったのか、それは「税金」をとりにくる他所者にすぎない。他所者は、いつか去って行く。万世一系の天皇制も、いつかは去って行くだろう。しかしムラは、村落共同体は生き残る。それが民衆の、長い政治的支配と弾圧とを戦ってきたムラと、ムラの人間たちの経験と確信であった。どのように変化しようと、ムラは、村落共同体は生き続けるだろう。非定住の人たち、差別されている人たち、都市の低層住人たち、スラム街の人たち、ムラと連帯しながら生き続けようではないか。われわれにとっても他所者は、いつか立ち去って行く。

## 5 都市民俗の連帯性 結びとして

田舎の底層の人たちが、いろいろの形で町、都市へ流出したことは、「非定住人の世界」で見てきた通りであり、かれらがまたマチとムラとの境界を接触させるために、さまざまの活動と理念を育てたことも明らかである。とくに田舎、ムラから流出してきた人たちが住みついた下町、スラム街などでは、ムラそのままの民俗が維持され、都市との接点、境界の民俗を造成していた。すでにムラでは失われたような民俗も、こうした境界では生きているものもある。

場末の市場や商店街では、盆、歳末などの大売り出しがすんだり、春秋の旅行には女房やお客が若衆を誘いにきた。あんた明日《あした》どない。すんまへん、もうすんでまんねん。

ほな、また今度なあ。田舎の夜這い感覚と、大差がない。次に誘いに行くと、へえ、おぼえとってくれたん、おおきに。これで予約が成立する。横に立っているオヤジは、ニヤ、ニヤッとした。買物にくる女客も、毎日、来るようになれば、だいたい得意の店がきまる。若い女房と丁稚なら、いつのまにかわかるようになった。このサバ、どないおろしたらええのん。持って帰っときなはれ。ほな、ヒルすぎに頼むわなあ。古風にいうと、密会の約束ができたのである。安月給取りや工場、商店勤めであるから、路地裏の四軒長屋が多い。主人は勤め、子供は学校で、ヒマをもてあましている。ええかげんに好きなようにして遊んでから、三枚におろして酢に漬けてやった。あんた、あの人、好きやねんやろ。きらいやおまへんけど、なんにもおまへんぜ。ほんなら誘そてもええのん、ということになる。御用聞きと女客との醜聞《トラブル》は、当時の新聞のガセネタとしてよく出たが、あれはよほど双方がボケナスか、こじらせたので、もともとはもっと器用に、楽しく遊ぶものなのだ。外遊びに誘うと、主人や子供たちにどういってくるのかわからないが、うまく時間を作って逢いにくる。男物の帯や首巻きなどを買ってくれるが、こちらも半えりや櫛ぐらい贈る程度にする。長く遊べるし、別れるのも苦にならない。

大阪は遊ぶのによいところが、市中に多かった。阿波座のお稲荷さんの夜桜が満開らしい、見物に行こうかと嬶連中が相談しているので、わても行きたいというと、誰か連れあるの、いやおまへん、しようがないなあ、まあええ、ついておいでと承知してくれる。いつのまにか三人ほどが男連れになり、見物がすむと近所のうどん屋へ入った。二階へついて上ると、お前はあっちやと叱られ、後を向くとよく買いに来てくれる小間物屋のお家はんが、恥ずかしそうに立っている。オバハンで悪いなあ、と部屋へ連れて入ってくれた。あんた好きやで、一ぺん会いたかったんやと喜んでくれる。その後も、よく遊んでくれた。大阪の市中にも聖天さんがあって、お詣りしようかと誘ってくれて行くと、福島の浄正橋付近にある、その町筋に一膳めし屋で有名であった「一富士」があり、さすがにうまかった。生駒とくらべものにならないが、附近に連れ込み宿があり、精進上げができる。七月の三十一日になると、堺の大浜で「大魚夜市」があった。たとえ人のヨメはんでも、イテまってよろしというくらい、まあ無礼講の晩だんねん。――ナニも夜市の晩の公認やよって、浜辺のアチコチでナニしてはる人が多い（笑福亭松鶴『極道ばなし』「ほな、いてこまそ」、グリーン・アロー出版社、昭和四十八年十月刊）。これは有名な遊び場で、私も初めは市場の嬶やお客さんを誘って行ったが、やはり一発勝負が面白かった。ただうす暗い下《さ》げ電燈の下で見ると、どの女も美しく見えて困る。こっちも商売人だから、欲しがっているのをうまいこと叩いて買ってやると、たいてい喜んで連れになった。若いときは恐ろしいもので、この女はいけるとねらったら、まあ外れない。ただし、その一夜だけの楽しみである。大浜も昔の面影が全くなくなったが、当時は遠浅で海水浴が盛んであった。その頃は風呂敷ぐらいより用意がないから、スネを砂でまぶしたり、手でつかんだりする。青空を眺めるのは女で、男はしようがなかった。五月の宇治の県《あがた》まつりも有名であったが、この頃は昔の噂だけである。八月になると河内、和泉、大和いずれも盆踊りが盛大で、働きにきている女中たちは殆ど河内、大和出身であるし、市場や小商店街の女房たちも同じ出身が多かった。十月の秋祭りも同じで、故郷へ誘ってくれる。ムラの夜這いや自由な性民俗と、都市下町の性民俗とが、完全に連動し、連帯しているとわかった。

大阪のスラム街や零細工場街には、またそれぞれの性民俗があり、オトコ、オンナの公認的性慣行のあるのもわかる。すなわち一夫一婦式限定性民俗はここでも破綻しているというより、むしろムラの不特定多数式自由性民俗が維持されているといってよかろう。もともと相続すべき財産のない底辺の人たち、非定住の人たちに、財産相続と表裏する一夫一婦式限定性民俗を支持する必要があるまい。われわれがムラの不特定多数式自由性民俗を継承し、拡大することは、すなわち国家的支配権力の管理機構である一夫一婦式限定性民俗を解体し、ありのままの人間の性生活、多様な性の美しさと、楽しさと、それを維持することができる社会を作るためであるべきだろう。

なおムラ、村落共同体の性生活と規範については、近く刊行予定の『村落共同体と性的規範』に詳しく報告したい。

# II

# 村の祭礼と差別

# 1 酒見北條の節句祭り　播磨・加西郡北條町

## 一　まつりばやし

昨日一昨日の曇天を夜来の風が吹き飛ばしたか、今朝は朗らかに晴れ、春にしては少し強い名残りの風も、暖かい陽光にかえってさわやかさを増すようである。今日は私にとって——否、この地方に育った人達にとって、汲めど尽きぬ懐しい思い出の泉となっている北條の節句祭りなのだ。早く郷里から離れている私にとっては、幼い頃の幻のような記憶こそあれ、成長した心身に近ぢかと体験するのは初めてである。午前十時、これから行けばよい頃だろうと家を出る。踏むペダルも軽く自転車を飛ばせば、街道を老人、婦人、子供が連れだって徒歩で、青年たちは自転車で陸続と北條へ向かっている。たまに後から追い越して行くバスも、今日だけは鈴なりの満員だ。はみ出されて入口の鉄棒につかまっている女車掌の赤らんだ顔も、気の毒ながら興あることに眺められた。西高室へ入ると、うつつとなく聞き覚えのある太鼓の音が聞こえてくる。さてはと自転車を早めてカーブを大きく曲ると、太鼓が二台、街道の合流点に集まっている。時どき喚声のあがるのが、心を落ちつかせない。やがて追いつくままに見ると、東高室と西高室の太鼓だった。ここで落ち合って繰り込むために、待ち合わせていたのだそうである。やがて徐々に街道を練って行く。

しばらく自転車をひきながら、太鼓と共について行く村人たちの群のなかに入る。誰も彼も嬉々として今日ばかりは、何の憂色もないようだ。もう一パイきこしめしたと見え、赤い顔をしている人がちらほら見える。牛の歩みのようにのろい進行は、村人たちの話を聞いたり、尋ねたりしながらついて行くのに好都合だ。絶え間なくひびく二台の太鼓の音と囃子は、懐しい子供の頃の思い出を引き出すようで、思わず目に涙が溜る。とっくにこうした感情から切り離されている私であったはずだがと反省してみるが、なにか強い力で引かれるように感じられてしかたがない。これでいいのだと思う、農村の人たち――現在では祭礼に直接参加する人たちと、見物する人たちと同じ感情に融け込めば良いのだと思う。また、それが当然であると思う。

住吉神社御旅所の屋台

## 二　太鼓屋台とムラ

北條の節句祭りも、私の幼い頃には一時、二十を越す太鼓が出た時があった。これを最高潮として漸次、沈静し、その最低には僅かに数個の太鼓が淋しい音をたてているだけだったという。それが昨年に入るや日本精神復興の潮流に刺戟されたかのごとく、まず東高室が太鼓を購入した。この通知を受けて、驚いたのが西高室である。隣村として、かつは均勢上、捨ててもおかれないので、直ちに部落《むら》会議を開いて購入しなければならないことになった。太鼓が最高潮を越えた頃、東高室では太鼓を二千円とかに売り払い、代金をそのまま積み立てておいたので六千円近くになったとか、ならないとか、ともかく三千円近くの太鼓を買って、まだ余裕があるだけ残ったのだそうである。ところが西高室では、同じように売り払った代金を一部は積み立てたが、大部分を戸別に割り当ててしまったらしい。それで今度購入するということになると、戸別に徴収しなければならないから問題になった。東高室はもともと理由のないことであるが、俳優に出る者が多かったために、いつのほどよりか附近の純農村からよくいわれないようになっていたので、西高室としては、そうした伝統のある東高室より劣るということは誇りとして困難なので、ついに購入することになった。これと同じようなことが北の方でもあり、小谷が太鼓を新調したら谷、市村なども購入することになった。祭礼の前に北條町附近の電柱に、神崎郡あたりの部落から太鼓を売る広告を張りにきたほどだから、凡《おおよ》その状勢は察し得よう。

こうなってくると昨年は九台より出なかった太鼓が、十四、五台もくるということになり、今年の祭礼は賑やかだろうという下馬評がたち、前景気が煽られた。さては北條町では太鼓を出さぬ部落に対して、太鼓を出せば要るだけの費用である二百五十円ずつを出させ、「作り物」をするそうだという噂が立ちはじめた。その真偽はともかくとして、これは同じ北條町でも純農村的部落を激怒せしめたようである。即ち農村的部落の人たちの一致した見解は、祭礼によって儲けるのは北條町の一部分である市街地にすぎない。附近の大部分の農村は祭礼で親類を呼んだりして、多大の失費こそあれ、儲けるところは一つもない。だから北條町の繁栄のために太鼓を出せといっても、結局、市街地の人たち――つまり北條町の支配勢力の所在地――を益してやるようなものにすぎないではないかというのだ。

北條町の人たちと農村的部落の人たちとの利害は、全く対立的なのである。そしてまた農村でも、上層と下層とでは利害に対する感応の度が対立的である。何故なら、この附近の農村に通例な割り当てを基本にするならば、表面的には公平の如くであるが、富農の負担が、貧農に比して遥かに軽いことはいうまでもない。しかも太鼓を作ったという、一つの業績とも考えられやすい郷土的感情の美味な成果は、ことごとく有力者である富農の独占するところなのであるから、貧農および一般農民にとってこれほど割りの悪い話はない。その上、一日や二日休んでも困らない有力者は、燕尾服、紋付袴で少しも傷まないが、明日すぐ働かねばならないという連中は、太鼓かきで全く対立関係に置かれている。それが大きな分裂を見せないのは、封建的遺習であるジゲ感情が抑圧しているからだ。村の有力者と町の有力者が、どんな政治的解決をしたか、それは多数の一般民から掩《おお》われているが、明らかなことは太鼓が四、五台も、祭礼が押し迫って急に増加していることだ。早くから購入計画を立てていた東高室などは、古いものの購入であったが屋根ぶとんなどを取り換え、新造の如く晴れやかに飾られていたが、これに引きかえ西高室はその余裕もないままに、見劣りのするのは気の毒であった。昔なら、大喧嘩をやりかねないだろうといった人もある。

## 三　御旅所の練り

祭りの前から太鼓が増えるという噂や、北條町が金を割り当てて「作り物」をするという風聞があったので、人気が煽られたと見え、北條町に入ると狭い町並が人で埋まっているようだ。銀行の角を曲ると、住吉神社の御旅所前に着く。既に地元の南町の太鼓が御旅所前の一角に安置され、ときどき思い出したように太鼓を打っている。自転車を近くの親類に預けて御旅所へ引き返し、玉垣の台の上にあがって御旅所入りを待つ。しばらくすると本町の太鼓が勇ましい音を残して通り過ぎた。この頃から御旅所のなかにも、町並にも人が激増したのが目に見えてわかる。つづいて小谷、谷、黒駒、市村などの太鼓が順次揃って練って来、南町に続いて西へ、狭い町並を埋めてしまう。

神輿舁《か》きの一団が来たかと思うと、御旅所拝殿へかけあがり、はや喚声をあげて神輿を乱暴に取り扱っている。住吉神社の祭神は武神なので乱暴するほど喜ばれるといって、神輿の荒いことで近郷著名である。次いで神官が神霊を移すと、いよいよ太鼓の御旅所

住吉神社御旅所の龍王舞
──晩まで廻れの紛争が起こったところ──

入りとなる。まず東郷の本町、横尾《よこ》、東高室、古坂、西高室、南町、栗田《くつら》、御旅町の順で繰り込む。一度に入れないから二台ほどずつ繰り込んでは、境内を三度ほど練り廻り、定めの位置に安置する。続いて西郷の西宮本、谷、小谷、西上野、市村、黒駒の順で繰り込む。黒駒が練っているとき、下の方で罵り合う声が聞こえるので見ると、一人の老人が黒駒の指揮者に胸ぐらをとらえられてこづき廻されており、老人のつれらしい者がしきりにあやまっている。聞くと黒駒の練っている時に、「晩まで廻っとれ」といったのだそうである。これは、そんなに感情を害するようなことでないと考えられるかも知れないが、ここには怒るべき社会的歴史的伝統の侵染と、そうした風にとられやすい言葉の誤解があった。私は悲しい気持ちでこの小さい喧嘩を眺めていた。やがて、それぞれの太鼓が御旅所入りをすますと、ジョマイジョがはじまる。祠前でソレ、ジョマイジョ、ジョマイジョというかけ声が盛んに聞こえ、周囲は群集の垣で、とうてい近づけぬ。私は、それぞれの太鼓を鑑賞する人たちに加わった。

　御旅所の祠へ向かって右には西郷、左には東郷の太鼓がならんでいる。この東郷、西郷というのは、住吉神社を中心として以東の横尾、古坂、東高室、西高室、東南村、西南村、栗田、本町（中町）、御旅町、御光町、笠屋町、福安町、寺内町を東郷、以西の黒駒、市村、小谷、谷、上野、西宮本を西郷といい、殆ど北條町に属しているが、谷および上野のみ富田村に入っている。なお、この東西両郷で神輿が一台ずつ、二台かくことになっている。まず西郷から見て歩く。御旅所の右傍から西入口まで太鼓が西宮本、谷、小谷、西上野、市村、黒駒の順でならんでいる。西宮本は黒屋根ぶとん、白黒よりの水引、瑞草の提燈、しゃち飾り、幕は武者絵。谷は黒屋根ぶとん、白ぬいくるみの水引、龍虎の提燈、鷲飾り、幕は龍虎。小谷は黒屋根ぶとん、銀糸水引、海老飾り、提燈龍虎。西上野は黒屋根ぶとん、白ぬいくるみ水引、しゃち飾り、提燈龍虎。市村は黒屋根ぶとん、金糸水引、剣龍飾り、提燈は波に千鳥。黒駒は黒屋根ぶとん、銀糸水引、鷲飾り、提燈なく、代わりに白房をつるす。東郷は本町から、鳥居傍の御旅町まで八台の太鼓がならんでいる。本町は黒屋根ぶとん、金糸水引、しゃち飾り、提燈社紋（三つ巴）。横尾は黒屋根ぶとん、銀糸水引、海老飾り、栄寿の文字提燈。東高室は黒屋根ぶとん、銀糸水引、鷲飾り、雲龍提燈。古坂は黒屋根ぶとん、銀糸水引、しゃち飾り、勇宝の文字提燈。西高室は黒屋根ぶとん、白糸水引、海老飾り、二見ケ浦提燈。南町は濃青色屋根ぶとん、金糸水引、龍虎提燈。栗田は黒屋根ぶとん、銀糸水引、海老飾り、龍虎提燈。御旅町は濃紫色屋根ぶとん、青色より水引、海老飾り、提燈なく白房を下げている。多くの人たちが右往左往しながら太鼓かきの人たちと挨拶したり、太鼓の批評をしている。当日、一致した見解では新調した小谷の太鼓が、小さいながら良い材木が使用され、金具、調度も好評を博していた。次いで東高室、横尾、本町などの太鼓が、目立っているように思われた。なかでも最も大きいのは、横尾の太鼓だろう。これは売り払うにも、これだけ大きいものをかくには余程の大きい部落でなければかけぬというので、買い手がなかったという噂のあるものだ。近郷の人たちの太鼓についての鑑賞のこまかいことには驚くものがある。その精細な、そして太鼓の歴史を知りぬいている知識が、部落《むら》、部落《むら》の気性や経済力などの評価となって、私のような飛び入りに似た立場の者にはわからないような感情が読まれるらしい。そうしているうちにジョマイジョも終わったらしく、大きな喚声とともに囲んでいた人垣がパッと散った。

住吉神社本社の屋台のねり

## 四　本宮の練り

太鼓の宮入りまでに昼飯を――と、親類の家へ駈け込む。何はともあれ酒だ――とあり、すし、甘豆、鰤のてり焼など卓上に盛られている。先月、結婚したばかりの娘さんが、夫婦づれで神戸から来ているのを珍客に、近村の親類たちが招かれて客となっている。食事なかばに宮入りの笛が聞こえてきたので、あわてて門を飛び出すとはや、一台は通り過ぎ、陸続と出てくる。ここの太鼓の囃子は至って簡単で、ソラ、ヨイヤサー、ヨイヤサー、ヨイヤサッサエーと太鼓かきに合わせて、内から太鼓でドン、ドン、ドンドンドンと合わせ、ソラ、ヨイチキドッコイショとはやす。稀にヨイヤサノセー、サガミホウジョノトリアワセというときもある。笛は宮入りの道中に限られ、二人が表に乗って吹く。これはどの太鼓も同じ。裏には乗っていないもの、一人のもの、二人のものいろいろであった。吹き手の足りない村はこうなるので、昔は二人ずつ裏表に乗っていたらしい。太鼓の内部で、太鼓をたたく者は小学校一年生から六年生までの少年で、四人ずつ乗るのだが、つかれると代り合うようになっている。その練行の見事なことは、大阪や京都あたりの公式化されたものの、はるかに及び難い野趣がある。こうして一度、住吉神社前に行くが、そこで宮入りしないで再度引き返し、姫路街道を黒駒附近まで進み、その街道に安置して一まず休息する。この街道に順次ならんだ壮観は素晴らしいもので、まさに自慢の一つだ。ここで太鼓かきの人たちが、昼飯をとり休息する。以前には部落、部落で太鼓かきの人たちと家族たちが、両側の田圃のなかに席を作って重箱をあけるという和やかな姿が見られたものだが、いまは附近のカフェーや飲食店へ飛び込む方が早いから見られない。見物人は御旅所と同様、鑑賞して歩く。次つぎに見て行くと勇壮な図柄のものばかりで、祭りの荒いことからも「節句祭りにはふさわしくない」という評言が当たっているのを感ずる。これが五月の男の節句なら、勿論ふさわしいに違いないという意味だ。一通り見て、少し離れた田の畦に腰かけて、並んだ壮観を一目で眺める。少し傾きかけた春の陽光に映えて、美しいこと限りなしだ。

しばしの後、時刻がきたと見え、端の太鼓がいよいよ宮入りをはじめ、前の馬場の並木に曲って行くのが見える。遅れては宮入りの壮観が見えぬので、急いで太鼓より先に境内へ入って待つ。境内の西側には東南村、谷村、市村の三部落が奉納した神功皇后、応神天皇誕生の作り物がある。境内一ぱいにどこも同じような露店が、今日儲けねばと一生懸命の声を枯らしている。いつもだと軽業、見せ物などの小屋がけがあるのだが、一昨夜、場所割りのことから喧嘩になり、匕首で傷つけたとかで、結局両方とも出さないことになったのだという。賑やかな囃子が聞かれぬので、幾分淋しい感じをいだかせると見え、この噂をして「歯がぬけたようだなあ」といっている人があった。実は私も、漠然と淋しさを感じていたのであるが、これを聞いてなるほどと思い当たった。作り物の傍の石塀に腰掛けて見下ろすと、一番よく見える。いよいよ「宮入り」となって、まず黒駒の太鼓が繰り込んでくる。これは御旅所入りと順序が逆で、一番先に入った太鼓が「宮入り」では最後になるのである。これは毎年、交互に変わるので、昨年の御旅所入りには黒駒が第一番で、宮入りには殿《しんが》りであったのだ。

鳥居と神前のほぼ中央に、径十五メートル、高さ一・五メートルほどの勅使塚《ちよくしづか》という墳塚があり、鳥居をくぐった太鼓は、この勅使塚の上で囃子とともにさしあげ、下って神前でまたさし上げ、それから勅使塚の周囲を中心に境内を練り歩くのである。あまり多く入れないから、一台の太鼓が入って塚の周囲を一、二周した頃に、次の太鼓が入ってくる。三度ほど練ると定めの位置に入れて安置して休ませ、次の太鼓が入ってくるというように、たえず二台ほどの太鼓が練り廻るようになっている。勅使塚の上および神前で太鼓をさし上げたときの囃子は、アー、ヨイトサーノーサイ、ソレ、ヨンチキドッコイショ、オイ、サーシテヤロイ（またはサーシマショ）、ソレ（で太鼓をさし上げる）、サーシテヤロイ、サーシテヤロイ、マワリマショイ（この次に周囲にいる太鼓の指揮者などが、モウヒトツ、マワリマショイとかける。ただし後のマワリマショイは斉唱となる）。マワリマショイ、（前同）、マワリマショイ、（前同）、オイ、シーズメマショで、さし上げていた太鼓を肩へ下ろす。このマワリマショイは、いまは廻らないでさしあげているだけだが、昔は実際に廻ったものに違いないのだ。太鼓が大きく、重くなってきたので、狭い勅使塚の上や、神前で廻れなくなり、囃子だけにとどめられているのであろう。御旅所では横尾と栗田の太鼓が、実際に三度廻っていた。ここでの囃子も宮入りと同様である。

太鼓かきの腕の見せどころは、このさし上げたときにあるので、ここで一方に傾いたり、不揃いだったりすると恥なのである。最も見事にやったのは、東高室の太鼓で、満場ただ酔えるがごとくで、すんだ時には拍手の嵐であった。肩から一度に揃えて、ソレで指先でさし上げるようにする。それがまるで絵のようにふわりと軽く、水平のままさし上げられた美しさは、言葉の外である。こうした力の行動に美しさを感ずる野趣は、とうてい都市の小市民に理解し難いものであろう。唯、近代的重工業の機械美を解する労働者に、近似の理解が可能だろう。東高室の太鼓は練りでもひと際目立って美しかった。これまでに統制をとるには、よほど部落の人たちが一致しなければ難しいだろうと思われる。一人でも酒に酔って手が狂えば駄目なのだから、大きな苦心があろう。しかし、こうした方に気がとられては、祭礼の本来の楽しみがあるかどうかということになれば、問題は別である。東高室は昔から、この太鼓をかくことの美しいことで有名なのだそうだ。再興初めである本年の苦労は、それだけに一層大なるものがあっただろう。それが満足に果たされたことは、喜んでよい。次に見事だという世評は、黒駒、古坂の順であった。昔はいずれも道中節を唄って練ったものであるそうだが、今は栗田だけが伊勢音頭で練り、一異彩を放っている。栗田には古い人が残っていると見え、ジョマイジョの太鼓でも、栗田でないとようたたかないそうである。

## 五　神輿の騒ぎ

黒駒が宮入りして三度か、四度ほど廻ったと思った時、警官が定めの位置へ入らせようとしたため、忽ち衝突した。なににしろ年に一度のことであるから、太鼓をかく人は十分にかき廻りたいので四度でも、五度でもとなる。警察では、今年は太鼓が多いから早くすまさせようというので、三度ほど廻れば阻止しようとする。ここで衝突が惹起するのは当然だ。黒駒の太鼓が勅使塚の傍で下ろしてしまったので、ワッと人だかりだ。指揮者などが駈け廻ったりしていたが、しばらくするとヤッと解決がついたのか、再度

宮前の本通りをねるタイコ

かつぎあげられ一廻りした後、定位置につく。ここでも指揮者は甚だ妥協的で、太鼓を入れよう、入れようと努力するので、太鼓をかく人たちとの間に内部的対立があった。それが太鼓をかく人たちの行動に、鮮明に現われているのが見えるから面白い。一般の意見では、そうそう重くてかけるものでないし、他の部落の手前もあり、いいかげんに退くのだから、警官などが干渉すべきでないというにあった。こうした衝突が二、三の太鼓にくり返されていたが、遂に神輿を阻止したという問題から、祭事を三時間以上も遅延せしめるという重大事件を突発せしめた。

それは西郷の太鼓の宮入りがすんで、続いて西郷の神輿が入り、勅使塚の上にすえられると、鳥居と神輿の間でジョマイジョがあり、それがすむと神輿が神前でさし上げられ、続いて太鼓同様に練る。これがすむとまた、神前でジョマイジョがあるのだ。ジョマイジョのときには、いずれも毛槍八本で東西両郷が、東西に垣を作る。この毛槍は一部落に二本で、毛槍を持たぬ部落は、笛や太鼓などを持つというようになっている。神輿が二度ほど廻ったと思った頃に、もう警官が阻止しようとしていたらしかったが、三度目か四度目に東郷の毛槍で垣を作らせ、西郷の神輿を阻止させた。これは表面、東郷と西郷の争いになって伝えられているが、私の実見によるも警官が東郷の人たちに命じて阻止させたので、東西対立のジゲ感情を利用せんとしたのは賢いようだが、かえって問題を紛乱させ、行事を遅らせたのは馬鹿というべきで、こんな毛槍で垣を作って阻止したなどということは、今年初めてのことだそうだ。そんなことをせずとも四、五度も廻れば、つかれてほっておいても入るものをといっていたが、もっともと思われる。最初、毛槍で阻止したときには突破し、二度目に全く阻止してしまった。

そこで西郷の神輿は怒ってしまって、そこへおろしてしまって動かぬようになり、ホンカイチョが神輿の屋根に登ってあぐらをかいてしまった。ホンカイチョというのは、他の神輿かきはいずれも青い衣を着ているが、柿色の衣を着て神輿の前後に一人ずついる者である。これが神輿の総指揮者、全能の権力者で、神輿をあげるにも下げるにも、いちいち同意を要するというやかましいものだ。そのかわり神輿の傍から少しも離れられぬので、水呑みにも行かず、したがって水を呑ます者が三人もついているのだという話である。これの御機嫌を損じたらゴテで、少し以前にも、そのために以下の祭事を翌日に延ばしたことがあったらしい。そのホンカイチョを怒らせてしまったのだから、大変だ。ホンカイチョが神輿の屋根の上であぐらをかいたのを見て、東郷の人たちが毛槍でホンカイチョをなぐりつけ、たたき落とそうとした。ホンカイチョは、たたき落とされるときに毛槍一本と、毛槍の先についている飾り毛とを、奪い取ってしまった。東郷が、これを奪還しようとしたが、西郷の人たちが支えてホンカイチョといっしょにどこかへかくれさせてしまった。この毛槍は八本ずつ、東西で十六本揃わぬと行事ができないのに、それを失ってしまったのだから、サア大変だ。ここに行事は全く停滞し、境内一帯に喧噪の気が漲った。毛槍を奪《と》られたのは、横尾のものであるという噂が聞こえてきた。

この神輿は毎年、部落を変えてかくことになっており、一順すると各部落から代表を選出し、「総掛り」ということになっている。これが終わると、翌年からまた、各部落毎に順次かくのだ。今年は西の神輿は「総掛り」、東の神輿は横尾に当たっている。このように少なくとも七、八年目ぐらいに一度より当たらず、よほど運のよい人で一生に二度かければ、この上なしとしてあるのだから、かける時には懸命になるらしい。それを殆ど無法といって良い手段で阻止したのだから、問題になるのはわかっていた。有力者などがいろいろ奔走しているのが見え、東郷と西郷の人たちが争っているのが見える。この頃から全く日が暮れて夜となったので、警官の提燈や白提燈が見物人に混って右往左往しているのが美しい。かくて約三時間も遅延し、結局、満足な解決が得られないで、町長一任とし、毛槍の足りないままで祭事を続行することとなった。西郷の人たちのいいぶんは、東郷が謝罪すべきであるというにあり、東郷の人たちは警察の命令だから、そんな必要はないというのにあったらしい。すると警察は巡査が勝手にいったことで、責任はないなどと逃げたらしく、それでますますもつれているのだという噂が伝えられてきた。が、ともかく曲りなりにも続行ということになって、神前でジョマイジョが始まった。

普通にはジョマイジョでとおっているが、正しくは「龍王の舞」というので、鬼面をかぶり、槍を持って舞う。なかなか勇壮な舞である。周囲の毛槍を持っている人や神輿かきが、ソレ、ジョマイジョ、ジョマイジョとか、ジョンジョマイジョ、ジョマイジョ、またはヘーゴヘー、ヘーゴヘーなどと太鼓や笛に合わせて囃すと、それにつれて舞うのだ。太鼓はなかなか力の入った、たたきかたであった。先に入った西郷の太鼓は、昼間の下げ提燈を夜の文字提燈に代え、火を入れたので美しいこと限りない。舞がすむと周囲の警固が、すぐ舞人をだきかかえてしまった。これは面が小さいので眼が見えないのと、槍先の紙を奪われるからだそうで、この紙は腹痛などによく効くと信じられ、舞っている時に紙が一枚でもちぎれて飛ぶと、争って奪い合うそうだ。今年はちぎれなかったので、そうした情景は見られなかった。これが終わると東郷の太鼓の宮入りとなったが、いずれも昼の絵模様飾り提燈と、火をいれた夜の文字提燈を取り代えているので、よけいに見事に見えた。こんなことは、近来に稀なことだそうである。殊に東高室の美技には、満場ただ感歎の声を放つのみであった。かくて本町を殿《しんが》りとして無事に宮入りを終了し、続いて東郷の神輿のジョマイジョが鳥居前ではじまる。

面白いことは、今年は太鼓と太鼓の喧嘩がなかったことで、毎年、横尾が後から入るか、先に入るかする本町の太鼓を追い廻して喧嘩になるのである。横尾は村が大きいし、太鼓も大きいのでちょっと相手になれない。だから暴れるのが有名で、町を練るときに太鼓も横尾の太鼓の前後だけは、前後になる太鼓が喧嘩を売られてはというので、間隔を広くあけるといわれている。その横尾が今年は、まあまあおとなしかったのは太鼓をかく者が青年ばかりで、壮年の人たちは神輿《みこし》かきに廻り——これは青年なら、またかけるが、壮年だと再度かけるか否かわからぬからである——勢力が二分されたためであった。それでも神輿を勅使塚の上に置いて、横尾の太鼓が喧嘩となれば助けてやろうとにらんでいたらしい。本町では、それを知っているので逃げていたようだ。横尾の太鼓が強いというのは、村の大きいこともあるが、地の人ばかりでかくのに、本町の方は一家の主人や子弟が出ずに、よそから頼んできた人が多いから、喧嘩をしては損だというので逃げるのだと教えてくれた人がある。ともかく横尾のゴンタは有名なもので、私の幼い頃にも記憶があるから、古い歴史を持っているのだ。昔から横尾と本町および古坂、東高室と西高室などと隣り合っている部落同士は、仲が悪かったらしい。それでいつのほどよりか攻守同盟ができあがり、喧嘩となれば横尾は東高室を助け、古坂は西高室を助けるというようになっていたそうだ。だから喧嘩をしてはというので太鼓の入る順も、横尾、東高室、古坂、西高室と分けてあるらしい。この祭礼の喧嘩は根を持たぬことを誇りとしていたらしく、喧嘩しても翌日はヤアとかなんとか笑ってしまったものなのだそうだ。しかし隣り部落同士のときには水利関係などで、とうていそんな美しいものではありえなかったらしい。しかし縦のジゲ感情の崩壊とともに、次第に封建的な喧嘩の華が散って行くのは、如何ともし難いだろう。

続いて神輿の練りとなり、ジョマイジョとなり、名高い「鶏合せ」が行われるのだが、夜が更けてくるので後に、今度は西郷の毛槍が東郷の神輿を阻止しないだろうかという興味を残して帰った。

原題「酒見北條の節句祭見聞記」、『旅と伝説』九―五、一九三六年五月刊。いま仮名遣いなどを戦後のものに改めた。ただ、ここで「部落」と書いているのは、一般的な村落《むら》の意味で、戦後の用法ではない。

## 六　もう一つの祭礼記

この「節句祭見聞記」には、他にも殆ど同文の記録がある。一九三七年三月刊、『兵庫県郷土研究』第一巻第二号に、「北條の節句祭り」として採録した。発表は『兵庫県郷土研究』の方が後になっているが、実は、この方が「原型」なのである。だいたい削除の部分が多く、「一」の結末に続いて、「村の人たちと、祭に参加している人たちと、見物している人たちと同じ感情を持てば良いのだと思う。持つことのできる自分は、まだ良いのだと思う。しかし問題は、それらの人たちの、そうした感情の基礎がどこにあるかということを見逃さぬことだ。自らの感情に溺れてしまっては、もう正しい観察が不可能である。自らそうした感情を理解しながら正しく批判する、それは困難だが、それであってはじめて批判が確実に価値を持つものとなるだろう。都会を逐われた一人の労働者が帰郷以来の体験は、都市生活においてたたき込まれた近代的生活と、封建的遺習および道徳との矛盾、相剋の激烈化した過程であった。即ち、農村――日本的郷村に残存した封建的遺習と道徳が、資本主義との闘争において、惨めに敗走して行く姿であった。換言すれば間近く聞こえるものは、封建的遺習乃至道徳の、資本主義的侵浪への解消過程の悲歌である。しかもこの封建性が維持されねばならぬ矛盾こそ、村を貫く陰惨な影なのだ。それが最も多角的に、そして明瞭に、断面的縮図となって、瞬間的表出となるのが祭礼である。したがって祭礼の調査は、まずここに拠点を置かれねばならぬ。だから詳細な祭儀次第などは、当面の任務のためには第二義的であろう――などと、研究の論点を考えて見る。ふと人止まりがしたので前方を見ると、自動車が小さく道傍に避けているのが、あわれに眺められた。」

で終わっている。これは当時の私たちが企図した祭礼調査の、基礎的方針というべきものだろう。次に「二」の削除された後半は、

「地下《ジゲ》的感情の高潮は、村にも人間的感情を与えるまでに高潮させるだろう。一人ひとりの村民の感情が合して、村の行動となるのだ。その紐帯の切り離されつつあるのは、貧富の差の増大に沿うている。同じ部落であっても貧農は、他の部落の貧農と共通の利害を感じるようになってきた。したがって直接行動の基本的動員層である貧農のかかる動向は、部落対部落の喧嘩などという、封建的闘争を次第に解消させつつある。近来、一般にそうした喧嘩がなくなったというのは、単に警察の取り締まりや教育の普及のおかげでは決してない。その証拠には水喧嘩などという、地理的に経済関係を越えて一致させるような事件には、地下的行動が貧農を中心として警察権の発動を招来している。

この場合にも上層が極めて妥協的であり、平和的であるのは、貧農にとって死活の問題も、耕地の良好および発動機揚水などの利用によって、貧農ほどに直接的な影響を感じないからであることを、昨年の水飢饉によって教えられた。こうした都市対農村、および農村における上層対下層の対蹠的感情、換言すれば農村上層と都市上層との妥協に対する農村下層の反感、それが地下的感情を基礎として成立する宗教的儀礼を利用した欺瞞である点に、祭礼において昔のままの地下的感情に内包されつつ、しかも近代的な対立感情が鋭く特徴的に露出する。このことを見逃しては祭礼の、現在における正しい意義を把握できないだろう。いずれにしても今年の祭礼は、地方小都市である北條町の繁栄のためという名目と、澎湃《ほうはい》たる復興的潮流を利用した安全弁としての、祭礼への参加が強化されることによって、とくに例年より鋭い断面を見ることのできたのは、私の全く幸としたところであった。」

本社殿前でのタイコさしあげ

と結んでいる。かなりまわりくどい表現になっているが、この程度の社会的批判でも当時の政治情勢では忌避されるものであった。ここでいわんとしていることは都市と農村との対立、農村内部の階級的分裂、都市上層と農村上層との妥協、その連帯による農村下層への経済的収奪の強化。そうした経済的社会的危機において、村落共同体の地下的《ジゲ》意識、あるいは感情を溢《いっ》出させる機会としての宗教儀礼である「祭り」が、どのように揺動されるかを正確に記録しようということだ。まさにそうした揺動が、この年の「節句祭り」には現われていたのである。「三」のなかで、黒駒の練りに「晩まで廻っとれ」といったために生じた紛争は、直接に部落差別として発生したものであるが、これについても「私は悲しい気持ちで、この小さい喧嘩を眺めていた」につづいて、

「が、これを拡大すれば全日本の、私たちの切実な今日の問題である。こんな小さいことにまでかく感情の波を高めねばならないように、長くおさえつけられつづけたひとびとのことを思うと悲しい。そうしたものが祭礼にまで露出したのは、否、祭礼だからよけいに露出するのは当然とはいえ、暗い気持ちにする。露骨な表現には答えるすべもあるが、しかし暗黙のうちに蔑視されるのに対して、どうすることもできないことを考えるとき、それに対して常に敏感であらねばならぬ人びとが、少しの言葉にも余分の感情を高めることは必然だ。嬉しかるべき祭礼さえ必ずしもそうでないのは、なんといたましいことだろう。かかる二重の封建的桎梏《しっこく》に苦悩する人びとの、一日も早い解放を希望せざるをえない。」

と書いている。これは実際に一九三五年、すなわち昭和十年に執筆したので、約五十年以前のことだ。当時の社会情勢、とくに特高の監視下で、ここまで踏みこんで書くのは、まあ「来れ、牢獄、絞首台」ぐらいの覚悟をしてのことである。ただ、この内容の

うちに「憐憫」の情をかけているのではないかという誤解もあるかもしれないが、しかし当時の一般社会情勢はそれほど余裕のある、甘いものでなかった。

この報告を執筆した目的は、はっきりいえば部落差別の摘発と、その糾弾である。単なる祭礼の報告としてなら、危険を冒して再度に公表する必要はあるまい。ごくわかりやすくいえば、俺たちも部落差別を糾弾して戦いますよ。部落の人たちも今こそ剣を抜いて起ち上がれ、と、そのくらいの元気を出しなさいという激励、鞭撻、煽動が目的であった。ただストレートに、部落差別を摘発し、断固として糾弾せよ、などと勇ましいことが書けなかったのである。世界的な大恐慌による産業経済の荒廃、東北大飢饉をはじめ農村の窮乏、失業者の激増、小作争議の頻発というわけで社会不安が激化し、したがって弾圧も苛烈となり、日本共産党は壊滅させられ、労働組合、農民組合、文化団体なども、殆ど左派は全滅し、社会全般の空気も全く沈滞してしまった。当時の新聞、雑誌などを読めばわかるが、天皇機関説の排撃、自由主義的思想の打倒に名をかりての苛烈な思想弾圧が横行し、都市でも一般に『中央公論』『改造』などの読者まで危険分子として摘発され、農村では『文芸春秋』までが好ましくないと排斥されている。青年団などで廻章してくる禁止リストには『岩波文庫』『改造文庫』があり、社会科学、思想関係のものだけでなく、全般に好ましくないとされた。それでは読んで良いものはというと、『キング』『講談倶楽部』『主婦之友』『少年倶楽部』『家の光』などという、まあ「知性」など望めぬようなものばかりである。いわゆる「非常時」準戦時体制下の「国民精神総動員」というので、僅かの異端でも相互監視で摘発、密告による検挙が横行、ほんまに息がつまるような、いやな時代であった。この頃を戦い抜いた全国水平社の人たちも、もう生き残っているのは少ないと思うが、あんな時代は二度といやだと肝に銘じたことだろう。

ときどき、こうした「暗黒時代」を書き継ごう、などというのが居るけれども、その時代にほんとうに苦労して書いた人間としていえば、そのとき手前《てめ》え、どうしていたんだといいたくなる。まあ、今日書いて、下手すれば明日はブタ箱かと、一応の覚悟はしておかないと正常なもの、つまり反体制的なものは書けない。正直にいえば思い出すのもいやだが、ありのままに書いたところで、現代の人たちには想像もできないだろう。たとえば「上御《かみ》一人」を東京地方ではテンチャン、関西地方ではシロウマ、京都地方ではオオカンヌシといったのもいる。直立不動の姿勢をとらないと口から出せないし、聞いた者も電気にうたれたように直ちに直立不動の姿勢をとらないと、それがわかれば大へんなことになった。こうした、わかる者にはわかるという隠語を使わぬことには、どうにも便利が悪くてしようがない。しかしこれは通じ合う者だけが口に出してはいえるが、文章の中に書いていてわかったりすれば、まあ警察や憲兵隊で半殺しにされる。新聞、雑誌など出版関係でも宮廷記事というのは戦戦兢兢という状態であり、ある新聞が陛下を「階下」に誤植、大問題となり、右翼に脅迫、糾弾されたこともあった。共和、共産、革命も、××主義、○○××などで通じることもあるが、後にはそれもできないようになって閉口する。最も困ったのは固有名詞で、たとえば原始共産制社会を、原始均産制社会などと苦労したのがあった。「革命」など書けたものでないから、左翼では「天を衝く時」を代名詞に使う。かりに部落差別を摘発し、断固として糾弾せよ、などと書いたところで、出版物の編集段階で削除されてしまうだろう。それだけでなく、もうあいつには書かせるな、ということになる。部落差別の摘発、糾弾などというのは、一億一心であるべき「国民」を分裂させるための策動として許されるものでなく、治安維持法で弾圧された。

一九三四（昭和九）年頃に日本共産党が壊滅させられるわけだが、それまではともかく共産党と直接の関係がある証拠をつかまれない限り、検挙されても治安維持法で起訴されることは殆どなかった。とくに文化団体やせいぜい全協ぐらいだと、大阪では警察がガリ版の「誓約書」を用意し、それに署名、拇印するだけで放り出してくれる。私は前後三回は書かせられ、その度毎に今度見つけたら刑務所へ叩き込んでやると脅かされたが、おそらく文化団体ぐらいのガチャバイは、あんまり文書管理もよくなかったのだろう。しかし共産党が壊滅すると、治維法の拡大解釈が始まり、あらゆる文化団体、文化運動も「啓蒙活動を通じてマルクス主義を宣伝し、以て日本共産党の目的遂行に資せんとする」ことになった。もう、こうなったら世の中、どうしようもない。めし食っても、酒のんでも治安維持法で検挙できる。めしの食い方、酒ののみ方が共産党の宣伝になるからだ。神戸地裁の予審判事清水というのがその型で、なんでもかんでも一挙一動がことごとく共産党の目的遂行に資せんとしたというわけで、あんまりバカらしいから小便するのも共産主義でやったとからかったら、おっしゃいましたねと目をむく。ほんとに共産主義者と認定されたら、自分の小便や糞を肥料にして田や畑を作っても、共産党の目的遂行のための行為となる。これは笑いごとでなく、形式論理学でも弁証法的唯物論でも、極端に走ったら同じことになった。いまどこの共産党も一国共産主義理論で固めているわけであるし、あらゆる宗教、宗派も自分の信仰の他は排除しようとしており、そうなるとドイツのナチスや日本の軍部の独裁時代を、あまり笑えないことになる。かりに共産党が政権をとれば、やがて真の党員は小便するのも共産主義でやるべきだということになり、常住坐臥、党生活と確信すれば当然そうならなければおかしい。日本の民衆には、そういうことの歯止めが効かなくなるから、だんだんと極端なことをいい出して組織に対する忠誠心を捧持している姿勢を見せようとする。「ここはお国を何百里」も、「軍律きびしきなかなれど」と戦傷手当をしたり、「思わず落すひとしずく」が女々しいというので禁止した。同じような理念からいえば、共産党が小便するのも共産主義でせよといい出し、創価学会が運古も南無妙法蓮華経をタネにせよなどというようになっても驚くことはない。思想にしろ、信仰にしろ、政治にしろ、歯止めがなくなれば突進して脱線、転覆、自滅を待つよりしようがなくなる。

ともかく一九三四（昭和九）年二月には、まだ「上月三郎」のペンネームで『戦闘的無神論者』三の二号に、「神話学上より見たる天孫降臨神話」を書けた。皇室の天孫降臨神話だけでなく、他の巨大氏族群にも同じ天孫降臨神話があったとし、ある段階での流行現象として解説したので、治安維持法と不敬罪の併合で告発されてもおかしくないのだが、『戦闘的無神論者』は非合法的出版物であったから、どうしようもない。だが僅か一年の間に非合法組織が徹底的に破壊され、私たちが忌憚のない意見を公表できる場が、完全に塞がれた。たとえ非合法であろうと、ともかく印刷物が配布されるのならば、それだけ執筆の意義は認められよう。いかに懦夫すら決起させるような檄文を書いて見たところで配布の術もなく、自家の机の抽き出しに隠しておくだけならしようがあるまい。そこで、どうすれば合法的に雑誌その他の出版物に、自分たちの意見をともかく公表できるようにするかが、最大の課題となる。いわゆる「奴隷のことば」を使うこともあるだろうし、正確な文法的、修辞的作法の他に、いろいろのパラドックス的手法が必要となった。そういう時代になれば、またいろいろの書き方の技法が案出され、心のある者が読めばだいたいの趣向や意味がわかるようになる。故人がよくいう眼光紙背に徹して、文字に出ていない文字をも読め、ということだ。まあ、そうした書き方、読み方が発達することになるが、しかし執筆もし、読んだ経験もある者からいえば、もう同じ経験をくり返すのはいやである。二度目は笑いながら見物してやることになろう。

## 七　見物衆と祭り

一九三三（昭和八）年七月の高松地裁糾弾運動を最後の光芒として、一九三八（昭和一三）年六月、国体の本義に徹し、国策に協力を声明、全国水平社の右旋回に至るまで、まことに苦難の闘争であった。同じ年の二月、わが唯物論研究会も自主的に解散して、その闘争の歴史を閉じている。ただ解散後も『学芸』を続刊、闘争を継続したが、同じ年の十二月に弾圧され、終焉を迎えた。これで万事休す、あとは戦鼓と軍靴の世界だと痛感する。大勢順応、すでに去る者は去り、僅かに残された畳壁を楯に、最後の敵の強烈な攻撃を待つという情況になれば、西部劇のチャンバラならどこからか必ず強力な援護が現われることになっているけれども、現実はそううまいことになってくれない。もっと早いとこなんでうまいこと逃げておかなんだのかとくやんでみても、なんで俺はこんなに融通の効かぬ大馬鹿かとわが心を恨んでみても、もうしようがなかった。決定的瞬間になれば、誰でも進退に迷うのは当然である。それを踏みこたえるのは知識でも、教養でも、いわんや腕力でもなかった。ただ精神力というほかないが、もっと正直にいえば、その人間が持って生まれた性格によるので、自分の好みで道を選んだということにすぎまい。ただ、こうした情況のなかで、なお踏みとどまって戦うというのはなまなかな根性ではできないだろう。ブタ箱、拘置所、刑務所、どれもそんなに面白く、楽なところでおまへんぜえ。ブタ箱は改心せんと徹底的にテロられるし、拘置所は早いこと転向したら保釈で出してやると誘うし、刑務所はマジメにお勤めすれば仮釈で早く出してやると釣りにくる。しかし、あのブタ味噌はうまかったなあ、といえば、そやつめ、堺の大阪刑務所出身と思ってよい。いまはどうかわからぬが、その頃は名物であった。

ただし秋から冬にかけて物淋しくなってくると、思想犯でも精神力の弱いのは狂ったり、自殺する。その頃になると、妙に高塀の外の女や子供の声がよく聞こえるようになり、娑婆恋しと思いつめると、そういうことになった。ただ私の頃には天理教ほんみち事件の人たちも居たが、さすがに宗教的信念に鍛えられて動揺しなかったのは見事である。ともかく二年半、朝晩の点呼にどならされた番号は、いまカードの暗証番号に利用しているが、なかなか覚えやすい良い番号をくれた。足かけ五年、まる四年の拘禁生活で残ったものが、ただ「暗証番号」一つとは情けない話であるが、お上《かみ》に楯突いて悪いことをやって、もらった男の向こう傷とあきらめるほかあるまい。いつの時代であろうと、お上《かみ》に楯突くからにはそれだけの覚悟をしとかんことには、というわけだ。

御旅所の揃い

当時、まだ加西郡には水平社の組織もないし、融和団体もときどき説教や講話を開く程度で、小作農を主とする農民組合もなかった。影にかくれて活動していた人たちがあったかも知れないが、私たちとは接触していない。それでも漸く「郷土研究」の形で接近できるようになったが、部外の者が入って自由に活動できる情況でなかった。したがって部落差別からの解放を、「全日本の、私たちの切実な今日の問題」という認識に立ちながら、差別の強い農村地帯で孤立して戦わざるをえなかったのである。今でも、あの紛糾の情況を彷彿として想起できるが、それをどのようにして社会運動に結実させられるかに苦労したので、この二つの報告の処置には当時の焦躁が滲み出ていると思う。

いま原稿掲載の詳しい当時の事情を忘れてしまったが、だいたい『旅と伝説』へ原稿を送ったところ、そのままでは不穏当な辞句もあるので、削除してもよいかと照会があり、私も単に一部の熟語を削ったり、改訂するぐらいに考えて承諾した。ところが出版されて送ってきたのを見ると、最も主要な意見を入れている末尾の部分が切り落とされたのである。記事の削除は検閲の上での指示ではなく、『旅と伝説』編集部の判断によるものだろう。私もある程度の危惧はもっていたので驚くことはなかったが、今から読んでも編集部の処置は適当であった。しかしそれでは報告提出の意義も薄れるので、自由に掲載できる『兵庫県郷土研究』に全文を再掲したのである。これで当時、どのような記事を警戒して削除したかがわかるだろう。ただ私からいえば、この雑誌の掲載報告を持ち歩いて宣伝、煽動する目的があったのだが、主要な意見の部分を抜かれたのでは、単なる観光案内記事になる。『兵庫県郷土研究』へ再掲の意味は、そうしたところにあった。当時、新聞、雑誌などの出版業者が最も神経を使ったのは、いわゆる宮廷記事であり、これは右翼の脅迫が激しいので困ったのである。次は思想や治安関係のもので、これは警察がうるさくて閉口させられていた。すぐに「発売禁止」で脅かしてくるし、一度、目をつけられると執拗にからんでくるので、出版業者は泣かされたのである。

けだけに『旅と伝説』などのように、一応は全く思想と関係ないとみられていた雑誌は、それだけ検閲も軽くすまされていたから、私の論稿などもおそらく詳しく読んでいなかっただろうと思う。それだけに編集者側で、いろいろと目をつけられないように工夫したのである。このときには『兵庫県郷土研究』は原文のままで検閲を通過したわけであるが、『旅と伝説』のような一般に流通する「商業」雑誌と、地方の狭い同好者グループで配布するだけのガリ版雑誌とでは、その影響力が違うということだ。当時は東京の内務省警保局図書課へ二部送らないと、非合法出版で検挙されたのだから、ともかく検閲は通過している。おそらく、そう詳しく読まなかったのだろう。いずれにしても弾圧は、すこしぐらい早いか、遅いかの違いで、戦う意志をすてない限り必ずあるものと覚悟していなければ、わずかでも不穏当な記事は書けなかったのである。

なお他にも『旅と伝説』で削除された記事があるが、これはおそらく掲載の頁数を加減するためであっただろう。当時の祭礼の地方色を知るために、次に再録しておく。

「提燈なく、白房を下げている」に続いて、

「『たいこ』とは、要するに屋台の恒久化されたものだ。『太鼓』をたたくから、奥向地方では一般に『たいこ』というが、加古、印南、飾磨などの沿海地方では、やはり『屋台』といっている。加古から明石へかけての屋台は、組み立て式の粗雑なもので、ふとんも薄い赤いのを二、三枚、平たくのせるくらいであり、印南から飾磨へかけては、本式の神輿屋根が多いので、これが最も発達したものだ。加西から神崎へかけての『ふと

ん太鼓』のふとんは、大きなふとんを四隅をあげてのせた壮麗なもので、海岸地方のふとんとは違う。しかし、これが結局は両者の中間様式であることが明らかだ。」と解説している。ここでいう「ふとん」は、現物の「ふとん」を重ねて積んだわけでなく、木わくに布を張ってふとんの形にしたものだ。詳しくは「ムラとマツリ」に、その解説がある。半世紀前と、戦後とあまり変わっていないということだ。

ただ祭礼における部落差別の実態については、御旅所の練りの際に発生した「晩まで廻っとれ」を主としたが、神輿の紛争にも、宮入りの練りにも、小さい動きは感じられたであろう。ただ、それはあまり明確な紛争にならず、なんとか納められた。「晩まで廻っとれ」もかなり紛糾していたが、個人的な騒ぎとしてムラが介入しなかったのと、指揮者たちの判断と妥協とで糾弾というところまでならないで納めたのである。

ところで当時でも祭礼の記録といえば、神幸や儀式の進行状態、舞楽など芸能の演技記事などが中心で、それを見物衆がどのように見たり、考えたりしていたかという観察が、殆ど欠けていた。もともとマツリとは、すべてが参加するものであったのに、いつか祭る者と見る者とが分かれてしまったのである。どうしてそうなったかは別のことにして、ともかく祭る者と見る者とが一つになって祭礼を形成し、成立させているのに、祭る者だけの記録はするが、見る者は多勢の他所者として疎外するのは、明らかに思い上がりでなければ間違っているだろう。私も儀式や演技の正確な採取と、その必要性を疑うものではないが、そうした舞踊、歌楽者などがどのように考え、あるいは見物たちがどのように見ているかが、全く欠けていた。つまり祭礼の式次第と、その技術的な進行はわかるが、その出演者や見物衆の人間的な情感がさっぱりわからない。地方の祭礼が物珍しげに書かれ、珍習だの、奇祭だのと紹介されるようになった反動として、そうした余分の脱線を否定した趣意はわかる。しかし祭礼、儀式の執行者、役者、演者にしても、その見聞者にしても人間としてのいろいろの情感、思想、環境などによって、それぞれの個性が発酵し、一つの共通の場で熔融され、造出されるのが「祭り」であろう。したがって、いわば祭りの器具にすぎない舞踊、歌楽、進行の技術的様相をいかに正確、かつ精密に採取し、記録したところで、出演者、参加者、見物衆の人間としての反応がわからなければ、それは時代、年代、時間のわからない無機物に等しい。たとえば同じ演出であったとしても、昨年も、今年も見物衆の反応が同じだとはいえないのである。ここに書いたように、毎年のように喧嘩している太鼓が、今年はおとなしくしていることもあろう。それを見物衆がどのように解釈しているか、その仕方はいろいろとあるだろうが、まあこのへんのところが代表的な意見ではないか、とみて採取しておくのは、私は必要なことだと思っている。しかし多数の見物衆の一致した批評だけが重要なのでなく、たとえ一人の見物人の意見であろうと、これはと感応できるものは採取しておくべきだろう。それが単なる私見にとどまるものか、あるいは百年後の読者を思わず感嘆させるような貴重な資料となるものか、それはわれわれにわからない。だが、われわれが書き残しておかなければ、後世の人たちがどんな資料であろうと、発見の機会がないだろう。もとより私たちの書いたものが、ことごとく残るとは期待できまい。ただ書いておけば、残る機会がありうる。われわれにできることは、そこまでのことにすぎまい。

それにしても、ある祭礼、儀式に見物人として参加したにしても、儀礼や式次第の公式的な進行情況を記録するだけのことなら、わざわざ賑やかで忙しい祭りの日を選ばなくても、平常の日に社務所で記録や話を聞くだけでできる。祭礼の当日を選定するということは、演者や役者などと同一の立場で見るのでなく、あくまで見物衆の一人として実感し、感応した事実を採取し、記録したものでなければなるまい。ところが日本の民俗学、とくに柳田派は、そうした見物衆の一人として感応した様子を記録するのを、主観的な、したがって科学的資料として利用できないもののように考えている。私は、たとえ三文文士、物書きの書いた珍習、奇祭の記事にしても、資料として採るべきものがあるか、どうかは、私たちの経験と訓練によるもので、文士、物書きの責任ではないと思う。それでなければ、世の中に信用できる資料は絶無だろう。私は、たとえ柳田や折口が採取した資料であろうと、自分の経験から疑わしいものは採用しないし、たとえ三つ子のタワゴトであろうと、採るべきものは採用する。私は、常に見物衆の仲間の一人として祭礼、儀式を見るし、体験してきた。とくに最近は甚だしくなってきたが、新聞社、放送局、官公庁などの腕章を巻いて、傍若無人に行列の中を駈け廻るのが多く、あれで祭りがわかるのかとあきれる。もう一つ困るのは一メートル近い長レンズをふり廻し、フラッシュをところきらわず光らせるアマ・カメの一団で、これはもう祭りの妨害というほかあるまい。普通の見物衆の一人として、その群集の中に加えてもらってこそ、祭りと、年ごとの変化、参加者、見物衆の見方、考え方、批評の変化などがわかる。それが祭りに参加するということであり、祭りを楽しむということだ。いまはまだ農村には古い祭りが残っているが、いずれ都市化されたショーとして消え去るだろう。

昔から祭礼行事の際に部落差別の問題が表面化し、大小さまざまの紛争があったことは多言するまでもあるまい。しかし知られることもなく消えたものや、僅かないさかいごととして治められたものは、殆ど無数とみてよかろう。祭礼行事にどのような形で現われ、どのように治められているかの問題は、神マツリの根源に溯るだろうし、部落差別の発生にも関連すると思われる。とくに神マツリの場で部落差別の実態を把握し、解析することは、糾弾以前の基礎作業として私たちの課題であろう。部落差別の解放が、単なる法制的な処理で可能でないのは、すでに明らかである。民族的心理の深奥にも突き刺されているとすれば、われわれは神マツリの場に現われる実相から、その解放の道をともに探るほかなかろう。この「酒見北條の節句祭り」の記録が、そうした道への一里塚となるなら私の望外の喜びである。

# 2 農村の結婚と差別の様相

## 一　ムラと差別

他の一つは祭礼、儀式などの興行と、部落の人たちに対する差別の様相である。まことにいいにくいことであるが、どこの地方の祭礼であろうと部落の人たちにいささかの被差別感をもたせずに、参加できるようなものは極めて稀であろう。そういうことをいって、お前ひとりがええ子にならんでもよかろうと叱られるのはわかる。しかし祭礼の群衆、見物衆のなかで聞いておれば、祭りのなかにもいろいろと部落差別のあることがわかった。水平社の糾弾闘争が激しくなってから、たしかに公然とした賤視の様相は殆どみられないだろう。しかし極めて隠微、あるいは示唆の形で伝達しようとするのは変わらない。お互いの身許が明らかな場合の集まりであれば、公然と話題にしてはばかるところがないであろう。とくに葬式、結婚などの一族、縁者たちに限られた会合になると、いろいろと部落の情報が入ってくる。聞かされるのがつらくなることもあるので、もうそんなことを考える時代でなかろうとたしなめるが、まさか水平社へ告発して糾弾させるぞと脅かすわけにもいかない。といって一通りの説教ぐらいでどうなるものでもなく、そのうちにあいつはアカやからと警戒され、疎外されてしまうことになった。ともかくその頃は若く、理想主義に燃えていたので、機会があれば啓蒙活動をやっていたが、あまり効果はなかったというほかあるまい。

いま日本共産党や部落解放の一部の人たちは、都市で一般との混住がすすみ、住居、学歴、就職の改善、差別調査の禁止などで、相互の結婚も増加しており、いわゆる「国民融合」が発展してきたとし、「部落差別を二十一世紀へ持ち越すな」をスローガンとするようになっている。なにも私は二十一世紀へ部落差別を持ち越すことに賛成するわけでなく、もし完全に絶滅させる手段があるのなら今日にでも実行したい。ただそういう性急な、観念的とよりいいようのない手段や政策で、果たして部落差別という殆どわれわれに体質化している社会的機能を廃絶できるか、という疑いがある。戦前、共産党を支持していた私たちと水平社青年部の人たちとが会合した機会に部落差別の解決に触れ、俺たちの子供の代はまだ無理だが、孫の代になれば変わっているだろうと期待したものだ。それから殆ど半世紀になるが、現実はさらに悪質化しているとみるべきだろう。個別的な現象を選別していえば差別解消が発展しているように見えるが、とくに管理社会といわれる今日の段階では、かえって部落差別の強化に一般民衆の歪曲された願望が上昇しつつあるとみてよく、独占資本政権も陰に陽に、そうした政策を押し進めているといってよい。にもかかわらず口当たりのよい「二十一世紀へ部落差別を持ち越すな」

といった、安易な政策やスローガンを出すようでは、共産党は部落差別の実態調査すらマトモにやっていないだろう。昔から共産党の調査というのは「政策」が決められてから調査が始められるので、その結論は調査以前に確定されている。選挙めあての仮唱スローガンに過ぎないなら、使用価値がなくなれば放棄して恥としないだろう。ただ、それでは部落解放の道を阻害し、攪乱するだけのことになる。たとえ部落解放への道が、どのように困難であり、かつ長期に渉るものであろうとも、その実態の精確な把握によって堅実な一歩をすすめるほかあるまい。

さて私は一九三二年十月刊「もぐらの嫁さがしに就いて」(『俚俗と民譚』一の十『非常民の民俗文化』明石書店所収)や一九三三年十月刊「郷土研究の組織的大衆化の問題」(『俚俗と民譚』二の二)で部落差別の調査を提唱している。ただし私の部落差別の調査というのは、私たちが部落の内部へ入って「差別」の調査をしようといったものではない。私たち普通のムラ、部落の人たちからのいいかたでハク、あるいはシロの連中が、おのれの世界でどのように気がねなしに部落差別の言行をやっているかの調査なのである。いわば自分が、自分の肉や骨を切ったり、削り取る作業であるから、まことに痛烈にして、かつ苛酷とよりいいようがない。だいたい加西郡を中心とした東播地方の情況をいえば、部落差別がかなり強いとみてよかろう。明治末から大正初頃まで、まだ部落の人たちと火を共用することを嫌っていたらしい。私の幼時はまだキセルと刻み煙草が全盛で、紙巻煙草の需要は少なかった。刻み煙草の吸いがらを手のひらに受けてころばしながら、新しく詰めたキセルで吸いつけたのだが、なかなか上手に扱ったものである。お互いなら手のひらの吸いがらから直接に火をつけさせたが、部落の人が頼むと盆その他の上に乗せて渡した。しかし明治の中頃まではであると敷居や戸のサンなどの上に落とし、盆などの上に載せて渡すことはなかったらしい。徳川末から明治初期には土庭の上へ放り出したそうで、その頃は家の戸口に座らせ、それから奥へは入れなかったので、庭へ落とした吸いがらに火をつけさせた。外縁に座らせるなどということも殆どなく、立ったままで応答させたらしい。

一般の農家では、だいたいそうしたことであったが、豪農、地主級の家になると門内へは入らせず、作男などに応対させるのが普通であった。北條町あたりの商店では、買い物も客の多い時間帯には遠慮させ、夕方になって顔もおぼろげになった頃に売ったという。もらった銭貨も直接に手渡しさせず、縁側に置かせ、その手の温《ぬく》もりが消えてから取り上げたそうで、甚だしい場合にはザルへ入れて水洗いしてから納めた。これはカッタイすじといわれるハンセン病者を出した家の家族も、同じような差別をされている。しかし部落の人の場合は、その本人の前で遠慮なくやってみせるが、カッタイすじの人の場合は居なくなってからやったそうだ。その他、商家によっていろいろと悪質な差別をやったらしい。買いにきた商品があっても、ないといって売らなかったり、ひどいのは本人の前で、ないといった商品を出して他の客に売ったりした。さすがに抗議すると、これは前からの注文で残してあったといいぬける。また他の人よりもいくらか高く売る店も多かったようで、怒った部落の豪農、地主の家で婚礼の衣裳、道具を近所の町の店で買わず、わざわざ姫路から運ばせたという話も、あちらこちらのムラで聞かされた。そんなに差別する必要がなかろうととがめると、気にいらなければ買ってもらわなくてもよい。部落の人たちに出入りされると、他の人が買いにこなくなるから困る、ということだ。

明治の解放令が出てから、附近のK部落の人たちが北條の町へ買い物に来て、よくもめたらしい。これまで気がねして買っていた、いや売ってもらっていたのが、カネを出して買うのは同じだから、他の客と同じ待遇をせえと求めた。北條の商人たちも内実はともかく、外面的には従わざるをえない。そのときK部落で火を出し、大火事になった。喜んだのは北條の町人たちで、屋根へ上がってもっと燃えろ、燃えろと煽ったそうである。この話はなかなか有名であったらしく、昭和はじめでもあちらこちらのムラの老人たちが語ってくれた。『故郷七十年』によると、この頃、柳田国男は北條町に来ていたらしいから、この火事騒ぎに会っていたはずだが、それについては一言も述べていない。そういうことで大正はじめ頃までは、買い物をするのでもなにかと差別したようである。

昭和初め頃、加西郡で秋季機動演習が師団対抗で行われた。普通の姫路師団内部の対抗演習であると、うまく実施計画を作るので、民家宿泊もへまな割りあてはしない。ところが他の師団との対抗演習となると、相手の師団がこちらの希望のように動いてくれず、とうとうある部落を含めて民家宿泊をすることになった。部落では食器、ふとんまで新調、食事も家毎に異なってはいけないと、ムラ全体で給食するように計画して、宿泊を待っていると、突然、当日の朝になって中止を申し込んできたのである。中止を知らせてきたのは村役場だが、役場は軍の命令の通りに動いたわけで、部落から抗議されてもどうしようもない。軍隊の方も師団対抗のように長期の演習になると、野宿ばかりもさせられず民家宿泊、休養も必要ということで、他のムラへ振り替えることになった。いろいろともめて紛争したが、相手が軍隊では役場もどうすることもできず、部落の方で泣き寝入りになる。婦人会なども殆ど徹夜でふとんを縫ったりしたので、怒って引き裂いてしまったとか、焼き捨てたといい、また食器や膳なども叩き砕いて川へ投げ込んだという噂が、周辺のムラではまことしやかに伝えられた。後に聞いたところでは、それほどのアホはしないが、せっかく縫ったふとんをほどくときは涙が出たという女性もある。こんな軍隊のからんだ宿泊拒否はあちらこちらにあったようであるが、相手が軍隊なので地方の町村役場ぐらいではどうしようもなく、表面化するのを防ぐのに精一ぱいであったらしい。

## 二　「盛花」が語る

こうした表面に現われた差別は、まだあつかいやすいといえるだろう。いまはだんだんやらないようになったが、戦前の葬式に参列すると被葬者との血縁に応じて役《やく》がつく。最も親しい子供は輿《こし》をかくのだが、孫が成長して輿をかけるだけになっておれば、孫がかくことになる。輿をかくのは男の役で、四人居ないとかけない。つまり立派に成長した男の孫が四人は居るので、あの家は繁昌しているということになる。これを「孫の手輿《てごし》に乗る」といって、古い祖父、祖母たちには理想になっていた。以下それぞれ親疎に応じてヤクがつき、短いのでも二、三十人、長いと五十人、百人近い行列になる。その最末端は、「盛花《もりばな》」を持たされて後尾を歩く。「盛花」、また盛物、盛台、台物、台花など、ムラによっていろいろと変わるが、とりあえず「盛花」にする。六角形の台の上に造花を差すが、餅や饅頭を盛るのもあり、これもムラや宗派によって多少の差があった。いくら最後尾の「盛花」であっても序列は厳しく、ヤクを紙に書いて張り出したり、読み上げられた。こんなときによくびっくりするのは、あの家と親類であったのかとわかることである。「盛花」となるとかなり疎遠になるが、いろいろと話し合ってみると親類にはなっていた。どこにどんな縁で、どんな親類があるのかわからんものだなあ、とお互いに再認識する。それはよいのだが、これで相互の家の筋や格がわかった。つまり結婚ということになると、その影響は「盛花」級まで及ぶわけである。「盛花」級まで波及するとなると、まず三代乃至五代まで家系をたどることになるだろう。その間に筋目が明確でない縁組があったり、ハンセン病者が出たと疑われるような家があると、まあ縁談は断わられた。田舎で他村の知り合いの葬式にでも、コマメに参列するのは、こうした親族関係を偵察するという目的もある。葬式という機会は、かくしようもなく一族、親類の全容を表明するからだ。いずれ自分の家と、どのようなことで縁ができるかわからないし、かりに縁談が持ち込まれても相手の家や、その親類縁者の知識があればすぐにも対応できる。

だいたい田舎の結婚の仲介、縁談の持ち込みは、たいてい世話人があった。大正から昭和初頃まで、東播地方では殆ど専業化したプロが居て、あちらこちらの豪農、地主たちの家の仲介をして、双方から礼金、礼物をもらって生活していたのである。だいたい話がまとまると自分は手を引き、両家の格に相応した媒妁人に譲るわけで、自ら媒妁人になることは殆どない。それからもわかるように、かれらの地位や家格はあまり高くなかった。私も民俗調査のなかでムラのオンナバレ、オンナゴクドウなどといわれる女頭目、イカズゴケ（嫁かず後家）など未婚の女傑、クチキキ、ナカゴシラエ、トリモチ、ヒトバクロウ（人博労）などいわれる下廻り媒妁人の生態に、村落共同体のある断面が露頭しているとみたので、機会があると接触したことがある。私の在所で、羽織を着て道を歩いている五十がらみの男を見た村人が、ああ、あのオッサン、また聞き合わせに歩いている、どっかでクチがあったなあ、といっているのでわかった。そんな半職業的な人が一郡に一人、二人は居って、かなり手広く活動している。つまりは人事興信所機能であるが、他の郡や都市の同業と情報交換もやるし、共同作業もやっていた。かれらが信頼され、利用された根本的条件は、ずばりいえば部落の情報やカッタイすじなどの筋目に明るいことである。そうした欠格条件がないか否か、どこの家でも第一に聞くそうだ。あほらしい、わたしがお家《いえ》へはなしをもってくるからには、そんな悪い家やおまへん、一ぺん得心がいくまで調べてみなさったらええ、と相手の家の親類書や本人の履歴書を渡して置いて帰る。一カ月ぐらいしてから行くと客座敷へ上げて、丁重なあいさつをするようだと、まあ成功したとみてよろしい。

しかし、まあ加西郡の周辺ならわかるだろうが、遠い地方ならわかるまいといったら、できるだけ葬式に参列する。田舎の葬式は全く縁がなくても五十銭、一円の香典を出しておけば非時《ひじ》にもよばれるし、いろいろと参列者の噂や評判を聞くこともできた。とくに葬列のヤクには気をつけるが、なかでも「盛花」級に注意する。「盛花」級の親類におかしな噂が出ているのが含まれていたら、どんなに他の親類が良くても手出ししない。縁談の調べになると、えてして、こうした家がひっかかって問題になる。お家《いえ》も、ご本人もよろししますが、どうも端《はし》の御親族に気がかりのおうちがあるようですなあ、といわれると、もうあきらめるほかあるまい。すこし古い家であると「盛花」級が、すくなくとも二十家、三十家ぐらいはあった。田舎で中農以上の家になると、それぐらいの調査はやっていたから、媒妁という商売もなかなか大へんである。ただ田舎の人間はいたって口が軽く、葬列や焼香のヤクが読み上げられると、その人の噂をすぐかたわらの人とやった。学歴、職業から家庭の内紛まで評判したので、聞かされる方が怖くなる。だから葬式に出ておれば、まあその家の一族、縁者まで、筒抜けに情報が入った。なるほど商売は道によって賢しというわいと感心したが、結婚差別というのもなかなか根が深いというほかなかろう。

戦前は政友会、憲政会の政党派閥で難しいときがあったが、君も世話しようかというので、めしが食わせないぞと断ると、すこし年上で子供もあるが、君を養うぐらいは心配ないとすすめる。俺はアカだぞとすごんでみせたら、子供ができて三十にもなったらそんなもん問題でなくなると笑われた。そうすると私は八十に近くなって、まだこんなことを書いているのだから、よほど底抜けの大馬鹿であろう。それはともかく情報をとるだけでは嫌われるから、その家なら赤松二十八家に出ているとか、三十二家に入っているなどと教えてやると、喜んでいろいろと聞きにきた。また系図というのを見てくれと持ち込まれ、だいぶんニセモノ、インチキモノの勉強もする。巻子仕立ての立派なものから、美濃紙に書いた写しというのまで千差万別であるが、だいたい流布本の赤松系図を下敷きにしたものが多く、まあ信用できるようなものは殆どなかった。播州は赤松氏の本拠であったから、赤松氏の末裔というのが多い。なかには佐伯四郎惟重などというのがあり、赤松と関係ないが、九州豊後の佐伯が出処で、本姓惟宗氏、中世末期に流れてきたのだろうと教えたのもある。「士族」というのもいろいろで、東播地方は明石藩七万石、小野藩、三草藩各一万石程度で、大きな藩領としてまとめられておらず、他は天領、遠国藩の飛領、旗本の知行領などであったから、各領地毎に多少の規制に違いがあり、まとまって二、三千石ぐらいあると「陣屋」を構え、代官などを置いたが、他は殆ど庄屋級が代行していたのが多い。こうしたのは苗字帯刀御免ということになるが、維新のどさくさにまぎれて「士族」というのもある。三草、小野などの下級武士や足軽より実勢力はあるが、ともかく百姓もいろいろと「士族」工作をしたらしい。また「郷士」にも古い格式のあるものから、陣屋や代官所に雇われ臨時に士籍へ入れられたのが、そのままま紛れ込んだのもある。こうしたのはせいぜい平百姓級であるから、出身地を調べるとわかった。ともかく縁談でも「士族」といえば、一応はフリー・パスになる。したがって明治、大正初の「士族」戸籍簿を大切に保存し、立証というのもあった。まあ姫路周辺の大藩領にくらべると、インチキ「士族」の発生が多かったといえる。

そのうち姫路あたりに系図屋というのが二、三人も居って、現代版ニセ系図を作っているのがわかった。徳川時代だけでなくなっているのかと思っていたら、立派に営業していたのである。この系図はまずいなあ、俺ならもっとうまいこと作ってやるとふいたら、本気になってすすめられた。人民戦線運動などとばかげたことで走り廻っても、行商では精一ぱい儲けて月三十円である。ニセ系図一本の相場は、だいたい二十円から三十円らしい。しかしそれは仲介者からもらう執筆料で、仲介者がどのくらいふっかけているのかは、わからぬ。自家営業となると実地調査に信濃へ行くとか、高野山へ行くとかいって旅費、宿泊費、日当というので百円、二百円と出させ、だいぶん儲けるのもあるらしい。まあ商売となれば相当の本も買い、資料も集めねばならないので、そんなに儲かるまいというと、学者であるまいし、それほどの勉強はしないだろう。たいていヤミで古美術品、正直にいえば「骨董」の媒介、販売の兼業で、だいぶん儲けている。そういうのが田舎の骨董好きの地主、豪農の家を廻り、ニセ系図の注文もとるし、結婚の媒介もするそうだ。『人類学雑誌』『歴史科学』など論稿掲載誌を見せてやると、そういう専門家とは知らなんだ。ぜひ御指導をいただきたいと、先生扱いにしてくれる。ボロ自転車に乗って行商やっているのを見ておれば、とてもそんな才能があるとは思えまい。まあ二十円、三十円のニセ系図作るぐらい、その家の過去帳や墓地、周辺の伝説口碑を集めた上で、姫路か神戸の図書館へ二、三度も通えば、なんとかもっともらしいものをでっちあげられる。専門家が見ればすぐ看破されるが、田舎の系図屋よりは素人騙しは巧妙にやれるだろう。ということになるが、しかしそこまで落ちたら、社会運動などばからしくてやっておられるものでなく、まことに残念ながら思いとどまった。

ついでに書いておくと『旅と伝説』その他の民俗学関係雑誌は、原稿料くれるのは絶無で、せいぜい掲載誌二部くれるのが精一ぱいである。たいてい年間購読料とられたから、それだけ持ち出しになった。『人類学雑誌』『考古学雑誌』『ドルメン』なども同様で、かえって長い論稿になると印刷費をとられる。『人類学雑誌』に長いのを載せてくれるので、ええ気になって書いていたら印刷費払えと請求されてびっくり。とても払えまへんと泣きついたら、八幡一郎さんが清野一派みたいなわけにもなるまいと、なんとかごまかしてもらえたらしい。たしか二十数円になったかと思うが、いまだに未払いで『人類学雑誌』には迷惑をかけている。その頃、清野謙次さんらが、「体質人類学」といわれた計測の多い膨大な論文集を、『人類学雑誌』の附録として発行、本誌よりも附録の方が多くて、かつ重量も相当のものであった。清野さんには箱式棺出土の人骨や、火葬墓の人骨などを送って、いろいろと教えてもらったことがある。学術雑誌はともかく、商業雑誌でも原稿料をくれないのに、妙に左翼雑誌は原稿料をくれた。『歴史科学』『唯物論研究』で一枚五十銭、『経済評論』一円であったが、白揚社系は確実に支払ってくれたが、叢文閣系は未払いが多い。私がもらった最高は『科学ペン』の一枚二円で、びっくりして悪友どもにふいたら、それは大学助教授級だぞと煽《おだ》てられた。それで嬉しがっておられるような時代でなく、検挙されたらえらいことになると心配させられる。それはともかく『東洋古代史講話』『東洋古代民族史』は五十円ぐらいずつ白揚社から、唯物論全書『民俗学』は百二十円ぐらい三笠書房から支払われ、だいぶん助かった。私などは最低であろうから、服部之総、早川二郎などというのは、かなりもらっていたのだろう。まあ、そうした正当な金儲けもしたが、それではとても食ってゆけず、未払いの借金も作るし、未収の債権も作ったのである。正直いえば、そんな論稿書くより媒灼屋と共謀してニセ系図書いたり、ニセ骨董の裏づけしたりする方が、よほど気楽で、面白くて、カネにもなった。行商でオメコ、チンポの話をして、三銭、五銭の口銭を儲けるのもしんどい作業で、あんなあほらしい仕事をようやったもんだと感心する。

## 三　田舎の媒灼業

そうした媒灼業者と知り合ってわかったのは、かなり広い地域の地主、豪農級の家族や資産情況、旦那の性格、奥方の傾向などを、かれらなりに詳しく調査し、この組み合わせなら成功すると一応の目安をつけてから動くので、その着目、手腕はさすがであった。かれらにとって息子や娘の学歴、性格、将来性などはどうでもよいので、双方の家の格が合い、結合できれば、息子や娘の話ぐらいどのようにでも口一つでいいくるめる。しかし媒妁業者にも大、中、小の三段階ぐらいの格差があって、中農や富農級の仕事は配下の中、小業者に譲ってやるかわりに、地主、豪農級の結婚希望情報を集めさせていた。そうした大きい媒妁になると、一度や二度の話でまとめられるわけがなく、相当の手間はかかるし、調査の旅費、日当と査定すれば、かなり必要経費がかかるだろう。どれほどの礼金を稼ぐのかと聞いてみても、営業上の機密ということになる。私は「媒妁業」などと書いているが、そういう看板を出しているわけでなく、あくまで知り合いに良い縁談をと頼まれたので、ちょうどころ合いの相手を紹介しただけ、なのだ。したがいまして礼金いくらという規定はなく、酒一本で御礼というのもある。が、まあそれは表向きで、だいたい嫁入り道具一荷で十円だろうということだ。かれらが世話するのは最低でも十荷はあろうから、まず百円にはなるだろう。百円か、ええ儲けやのうと感心したら、なにをアホタレが、それは片方だけのことで、双方合わせて最低で二百円になる。その他にいろいろとお土産をつけるし、初児が産まれる頃まで贈り物をする家もあるようで、かなりの収入になるのは明らかだ。とくに超豪家とか、難しい縁談をまとめたりすれば三百円、五百円と包むのもあるそうで、まあ、そううまい話ばかりでもないだろうが、相当の収入にはなる。

こうした連中のなかにはひどいのも居って、加西郡国府寺廃寺址の手洗石を、奈良朝前期の心礎だと教えてやったら、うまいこと村人たちを騙くらかして京都の古美術商へ売り飛ばされた。まだ正体をあまり詳しく知らなかったので、古墳や経塚などの出土品の情報を報らせてやったりして、だいぶん土器、経筒、古瓦などを売られてしまう。こんなことで金儲けする気もなし、ええ鴨にせられたのである。そうした失敗もやったが、おかげで田舎廻りの骨董屋、媒妁屋の業態は、かなりわかった。世にナコウドグチといい、双方にうまいことウソをついて、話をまとめるのが「腕」だとされている。しかしそれだけでは一つ、二つの縁談はまとめられても、半営業的な永続性はあるまい。当時の田舎では興信所的機関はなかったし、都市の興信所を利用しようというほどの必要も感じなかった。こうした媒妁屋や骨董屋が活動していたから、必要な情報は入手できるし、かれらは土着の業者として都市の興信所では難しい極密の情報も入手してくるし、その半面ではこちらの情報を秘匿してもくれる。したがって、なんだかだと批難されながらも、農村の結婚媒妁機関として存続した。もとよりそれは極めて内密な作業であって、縁談が成立すればそれ相当の公式媒妁人に任務を引き継いでしまう。そうした上級のみでなく、中級の媒妁の場合でも、話をもってくる者と、表面的媒妁人とは違うことが多い。まあ、それは現代の都市の結婚式でも、同じことが多いといえる。ただ田舎では、また独特の含みがあったとみてよかろう。つまり、その媒妁人の様相によって、だいたいの「家」の格とか、筋とかがわかるということだ。

田舎の媒妁業者が、徹底的にマークするのは、被差別部落と関係がないか、否か。またカッタイや狂人などの病系でないか、否か。あるいは地域によってキツネツキ、イヌガミモチなどの憑《たた》り物筋でないか、否か。だいたい三点が主要課題であって、それが問題なければ家の格とか筋の評価になり、次いで財産や管理情況を調べ、最後に本人の学歴、性格、将来性ということになる。根本的な三点に問題なければ、どこの、どんな家であろうと欠点のない家などないので、後は口先一つでどうにでもなるというのが、まあベテランの口上であった。地主、豪農級にしても、富農、中農級にしても、農村住いでは、少し離れた地域のことになると、極秘の調査はかなり困難になる。聟取り、嫁入りの縁談調べ、いわゆるキキアワセ（聞き合わせ）、トイアワセ（問い合わせ）は、いつでも行われているわけだが、どこかの家で村の息子や娘さんのことを不用意に聞いたりすれば、その日のうちに村中へひびき渡った。どこから、どんな男、または女が尋ねてきたというので、その風体、言葉づかい、作法などが一ぺんにわかる。だから素人がキキアワセ、トイアワセなどに行って、下手なことを聞くと縁談が起こっているのを広告するようなもので、それだけガードが堅くなり、こちらのとりたい情報がかくされることになった。

田舎のキキアワセ、トイアワセというのにも、いろいろとムラによって応対が変わってくるのがある。まあ、そのムラの商家など、とくに煙草や雑貨を売っている店には入りやすいし、いろいろの情報ももらえた。しかし商売に差し支えるような情報はとれないから、だいたいの見当をつけて他の農家に当たる。これがムラによると難しくなり、聞き合わせの相手の家によって応対がちがった。相手の家が地主とか、本家になると、私の家ではわからんから、あの家で聞け、と同格の家を教える。その家へ行くと客座敷へ上げ、主人が公式に応対するということになった。その家にしても自分の家の縁談の場合のこともあるし、縁談が成立して、あの家はこう答えたといわれても困るから、まあ公式の答弁、情報よりはとれまい。はじめに聞かれた分家、新宅にしても、たとえよその本家であれ、勝手なことをいったとなると、本家へよび出されて吊るしあげられるから、いくらよく知っていてもうかつなことはいえないのである。そういうことでトイアワセ、キキアワセというのは、なかなか難しいのであった。

それでは媒妁業者たちは、どうして調べるかというと、平素から葬式などに出て親族関係を偵察したり、寺や地主、豪農の家へ骨董品をもって商売に行ったりして、そうした商談の間に他の家の情報を探っている。田舎でちょっとした大きい、裕福そうな寺の坊主には骨董好きが多く、一ぺんつき合ってくれと頼まれ、品物を見るだけだぞ、と断って同席したら、なるほど面白かった。なにがなんやらわけのわからんような盆や、ツボを出して見せたり、山陽の詩というのも出して見せる。骨董屋との売買は、その場でするのかと思っていたら、まあお気に入るかどうかわかりまへんけんど、お預けしときまっさかえに、というので置いて帰った。あれで商売になるの、とびっくりしたら、気に入ってくれる客があるまで持ち廻っておれば、そのうちに納まるところへ納まるらしい。ということで三〜五点ぐらい骨董をもっていわゆる「田紳」を廻っておれば、なんとか暮らせるようだ。一たん買っても、気にいらぬようになると安く引き取らせる。あるいは他の骨董と交換したりするが、その駈け引きを聞いているのも面白い。この頃、備前焼に人気が出て、持ち廻っているのが多かった。まあ、備前焼や丹波焼などなら、だいたいの年代ぐらい見込みがつく。しかし骨董としての値段はわからんぞと断ると、値段は客の顔を見てこっちがつけますということだ。二時間、三時間ぐらいしゃべっていると「御膳」を出してくれ、酒も出る。のんきといえばのんきな商売で、化粧品の行商などとは大へんな違いだ。

しかし骨董の話をするのはときどき思い出したようにはさむだけで、その大部分は周辺の地主、豪農どもの噂ばなしで、当時は政友会と民政党にわかれてしのぎを削っていたから、その情報交換が主である。というのはカッコよくいっただけのことで、実質は選挙の買収の話であった。衆議院から県会、町村会、農会に至るまで選挙は多種多様であるし、町村長や区長の選挙、選出まであるから、話題にこと欠かない。とった、とられたから、どんでん返しまで、ありとあらゆる秘術、秘策が開陳される。面白いのは一般百姓たちの買収で、そこらの一パイ屋、料理屋、宿屋へ連れ込んで飲ませるのだが、酔ってくるとどこそこはいくらくれたとか、筒抜けらしい。少しまとまった票のある男なら、その家で他所ごとの世間ばなしをして帰る。帰った後で座ぶとんを上げると、金包みが出てくるという仕掛けになっていた。ただし、こんなのはごく初歩的であり、一年も二年も前に山を売った、田を買ったということで、次の選挙はすんでいるらしい。また選挙ボスになると地方の町や都市で妾などに一パイ屋、カフエーなどを経営させ、策源地として活用する。その頃はまだ内閣が変わると、警察署長はもとより駐在所の巡査、小学校の校長、教員まで入れ替えになったといわれ、いろいろとゴマスリやタレコミが渦巻いて、聞いているだけで面白かった。医者にまで党派の色がついて、わざわざ他所の医者にかかって義理立てする。選挙になると若衆たちや在郷軍人まで動員されてムラの四境に番兵を配置、ムラのなかはまた巡察し、夜になれば焚火が燃えた。ただし、そういうムラばかりでもなく、案外にケロリとして狩り場になり、ちゃっかり儲けていたのもある。

骨董屋、媒妁屋には自ら政党色をつけるのもあるが、だいたいは中立で、双方の党派に適当にあいさつしたり、差しさわりのない程度に機密らしい噂も出してやる、というわけでなかなか苦労していた。二大政党時代で殆ど地方でも二分していたから、他の一方に片寄っては商売になるまい。へんなことをいって選挙違反や証人に引っぱられるのはつまらんと、危くなるとうまいこと話を外し、骨董へ戻している。しかしときどきむこうの息子も大学を出たとか、娘が大阪の女専へ入ったとかの情報も出るので、なるほどと見当がついた。媒妁屋は、相当の深謀遠慮があるなあとつついたら、ニヤリとする。オメコ、チンポの話も出るが、姫路や神戸の花柳界の噂ばかりで、夜這いとはさすがに縁がない。ただし姫路師団に配属のある宮さんが、芸妓を囲って女の子もいるなどという恐れ多い話も聞けた。いわゆる「田紳」にはまだマジメそうなのも居たが、骨董好きの寺の坊主ときたら、まさにド助平の、後家たらし、尼さん泣かせである。北條線の終列車の中で、尼さんといちゃくって車掌に叱られたという坊主が居り、大へんな噂になっていたので聞いたら、それぐらい序の口だよということであった。まあ、われわれと山寺の貧しい尼さんの接待など、それにくらべるといたって健康で、人間性の勝れた出会いということになる。

こうして田紳、つまり「田舎紳士」や寺を廻ってみて感心したのは、かれらの持ったり、売買している骨董は殆どニセモノで、ろくなものがないことだ。書といえば山陽、西郷が多く、有田焼、九谷焼から丹波焼、備前焼が出廻り、浮世絵、歌人の色紙、短冊などから刀剣、陣笠まで、一揃えはある。こうしたインチキものを持って田舎廻りしている骨董屋の風姿には独特のものがあって、縞の着物に角帯、縞か、紺の羽織、皮草履、濃紺の大風呂敷に骨董を包んで肩にかけるか、背中に負って歩いた。妙に自転車に乗って廻るというのは、いなかったように思う。じっくりと半日でも座り込んでの商売だから、自転車など必要なかったにちがいない。ときどきつき合って聞いているうちに、だんだんと正体がわかってきた。インチキものを、真物と信じて山陽だとか、古備前だなどと骨董屋と渡り合って喜んでいる田紳は、極めて初歩の連中なのである。こうした物好きの田紳たちを教育して、ニセモノはニセモノとして鑑賞させ、いかに真物に近く作っているかを評価させるのが、骨董屋の使命であった。田舎の田地の三町歩や五町歩を売ったところで、真物が手に入るわけはないので、すこし賢い男ならわかる。ニセモノと承知の上で、どこがどのように真物に近いか、そうした鑑賞をできるようになると田紳としては一人前で、骨董屋の常得意に育てられた。よく田舎の素封家が死んで遺産処理をしたら、雪舟だの、山陽だのという三十本、五十本の掛軸が、みんなニセモノでがっかりさせたなどというのが多いが、それだけ買い込んだ男がニセモノと知らずに買っていたなどと思うのは、よほどのお人好しである。ニセモノと百も承知の上で楽しんでいたので、悪い骨董屋に騙されてつかまされたなどと思わぬがよい。しかし双方の問答を聞いていると、あくまで真物として討論、狐と狸との騙し合いということになるが、それで半日、楽しめるのなら、安い投資であろう。

## 四　古美術品の流出

しかし世の中、奇奇怪怪だとびっくりしたのもある。いまから三十年ばかり前、関東の佐野という片田舎で「乾山」作という焼き物が、二百五十点ばかりも発見された。東京、大阪の大新聞も書きたてるし、『芸術新潮』にも高名な評論家が煽りたてるというわけで、大阪の大丸で展覧会を開いて二百円か、三百円の入場料もとったと思う。「乾山」は一つでも「重美」になるくらいのもので、そんなものがゴロゴロ出てくるはずもなしとは思ったが、大丸が会場を貸し、「図録」も発行しているというので、せめて一つ、二つは真物もあろうかと見物に行った。見物衆も大入りで、いかにも真物らしく評価しているのもあったが、その昔、播州の片田舎で渡り骨董屋の前座を勤めた程度の男が見ても、そもそも田舎廻りの安骨董屋が「乾山」として持ち歩けるようなものですらなかったのである。もう少しなんとかニセモノにしろ、ニセモノらしくできんものかとあきれはてた。まあ、その程度のものだが、あれだけ大量生産すればしようがあるまい。田舎廻りで「乾山」と持ち歩けるのが二、三点ぐらいあったが、それをネタにしてでっちあげたのだろう。ニセモノもあれだけ大仕掛けにして吹き上げれば、その度胸と企画力だけでも大したものだ。それでもまだ真物などと騒いでいたが、いつの間にか消えてしまい、ほんまに夢まぼろしの如くである。骨董屋の世界というのには、そうしたでたらめで、面白いこともあった。いまも上出来のものが、ニセモノにしても真物らしいところがうまくできているなどと、田舎の好事家を渡り歩いているだろう。

当時の私にしても、そう骨董に詳しかったわけではない。ただ縄文式土器、弥生式土器、土師器、須恵器などの、極めて初歩的知識があったにすぎないが、それでも田舎では新知識で通った。ある寺にあった弥生式土器を、尾張の熱田産と指摘するぐらいの能力はあったから、いろいろと骨董屋や媒妁屋に利用されることになり、こちらもかれらの実態調査というので、いささか悪乗りした気配もある。行商で自転車を乗り廻し、善男善女とオメコ、チンポのはなしをするのもよいが、ときには骨董屋にくっついて地主、豪農のお屋敷へ参上、お道具を拝見し、いささか知的なおはなしを楽しみ、お膳とお酒をいただくのも悪くない。すこし大きい家になると古い庭があり、茶亭を建てたり、池を掘ったり、石燈籠、五輪塔、重層塔などの石造物を配置している。しかし、これも妙にろくなものがなかった。なにやらわけのわからぬひねくれた形の石燈籠を喜んでみせたり、五輪や宝篋印塔などの残欠を積み上げていたりして、古い、古いというのだが、どうしようもない。骨董屋は結構でおますと持ち上げるが、どうせ仲間が騙して高いことふっかけたのだろうという顔をしていた。しかし、これはどこも同じと見え、最近、大和の葛城地方で古いという製薬業者の別邸を見せてもらったが、これも庭の飾りの石造品はろくなものが一つもない。形だけは大きい石燈籠をすえていたが、趣味のほどがわかるというものだ。ただ一つ数枚を敷いていた石道が逢坂山から運んだ「車石」で、それだけが真物である。これで室内に飾ってある道具類は、見ないでも見当がつく。ただし附近に、最近まで稼働していた居宅つき製薬工場が放置され、荒廃にまかされていたが、大和の居宅兼製薬工場としては典型的なもので、いまのうちに庭園、倉庫など含めて完全に整備復元して保存すべきで、単に産業技術のみでなく、特別保護建造物として価値がある。

えらそうにいっているが、今は考古学も格段に進歩。遺跡、遺物の調査にも、古地磁気学的研究だの、熱残留磁気測定、花粉分析、石材の蛍光X線分析などといい出されると、もう手が廻らない。「竹べラ三年」などと職人芸を自慢していたら、地下レーダー、浅部電磁法探査装置、メタルロケーターなどという科学機器が出現、一メートルも上の表土を這っただけで「銅鐸がおまっせえ」と、誤差のない全く適確な情報を送るようになった。もう土方人足姿で発掘などという風景は昔の夢となり、病院の医師や検査技師並みに白衣で聴診器を表土に当て、発掘メスで簡単に採取するようになる。まあ、それまでにせいぜい法螺《ほら》を吹いておくことだ。もともとヤシや骨董屋とアイヅキしていたのだから、私はまともなものよりすこしはインチキまがいの方が面白い。ときどき今里幾次、村川行弘などの先輩、松本正信、喜谷美宣、兼康保明などに珍物を持ち出して困らせる。さすがに今里、村川の先輩たちは、この野郎、またどっかで妙なものを拾ってきおってと思っても、そこは子細らしくひねくってみせ、なんとか恥をかかせぬように色をつけて下さった。しかし若い連中になると、なかなか容赦してくれない。こらっ、美宣。これはどうじゃ。はいっ、第三様式です。俺も、そう思うとごまかせたが、喜谷美宣もある博物館の偉い人になると、これ、どないやろ。あきまへん。あかんか。あきまへんとその手に乗らない。松本正信にいたっては、これどうや。先生、あきまへん。そういうな、ちとまからんか。まかりまへんと、にべもなかった。これで日本最古の旧石器発見という、特大ニュースも吹っとんでしまった。どうも近頃の若い奴は先輩に対する礼儀を知らぬと嘆いてみたが、よくよく考えてみたら、俺も先輩の骨董屋、媒妁屋を嘆かせていたにちがいないと、漸く気がついたのである。まあ、世の中、そうしたものだ。

ところで東播の加古川流域にも、ちゃちな地主、豪農ばかりではない。だいたいが三十町歩、五十町歩、せいぜい百町歩ぐらいだが、印南郡伊保村今市には一千町歩地主といわれた伊藤長次郎が居た。播磨十一郡に一千町歩、小作三千余人。他に神戸市で土地三十万坪をもち、日本一の百姓長者といわれる。徳川時代後半になると、加古川の舟運を利用した豪商、豪農が現われ、加東郡市場村には西国一の銀貸といわれた近藤亀蔵が居り、もとより農地、山林なども集積していた。そうした日本屈指の巨大地主、超豪商も居るので、大地主、豪農級のものも一郡に二、三人は居たが、こうした連中になると田舎廻りの骨董屋や媒妁業などが近寄れるわけがない。明治三十四年十月刊、時事新報調べの日本五十万円以上財産家表を見ると、加古川流域には伊藤長次郎の他に加東郡福田村の石井栄十郎、同郡福田村大門の蓬萊宗兵衛が居た。いずれにしても二百町歩、三百町歩は所有していたのだろう。ところが大正十四年六月調の多額納税者になると、伊藤長次郎七千八百円、印南郡平荘村・滝竹蔵六千六百円、加東郡福田村・石井兵蔵五千八百円、加古郡平岡村・増田性治郎四千四百円、加東郡河合村・斯波与七郎四千円、多可郡比延庄村・広田伝左衛門二千九百円、加東郡福田村・蓬萊宗兵衛二千六百円、加古郡平岡村・上田晃二千五百円ということになっている。つまり伊藤、石井、蓬萊などの巨大地主が次第に衰退して、他方では各地域に大地主が発生していた。ついでにいうと最高は神戸市の金貸し乾新兵衛で二十四万八千円、二位は明石市の水産業中部幾次郎十一万五千円、三位は神戸市の土地もち小寺謙吉六万六千円、以下三万円、二万円、一万円級が二十八人も居って、伊藤長次郎は三十九人目になる。農地所有だけであれば巨大地主であろうと、都市の産業経済型大資本家にははるかに及ばなくなったのだ。これらの農村や田舎町の巨大地主、超豪商級の手に古美術品が集中していたのは、せいぜい日露戦争までで、その後は急速に都市の新興資本家へ移っている。倉敷美術館は紡績屋、白鶴美術館は酒造屋というわけで、いま著名な私設美術館の殆どは、この頃に基礎を作った。国宝、重要美術品などの個人所有者を見れば、旧大名筋の他は新興資本家ということになる。

つまり大正後半、昭和初期は、田舎の目ぼしい美術品が殆ど都市に吸収され、新興資本家の蔵へ納っていたので、田舎廻りの骨董屋の手に負えるものでなくなっているし、「田紳」級の地主、豪農では、とても真物を鑑賞するだけの余裕も資力もなかった。しかしボロ儲けの噂だけは、盛んに飛び交って面白い。どこかの地主が死んで蔵を整理したら、雪舟の軸、古九谷焼、歌麿の浮世絵という類であり、貞宗、正宗、孫六などという名刀もある。これを世話した田舎廻りの骨董屋が、ウン万円儲けたが、それを金満家へ持ち込んだ古美術商は、ウン十万円儲けていた。なかには田舎町の古道具屋をのぞいてみたら大名道具の茶器があったとか、鎌倉時代の仏像があったとかいう、いかにもありそうな噂もあって、田舎町も小野、三木、三田などとするのが多く、まあ、あってもよさそうな町である。田舎廻りの骨董屋、媒妁屋とつき合っていると、毎月、一件ぐらいはこんな話を聞かされ、お前も自転車で廻っているのなら、一つや二つ探してこいと尻をたたかれた。

石仏や石造美術品ではいろいろと検出、とくに石棺仏、石棺碑は現在所在の大半を検出しているし、加西郡九会村繁昌、天神の白鳳三尊仏は初めて見たとき、さすがにふるえたものである。ただ、これらは考古学的資料になるが、骨董として売れるものでない。まあ売る奴も居らんだろうとしゃべっていたら、在田村国府寺の奈良時代心礎を売られてしまった。それからは研究者以外には、情報を与えないよう気をつけたが、そうした失敗もある。まあ鎌倉時代の石棺《せきかん》仏、石棺碑には極めて優秀なのもあり、都市の古美術商から誘いもあったが、断った。どうも金儲けや立身出世には縁がなく、やがてつまらぬことで治安維持法にひっかけられ、刑務所へ放り込まれる。これなら石棺仏、石棺碑はもとより心礎、五輪塔、宝篋印塔、十三重塔など売りまくって、満州へでも逃亡していた方がよかったなどと、後から出る下司の智恵ということだ。実はそういう野に在る石造美術品を、都市の古美術商がいかに巧妙に釣り出し、金満家の庭へ納めるかを知ったからである。ちょっと手を貸してくれるだけで、二百円ぐらい礼をするなどとうまいことといってきた。いまから考えると景気が上向いてきて、軍需産業が盛んとなり、それだけ古美術品も動き出していたらしい。

## 五　北條石仏の謎

ともかく加古川流域を中心に石棺遺材、石棺仏、石棺碑、石造品を探し廻ったので、すぐ兵庫県では最もよく知っていると自他ともに認めるようになった。まだ当時は石棺仏や石造品に注目する者は少なかったので、面白いように新検出、つまり新発見がある。

石仏や石造品を新発見などというのはおこがましいかぎりで、その土地の人たちは昔から知っているのだ。それを研究資料として採録したという意味で、私は新検出という用語を使うことにする。深い山寺や墓地などでも室町時代のものは多いし、鎌倉時代のものも案外に多かった。とくに加古川流域には、下流に宝殿などの竜山《たつやま》石、池尻産などがあり、上流の加西郡では長石《おさいし》、高室石《たかむろいし》などがあって、いずれも細工の容易な凝灰岩質なので、それを利用した石棺、石仏、石造品が多い。戦後、有名になった北條の五百羅漢は、長石、高室石で作られた石仏群で、戦国末期から徳川初期、おそらく慶長から享保ぐらいまでに造立されたものである。加古川流域の石仏、石造品について概観すると、鎌倉後期から南北朝時代までの作品には優秀なものが多く、専門の石仏工（石大工）としても評価するに足るだろう。それが室町時代に入ると殆ど見るべきものがなくなり、専門の石仏工としては駄作、凡作というほかあるまい。しかも戦国時代、播磨でいえば嘉吉の乱以降となると、そうした専門の石仏工が造ったと思われるものすら途絶してしまった。だんだんと周辺の地方を精密に調査してみると、だいたい同じような傾向をもっている。しかし加古川流域は、その対照が極めて明確であった。つまり優秀な石仏工が居なくなると、後継者が育てられず、次第に衰退してしまったのである。この頃、いわゆる嘉吉の乱で赤松氏一族が滅亡し、その後、復活はしたが、昔日の威勢はなく、戦国末期になると三木城の攻略など織田軍の播磨平定作戦で、古い豪族は殆ど壊滅した。石仏、石造品を造立するだけの余裕がなくなり、専門の業者も居なくなったのだろう。

北條の五百羅漢仏

とはいっても「一結衆」など民衆の共同で石仏、石造品も作られているが、技倆はかなり落ちたとみるほかあるまい。その間にどれほどの空白があったかは、更に精密な検討を要するが、ともかく慶長、元和に至って専門石仏工と思われる作品もぼつぼつと現われてきた。この北條石仏も、そうした時代を背景として出現する。

北條石仏については、いろいろと名論、卓説も出ているが、なかには噴飯的なものもあった。いずれ他の機会に詳説したいと思うが、実は敗戦後しばらくたった頃、学生社の鶴岡阷巳さんにすすめられ、加古川流域の石仏、石造品、とくに石棺仏、石棺碑、北條石仏について報告をしましょうと約束していたのだが、いまだに機会がない。この正月、さすがにしびれを切らされ、思えば、もうずいぶんとお目にかかっていないわけで、まことに時の移りゆくのが速いのにうろたえております、とお便りがあった。もう四十年になるのだから、なんとかまとめてみたいと思っているが、加古川流域を廻るといまだに新しい資料が検出される、ということで、いまはまだ中間報告としたい。私見では五百羅漢境内入口の金剛力士像、妙身禅定尼像、三界万霊塔、宝篋印塔などに「慶長」十年以降の紀年があり、だいたい主要造立は慶長後半と見てよいだろう。とても一部で

下里村の北條石仏

下里村の北條石仏

唱えられるような、平安、鎌倉などといえるものであるまい。せいぜい「天正」あたりまで溯るものがあれば、という程度であろう。いわゆる「北條石仏」の主力である「方柱形石仏」群は、だいたい「元和」から「寛永」あたりまでの造立で、強いていえば慶長、元和期を「古式時代」、以後「正保」あたりまでを「方柱形時代」といえる。若杉慧『北條石仏』は、だいたい正鵠を得ていると思うが、惜しいことに加古川流域の全般的な調査でないから、他の「北條型」石仏の知見がない。私見の「北條型」石仏は、加西郡を中心として、周辺の印南、加東、美嚢、多可、神崎諸郡まで分布している。中心というべき「方柱形」石仏も、加西郡では北條以外にも、数は多くないが検出された。「寛文」前後からは、墓地の六地蔵様式が多くなり、「元禄」を中心として二つの型式を生じ、これが加西郡以外の他の諸郡へ伝播している。寛文から元禄前後のものは、「北條型」石仏の様相をとどめているが、全く「退化時代」としてよかろう。その後、「元文」「寛保」以降になると、専門石仏工による造立が盛んとなり、「北條型」石仏は全く後を絶った。

「北條型」石仏については、かなり過大な評価もあるが、なあにそれほど大したものではない。専門の大画家が、幼稚園の子供の奔放な自由画を見せられて、びっくり仰天したようなものであろう。美術史的に評価することになれば、やはり「田舎物」あるいは「下手物《げてもの》」というほかあるまい。郷土の大名物ではあるが、私の審美眼は正常に作動している。しかし、あれだけの特色のあるものを造出したという、その構成機能については村落社会史、または産業経済社会史として検討の価値は、大いに認められねばなるまい。まず石材についていうと、初期は高室石が多いが、方柱形になると長石《おさいし》が多くなっているると推定される。最近は「蛍光X線分析」で、石造品と原産地とが容易に同定できるようだから、この問題はそれに譲っておく方がよろしかろう。ただ肉眼的視角でも、長石《おさいし》と思われるものも多い。いわゆる「退化時代」の石仏や石造物は、殆ど長石《おさいし》であろう。

ところで高室石にしても、長石にしても、早くから古墳の石室として利用されたり、石棺材として工作されていたので、歴史時代になると石仏、石造品、その他に使われたのは当然である。ただ鎌倉時代以降、室町時代末に至るまで、大きい石仏や板碑は殆ど石棺材を使用しており、つまり廃物の再利用であって、新しく石材を切り出すようなことは、殆どやっていない。なかには印南郡的形村八家の鎌倉時代初期地蔵尊のように丸彫りの優秀な大石仏もあるが、素材は花崗岩で、おそらく備前あたりの島から海上運送し、原地あるいは当地で奈良や京都の専門石仏工が製作したかと思われる。それほど当時の播磨あたりの石仏工とは、隔絶した技倆といえるだろう。室町時代になると、ますます素質が低下し、素材の良いのは殆ど石棺材と思われ、原石の切り出しも衰退していたらしい。そうした事情を反映して、加古川流域を中心とする石棺仏、石棺碑は、私の調査でも約百五十点を越えており、全国的に見ても最も濃密に分布している。したがって工作のしやすい凝灰岩層の露頭が多いにもかかわらず、磨崖仏が殆ど製作されていない。僅かに美嚢郡志染村大谷の地蔵尊が傑出するのみで、他には加東郡上福田村三草、印南郡曽根町日笠山などにあるだけであった。石仏以外の板碑、石造品なども、優秀な作品は極めて少ない。

加茂村の北條石仏

戦国時代になると石仏、板碑とも矮小化され、石造品も一石五輪塔が激増し、製作も拙劣なものが多くなっていた。こうした時代背景のなかから、「北條型」石仏が誕生したということである。天正から慶長あたりまでが、おそらく「古式」北條型石仏の発生期で、まだ専門的な石仏工の残糟が認められた。しかしいずれにしても製作は拙劣で、とうてい専門石仏工とは思われず、いわば素人の手なぐさみ作の域を出ていない。ただし石工業者によると、全くの素人では彫れるものでないそうだ。原石にも「目」とか、「筋」とかがあって、石を割ったり、削ったりも、なかなか容易でない。しかし石材採掘と採掘した原材を整形する石工のなかで、器用な連中なら、あのくらいの彫像はできる。つまり謎の作者は石材採掘および整材の現場で作業していた石工、職人であろう。専門の石仏工が居なくなって、石材採掘の作業工、整形工が代って製作を始めた、余技的作品であった。かれらは一石五輪塔や簡単な墓碑、石室《いしむろ》などを製作していたのだから、あのくらいの彫像の技倆なら持ち合わせている。いまでも長石《おさいし》の採掘現場へ行くと、巧妙に方柱形石仏を模作している人があった。このくらいのものなら簡単にできるだろうと問うと、やってみるかといわれたが、なかなか素人の手に負えるものでない。まずノミ、タガネ、ハツリ、ハンマーにも石質に応じて使いわけねばならず、それがわからぬようでは彫りようがなかった。

さて「北條型」石仏、とくに中心とも見るべき「方柱形」石仏の作者がわかったとして、それでは「方柱形」石仏がいつ頃から作られるようになったのか。いろいろの詳しい解説は後の機会に譲って、概略的にいえば「元和」から「寛永」頃を盛期としたのではないかと思われ、最大限にして約三十年ぐらいの間であろう。元和、寛永というと、長い戦国乱世の時代が漸く終息し、平和の暁光が差し初めた頃である。まだ一方では城廓の修築や造営も盛んであったが、他方では「元和偃武」の風潮が一般民衆に瀰漫し、城下町の建設、社寺の復興、新造立、橋梁や灌漑工事の修築も盛んになるというわけで、おそらくわが史上で未曾有ともすべき土建ラッシュが勃発していたのは間違いあるまい。それは加古川流域も同じで、池田輝政・百万石の本拠としてかなり安定的な繁栄を期待できたであろう。こうして印南郡の竜山石、加西郡の長石《おさいし》は、その二大原産地として、盛んに開発され、稼働させられることになった。ところで平和的な土建ラッシュでは、おそらく六尺、すなわち一間、または十尺の角石材が最も需要されたであろう。方形の規格はいろいろ注文もあっただろうが、だいたい五寸×一尺が普通で、大型で七寸×一尺五寸ぐらいを主としていたと思われる。これまでの仮小屋作りから本建築に代ると、土台石、露落石、溝石、敷石などにも角石材が多用されるようになり、なお神社や寺院の高い石段、長い玉垣なども新建されるようになった。また土橋も石橋に代えられ、水門も角石材を利用するというわけで、角石材の需要は急激に増大したであろう。しかし、そうした激しい需要は、他方では原材を加工中に切り損じたり、規格に合わぬ不良品も、大量に産出せざるをえない。長石《おさいし》採掘現場では角材の土台石を量産した時期もあったが、かなり多量の切り損じや不良品を出していた。ずばりといえば、こうして生じた「廃材」をもって製作したのが、「方柱形」石仏である。

種明かしをしてみれば、なんだ、そんなことかと笑い出すだろうが、この結論に達するまでには加西はもとより、多可、加東、美嚢、印南、神崎など周辺の神社、寺院、石段、石橋、玉垣、敷石など、ありとあらゆる角石材を計測して廻った。まあ、それほどでもないが、徳川期のものは注目して採取し、明治期のものも特色のあるのは調べている。他に鳥居なども調べ、近世における宝殿石工の奥地への進出もわかったが、それは別のことにしよう。ともかく周辺の使用石材の計測値は、北條型「方柱形」石仏の計測値の範囲に収納されたから、これはまず間違いあるまい。もとより調査の対象にしたのは高室、長、竜山産と推定されるものだが、その細分は視覚によるから、精確ではなかろう。ところで「方柱形」石仏は、かなり不同もあるが、七寸×五寸×二尺五寸ぐらいが多い。いずれ正確な計測値は出してみるが、規格六尺とすれば半折に近いものであり、通常にいえば廃材にするほかなかろう。では、誰が、こうした廃材利用の、安価な石仏の造立を企図し、実行したのであろうか。まだ記録も、確実な伝承も発見していないから明言できないが、おそらく酒見寺の僧侶や信徒たちであろう。その目的は長い戦乱と飢餓の時代の、不特定多数の民衆の諸霊を供養するものであったと思われる。俗に「五百羅漢」というけれども、それはおそらく当初の伝承が忘れられてからの誤解であり、私はもともと「百体仏」、または「千体仏」系統の信仰による造仏と思う。方柱形石仏に刻された種子によれば、弥陀、大日、薬師、釈迦などがあり、いわゆる「羅漢仏」ではない。それぞれ立願者が選定し、造立したものと思われる。詳しくは後に整理して考えたいと思うが、弥陀、薬師、大日などの諸尊が多いと推定され、当時の信仰の傾向が現われているのだろう。なお方柱形石仏にも三乃至四の型式分類が可能であり、それが造仏年代によるものか、製作石工の技巧の差であるかは、さらに精密な検討を要する。ともかく最初は「百体仏」ぐらいで造立されたと思われるが、次第に追加供養する者が増え、「五百体仏」、あるいは「千体仏」ということになったのが、「五百体仏」近くで終止したのだろう。初めから「五百体仏」とか、「千体仏」で計画したのなら、素材の「方柱形」石材がもうすこし規格性をもっているべきだが、そうした傾向は認められず、適当な廃材が出るのを探し出したり、待っていて造仏したのでないかと思われる。また五百体近くで造仏がとどめられたのは、戦後の土建ブームが一応は終息し、利用できるような「廃材」が出なくなったこととも関連するだろう。加西郡および周辺地方を見ても、「北條五百羅漢」以外に「方柱形」石仏は殆ど見られないといってよい。そうすると素材に利用された「廃材」は、殆ど「五百羅漢」造仏のために独占されていたのだろう。すなわち造仏の発起人、信徒団と石山所有者、石工団との間になにかの特別の連帯があったのは明らかである。ところが、これを当時の領主や在地の豪族たちの発起とするならば、石仏の素材を「廃材」に求めなくとも、少なくとも一石五輪塔形方柱の整形材を調製するぐらいは容易だろう。それだけの資力のない人たち、つまり平百姓級以下の雑民たちが、おのれの身内や一族の不幸な最期を供養せんとして発起したことになる。この地方を代表する巨大寺院である酒見寺の境内を避け、その一隅に続く一角に造立されたことも、また理由があったのだろう。山の採石業者や石工たちも、それを承知でかなり安価に引き受けたのではないか。角が欠けたり、寸法が規格に合わぬ廃材であるし、彫仏も儀軌に則ったようなものでなく、半素人の石工が見様見真似で彫ったのであるから、当時の僧侶が書く「板塔婆」よりは高かったと思うが、それほど著大な差はなかったであろう。

思うに播磨、とくに加古川流域は南北朝時代の赤松氏分裂以後、戦乱続きであり、嘉吉の乱はさらに様相を激化させた。引き続いて戦国時代になると三木の別所氏に統一されたのも僅かで、織田氏の中国平定作戦が始まると有名な三木の「かつえ殺し」および流域の幕下の諸城砦は、ことごとく攻略されている。加西郡でも中心の小谷城を初め、その支城や構居《かまえ》が落城の伝承をもっていた。北條石仏群の造立は、小谷城、善坊城などの攻陥による犠牲者が多かったと推察される。しかし、別所氏滅亡後、播磨を占領したのは木下藤吉郎であり、その本拠地として彼の軍団の基礎となったのは播磨であった。毛利戦を初め、備中高松からの強行撤退、引き続いての山崎合戦、その後の豊臣政権成立までの諸戦闘において、播磨出身の兵士、軍卒の被害は極めて大であっただろう。私たちには黒田如水や後藤又兵衛の生涯を通じて推察するより他ないが、東征西伐の長い戦旅に確実な戦没地もわからないまま不帰の客となった者も多かったにちがいあるまい。もし「方柱形」石仏に供養者および陣没者の戦死地を記していたならば、その後の朝鮮侵略や大阪役に至るまでの、長い戦闘のあとを記録しているだろう。明治の海外侵略戦争でも、多くの犠牲者を出したが、その墓碑はだいたい記念碑的な特殊のものにされている。しかし第二次世界大戦では犠牲者がはるかに激増したため、殆どが尖角の短い、細い方柱状墓碑に統一され、その発想が驚くほど北條型「方柱形」石仏と酷似していた。共同墓地の一画に二十基、三十基と列立している光景は、じつに「百体仏」「千体仏」の伝統を復活したものといってよいのである。かつて整備以前の五百羅漢では、方柱形石仏群の列立を眺めて、まさに鬼哭啾啾の恐怖を感じたものだが、空しく戦野に朽ち果てた人たちの怨念であっただろう。

「寛文」から「元禄」期に製作された石仏は、「方柱形」石仏よりもさらに規格性に乏しく、原石切り出し作業のときに生じた板状屑石を利用して製作している。「廃材」というより、板屑石のなかから選択した程度の残材であった。彫仏は殆ど六地蔵であるが、その技巧からみて二つの型があり、おそらく二人、あるいは二軒の石屋があったということだろう。そうした半素人細工のものを墓地に造立したのだから、まだまだ村落社会は貧しかったのである。「享保」以降からは、専門的石工の作品が飾られるようになり、それだけ農村経済も上昇してきたのがわかった。あっちのムラ、こっちのムラの嬶や後家たちを追い廻して、オメコ、チンポの話を喜んだり、媒妁屋や骨董屋のお伴をして、前座をつとめたり、悪智恵をつけたりしながら「田紳」たちのごきげんをうかがったり、まあろくでもないことをやっていたが、それでも、こうしてわが仏教史上、永遠の謎とされた「北條型」石仏を解明するだけの調査はやっていたのだから、そう見捨てたものでもあるまい。

## 六　平百姓の縁談

田舎の旧家、素封家というのにもいろいろと階層があり、百姓長者だの、百町歩地主などといわれるものから、せいぜい三十町歩、五十町歩程度か、他に酒造業を兼営しているという大地主、豪農まであるが、いわゆる「田紳」と蔑称されている連中のなかへ、田舎廻りの骨董屋、媒妁屋がどのように喰い込んでいたか、を説明した。結婚の縁談調べに当たって、かれらが絶対に嗅ぎ出す物件は、被差別部落との関係、カッタイ、狂人などの病系、キツネツキ、犬神モチなど憑物系であって、この関連の有無を「盛花」台級の親族の端まで洗って調べる。この三基本物件に異常がなければ、その他のことは口先三寸でまるめ込んだ。この三件、とくに加古川流域では被差別部落とカッタイ病系が、徹底的にマークされる。他の諸条件は多少の喰い違いがあっても、結婚させてしまえばそれまでよ、であったが、この二件に問題が発生すると「離婚」騒動となり、その仲介をした媒妁屋、骨董屋は、もうこの地域での信用を失い、いずれの家であろうと出入りを止められた。大正末期でも、そうした騒ぎがあって、その根の深いのに驚いたことがある。

そうした地主、富農級の縁談、媒妁はその通りとして、これ以下の平百姓、自作農級の縁談ばなしはどうなっているか。それについては加西郡下里村西笠原、佐伯由太郎の報告があるので、原文のまま紹介しておく。その方が、かえって事情を諒察できるだろう。

縁組ノ事

初メ媒介人ガ聟ノ内へ来テ何村何某ノ内ニ何歳ノ娘ガ有リマスガ。ウソデモ交ゼテ色イロウマイ咄シヲカケル。亦、一方娘ノ内へ行ッテモ、右同様。双方ニ聞キ合セヲ早クシテクダサレ。ドチラへ行ッテモ、セイテゴザリマステ。ウソヲ云ッテ、イソガス。三、四日スルト聟ノ家へ来テ、聞合セシテ下サレマシタカト、セキタテルノデス。双方、互ニ聞合シタ上、意気ガ投合スル様デアッタラ、娘ノ方へ行ッテ、先方ハ見合イヲシタイト云ワレマス。何日頃、娘ノ家カ、亦神社仏閣へ参詣ノ上カ、此レハ色イロデス。男ノ方へ行ッテ、娘サンノ方ハ先方ノイワレル日ニ致シマスト云フ。見合イガスンデ、モラウ、ヤルトナッタラ、直グ媒介人ガセキタテテ、「ヲサエ」ト云フテ扇子箱ト酒肴ノ包ミ物ヲ、娘ノ方へ持参スル。此レガ約束ノ初メノ「かため」デス。ソレカラマタ二、三日タツト、結納ノ件、如何デス。何なに品デスカ。マタ一切、金ヲ包ンデサレマスカノ相談。ソレヨリ娘ノ内へ行キ、結納、先方ハ皆、金ヲ包ムトイワレマスガ、如何デス。先方ハドノ位ノコトヲシテ下サルカ。私方デハ、金ヨリ小袖一重、長襦袢トカ、望ノ注文ヲスル家モ有リ。衣裳デスルト云フト、金ヲ此レ程、包ンデクレト云フ家モアリ、色イロデス。何月何日ニ結婚ノ日ト定メタラ、結納ヲ式日ノ十日前ニ持ッテ行クモアリ、「引換え」ト云フテ嫁ノ来ル朝、「タノミ」ヲ持ッテ行ッテ、其ノ夜、嫁ノ来ルモアル。万事ハ双方ノ示談ニナルノヲ、マタ勝手ノヨキヨウ、媒介人ガウソヲツイテマトメマス。一方ハコウデス、一方ハコウデスト、一日デモ早ク式ヲ揚ゲササヌト、ママニナッタラ、ナラヌカラ。早ク○印ヲ手ニ入レヨウトシテ居ルカラ、セキタテルノデス。ウソツクノガ、媒介人ノ手柄デス。

ここで「ママニナッタラ」というのは、方言でトリヤメ、つまり取り消しする意味であり、○印は金、つまり媒介の謝礼金である。

結納ヲモロタラ、其日カ、翌日カ、親類や兄妹、近所ノ女子ヲ御茶漬ケデ招イテ見テモライ。マタ翌日、昆布トスルメヲ切ッテ、近所親類へ配ルノデス。何月何日午后何時何時ニ、嫁聟ノ家へ行クコトヲ定メ、嫁方ヨリ行クノハ媒介人二人、嫁兄ガ行クノカ、父ガ行クノカ、マタ新家《シンヤ》、父ノ弟、嫁ニ一番近イ血ノ者七、八人グライ行ク。人足二人トカ、五人マデ行クト聟方へ通知スル。出立ノ膳部、何ナニト御馳走シテ、先方へ行ク者、他ニションバン人ナド着座ス。一坏呑ンデ、出タチス。荷ガ先ニ行クノモ、マタ嫁ト一ショニ行クノモアル。家ヲハナレタラ、「門火《カドビ》」ト云ッテワラニ火ヲツケテ焚ク。一タン出タラ帰ラヌ様トノ事デス（リエンセヌヨウトノ事）。翌日へヤ見舞客トシテ母カ、姉カガヘヤ見舞ト云フテ、生菓子カ饅頭ヲ持ッテ行ク（先方デヘヤ見舞ヲ配ル家何軒デスト聞イテ準備ス）。先方ガソレヲ配ル。其ノ日ノ膳部ハ、本客トナラ少シカルイ。鯛ノ焼物ヲ小イソウスルノデス。三日目ヲ「三ケ日」ト云フテ、男ノ家（ムコノ家）ニ蒸シモノヲシテ、双方ノ親類へ配ル。マタ五日目ハ「五ケ日帰り」ト云フテ、嫁ノ出家へ嫁ト母トむこト三人、マタハ五人。普通ハ嫁ト母トムコト三人グライデス。ソノ日、ヲソクナッテモ、泊ル事デキズ。ムコノ家へ帰ルノデス。ソノ後、マタ見計フテ、何カノ時ニ「初ツ帰リ」ト云フテ、夫婦連レデ行キマス。コノ時ハ、泊ッテモヨロシイデス。

これが加古川流域で明治後半から、大正期にかけて行われた、柳田のいう「常民」級の縁談から結婚後に至る、だいたいの経過である。ともかく結婚の媒妁、媒介というのに、半職業的な人物が盛んに活躍し、双方にうまいことウソをついて、乗り気になったとみると見合いから結納、結婚までせきたててやらせ、双方から○印、すなわち相当の礼金をとったという実態が明らかだろう。「ウソツクノガ、媒介人ノ手柄デス」は、まことにその通りというほかあるまい。「村内婚」が主であった頃は、こんなことは想像もできず、明治後半から「常民」級にまで「村外婚」が普及するようになって、こうした新しい風俗が急成長したのである。縁談は媒介業者とは限らず、友人、親類などでもよいわけだが、友人とか親類とかが仲介して破談になったり、離婚したりすると、そのために不和になることもあるので、よほどの確実な見込みがつかぬとしないのが一般であった。といって「結婚相談所」的機構があるわけもなく、こうした半職業的媒妁人を横行させることになる。しかし、こうした半職業的媒妁人たちが、初めから破談になるような縁談を持ち込むはずがあるまい。双方の家格、資産状況、戸主の人物、本人の資質などを下調べし、これならまとまると予想が立って、初めて着手するだろう。したがって、その他の二次的条件はウソでごまかせるわけであるし、結婚後にわかったところで、しようがあるまいと双方であきらめられる程度のことなのである。

つまり縁談の基本になるのは、双方の家の格がほぼ似ており、筋も格別にいうほどのことはないし、資産もまずはそう大きい差がないとなれば、親や当人の息子、娘に多少の傷があっても、それはお互いさまでウソでまとめられるだろう。だいたいそうしたことになるが、最も困るのが被差別部落との関係、カッタイ、狂人などの病系ということになる。媒介人の方は土地の人間であるから、そうした関係についでは一応の認識をもっているので、明確な家に縁談を持ち込むことはない。しかし持ち込まれた家では、これなら考えてもよいと思うと、だいたい父方と母方の兄弟姉妹を集めて協議する。とくにそうしたことに口喧《くちやか》ましい親類が居れば、それも呼んで相談した。下相談ができると、兄弟姉妹やその嫁や夫まで動員して、直接に聞き合わせに行ったり、つてを求めて調べてもらう。これは被差別部落や病系の人たちには申し訳ないが、とことん「盛花」級の親類まで調べる。頼まれた方では、自分の粗相になったら大へんだから、できる限り手を廻して調べた。私などがみれば、そんなことより本人の資質の方が大切だろうと思うが、なかなかそうは考えてくれない。公卿や大名の子孫というのならまだしも、たかが田舎の百姓がと思うし、まるで目糞や、鼻糞をほじくり出すようなものとおかしくもなるが、そんなことをいうと袋叩きにされる。いまでも田舎の葬式や結婚式に行くと、そうした話が盛んに出ていた。

被差別部落の人たちとの破談、離婚の経緯を聞いてみると、だいたい父方より、母方の親類に強い反対が出ている。これは男の方が弱腰になりやすく、妻、つまり当人の母に責任転嫁するということだが、妻や妻方の親類にすればまるで不意打ちをくらったようなもので、妻が結婚するときには十分に調べてあるのに、ここで傷をつけられ、その親族になることで他から差別されるのは耐えられんというわけだ。いま息子や娘が結婚する年齢になって、妻に離縁して実家へ帰れといえるものでもなし、たいてい実の親は死んでいるか、隠居しているとなると帰るわけにもいかず、実家の親類からは突き上げられ、最後まで妻は反対せざるをえない立場になる。かりに問題化したとしても、妻の実家の親類たちが表面へ出ることは殆どあるまい。田舎の縁談から結婚までのカラクリを考えれば、これは容易に推察できることであり、被差別部落の人たちとの結婚が、ただ当人たちの問題にとどまらず、さらに深く沈潜しているのであり、こうした反撥と戦うということは、日常的であるだけに大へんな負担となるだろう。当事者の二人をともかく結婚させれば良いというわけのものでなく、それからがむしろ本格的な闘争となる。すなわち農村の封建的因習といわれる、縁談にからまる差別意識を徹底的に解放する道を切り開くことだ。

ともかく富農、自作農を主とする「常民」階層でも、結婚の縁談となると、このくらい難しいことをいって差別したのである。ただ小作、日傭労務者など水呑百姓級になると、それほどの高い差別意識がないと思う。しかし、これまで私の見てきた限りでは加西郡で一例があったのみで、他には知見がない。ただし女性が実家と絶縁したような形で、結婚している例はときどき聞くことがある。べつに積極的に資料調査したわけでないから、正確な実数はわからないが、国民融合を立証するほど激増しているのか、否かには疑わしいとみるほかあるまい。極めて素描的に差別解放の私見をいえば、まず「家族制度」を徹底的に解体すること。その第一は「本籍」戸籍を全廃することである。「本籍」は警察、つまり国家権力にとっては必須だが、われわれには「住民登録」だけで、「本籍」など必要であるまい。第二は「家」の解体である、男と、女とが同居し、共同生活するだけで十分だろう。したがって同居した女性が、男側の「姓」に改める必要はない。ただ共同生活で蓄積した財形物は、双方の合意で処理すればよかろう。また財産の相続などは考えない方がよいし、相続させられるような財産を作ってもしようがあるまい。そういうことになれば、家の「格」とか、「筋」とかはばからしくなるから、ただ当事者の資質、才能などによって同居者を選択すればよいし、お互いに不満になればいつでも離れられる。子供は双方の合意によって処置すればよいし、育てるのを嫌うなら国家に育てさせればよい。そうした真に「人間的」社会を建設すること、それが一切の差別を解消させる道である。

まず「本籍」を全廃し、「戸籍」を一切焼却処置してしまうこと。どのような形であろうと「本籍」を温存して、部落差別を解消させることは、まず期待しない方がよい。「本籍」記録が残る限り、部落差別の息の根を止めることは不可能だろう。私たちが「本籍」から解放されれば、したがってまた在日朝鮮人、その他の外国の人たちの「戸籍」（外国人登録）も必要なく、「住民登録」だけでよいことになる。もとより本国の姓名でも、日本的通称でも自由に選択できるだろう。警察的な監察など必要でなく、お互いに他の自由と人権を尊重すればよいことである。それは困難で、長い道程であるだろうが、私たちが一切の差別から解放されるための確実な一つの道であると思う。

# 3 ムラとマツリ

## 一

十月に入ると播州路では、どこでも秋祭りの季節となり、ドンドコドンの太鼓の音が鎮守の森や街頭から聞こえてくる。甘酒とサバずしが楽しみであり、待ち焦がれた御馳走であった。この頃は昔のようなサバずしを作らず、いわゆるバッテラ式になっている。ふるさとの味、母の味というが、いま食ってみればそれほどうまくもあるまい。食生活が貧しかったから、うまく感じたのであろう。私の祖母が生きていた頃には、田舎へ楽しみにして食べに帰ったが、もう二十年も前になってしまった。甘酒も斗入りの大甕に造り、わかして飲んだのだが、かくれて冷《ひや》でもよく飲んで叱られたものである。柳田のいうハレの食物が変わったり、なくなったということは、ハレの日の行事、祭りも変わったということでもあった。そこでムラとマツリがどのようにして、どんなに変わったかを考えてみたい。

マツリとはもともと神マツリであるが、昔は附属物であったダシ、ダンジリとか、舞、踊りなどの方が、いつのまにかマツリの中心になってしまった。たいていのマツリでは神主の行う神祭りは供物、榊、のりとぐらいの簡単なもので三十分もかからずにすんでしまう。しかしミコシ、ダンジリ、タイコなどはヨイミヤ、本ミヤと曳き歩いたり、舁ぎ廻っており、マツリといえばこの方の見物が中心になっている。つまりマツリの儀式は昔のまま発達せず、附属の行事だけがどんどん変化して、その時代の流行に乗ったために、面白い、興味をひく部分だけが肥大化したということだろう。しかしもともと神祭りとは、そんなに固苦しいものであったのだろうか。祭りの前夜、拝殿や社殿でオコモリする神社（仏寺にも多いが、いまは触れないことにしておく）は珍しくない。厳粛に神迎えするものもあるが、当夜はザコネで性の解放を重視しているものも多かった。天の岩戸の前でアメノウヅメノミコトがオケを伏せて舞台とし、その上でストリップダンスを演じて幽神を復活させたのは、昔から神祭りがどのようなものであったかを立証している。タヂカラオノミコトが天の岩戸を押し開かねば、カミの新生がありえないのだから、性的解放は極めて重要な神祭りであった。カガイや歌垣も神祭りの一形式であって、決して別のものではない。宇治のアガタ祭りなども、戦後は極めてつまらない祭りになってしまったが、大正の終わり頃、私が初めて行ったときには、まだまだ昔の風が残っていて、さすがに通路の家の中や外ではしなかったが、宇治川の堤や社寺の境内では珍しくなかった。そのときの話では、明治末頃まではほんとに通行路の両側の家々が開放され、誰でも寝てよかったらしい。噂が高くなって他所者がたくさん来るようになって、だんだん閉鎖的になってきたが、昔は極めて解放的であったそうだ。いまは下手をすると他所から来た淫売にひっかけられるから要心せえと忠告されたものである。こうした傾向はどこも同じで、祭礼が観光化してくると当然だろう。

神祭りがだんだん固苦しくなって、面白くなくなってくると、もともと附属の行事にすぎなかったものを面白くしてくる。中世の競馬、流鏑馬《やぶさめ》、犬追《いぬおい》、相撲などというのは、もともと神祭りとは別物であったのが、神祭りに寄ってきた人たちが、祭儀を待つ間のつれづれにやりはじめて、いつのまにか祭りの行事になったものだ。そうすると競馬に勝ったムラが幸運に恵まれるとか、いろいろのオマケがついてだんだんその方が中心になってくる。綱引き、タコ揚げなどムラ全体で力を争うことになるが、また他方ではダシ、ダンジリ、タイコなどの舁《か》きもの、神楽、獅子舞、太鼓など芸能的な競演も現われ、いまみるような祭礼行事になってきた。

## 二

旧石器時代に既に咒符、呪物などが現われているし、わが縄文時代には生殖器崇拝が行われていたことは明らかである。いわゆる地母神信仰がどの程度まで発達していたか明らかでないが、部族の祭りにはなっていただろう。日本書紀、古事記、扶桑略記などの文献からみると、生殖器崇拝はかなり盛んで、平安朝には男女の性器を飾って祭ったというから、ただ単に安置しただけでなく、ダシのように台に乗せて曳き廻しもしたと思われる。これが祇園のヤマホコの源流になったわけで、ホコとは、もともとリンガであった。勃起したリンガに神が天降り、天の岩戸を押し開いて新しい神を誕生させ、それによってもろもろの悪事、悪魔を追い払ったというのが原型である。したがって祇園祭の夜にも性の解放があったとみてよく、それが門前町化したのが祇園の花街ということだ。この形式は、他の神祭りでも盛んである。

さて播州路の祭礼行事で、いま最も盛んなのはタイコであった。ところがタイコの名称は極めて新しいもので、ダシ、ダンジリがやや古く、ヤタイ、ヒキヤマなどは、それに次ぐだろう。こうした飾り物は曳くか、舁くかするほかない。車をつければかなりの重量でも曳いて廻れるが、舁くとなるとそれほどの重量物は無理である。昔でも、今でもミコシは舁くものになっているから、やはり舁くのが古い型で、車をつけて曳くのは新しい出現だろう。ただいまは、その名称が混乱してしまい、曳くと、舁くとの差別もなくなってしまった。

播州あたりでダシ（山車）というのは、臨時に仮造作した簡単な飾り車で、四輪の台車の上に屋台をのせ、飾り物を置いたり、三味、太鼓、カネなどのハヤシ方を乗せるのもある。長方形のものもあるが、前端をとがらせて舟形にするのも多い。舟形のものは帆柱を立て、帆を張り、高砂丸などと命名し、すそに波紋様の布を廻したのも多く見られる。最も簡素なものになると枠だけ作って車をつけ、内のハヤシ方は歩いて行くというのも、よくあるものだ。そんなことでダシといっても豪華な飾りのものから、形だけのものまでいろいろある。ダンジリ（壇尻、段尻など）は組み立て式の御殿風屋形を台車に乗せ、豪華な飾り物を中心に、二階、三階などもあり、ハヤシ方の他に舞踊など芸能を演じさせるのが多い。祇園祭のヤマホコが代表的なもので、地方によってサンシャ、ヒキヤマなどともいう。江州の大津、長浜から飛騨の高山、越中の富山あたりまで分布しており、けが人が出るので有名な岸和田のダンジリも同じ系統で地方色を出したものといえる。要するに台車に屋台をのせ、綱で曳く様式のものだ。

ところが他に屋台に車をつけずに、人の肩で舁く形式のものもある。播州に多い型のもので、だいたいタイコというムラが多い。もと摂津の阪神間や神戸市内は、だいたい綱で曳くダンジリ型が主となっている。しかし同じ市内でも旧明石郡や美嚢郡に入ると、タイコが中心で、ダンジリは仮造作の簡潔なものになり、女や子供用が多い。だが名称となると双方が混乱してしまって、どうにもならぬ。たとえば垂水の海神社ではフトンダイコとも、カキダンジリともいう。伊川谷の惣社では獅子ダンジリ、押部谷の住吉神社ではフトンヤダイ、神出の雌岡神社ではダンジリカキマワリ、岩岡の岩岡神社ではフトンダンジリといっている。これからみてもダンジリ、ヤタイ、タイコが入り乱れて、どれが原語であったかわからぬ。明石市の岩屋神社では「マカセ」というようだが、これはハヤシのヨイヤマカセから来たらしく、こうしたかけ声から出た例は北播、淡路などにもある。いずれにしてもタイコが最新の方言であることは、ほぼ見当がつく。タイコの語源は、屋台の上に四本柱を建て、幕を張った内部に大太鼓を置いて、二人か四人の子供やタタキコが乗ってタタくのから出たものである。

このタイコにもミコシ屋根型とフトン屋根型とがあり、ミコシ屋根は沿海地方を中心に分布し、フトン屋根は山奥地方に多い。ただし明石郡方面は沿海地方でもフトン屋根で、ミコシ屋根はないようである。フトン屋根にも三段に平に重ねた形にしたものと、その両端四隅を反らせて重ねた形にしたものとの二形式があった。前者をヒラカサネ型とすれば、明石郡では赤いフトンが多い。後者をソリカサネ型とすれば、加西郡あたりが中心で、黒いフトンが多く、それぞれ地方色を出している。ヒラカサネ型とソリカサネ型フトンダイコの境界は、どうも三木市の大宮八幡のようで、だいたい市内地はヒラカサネ型、近郊はソリカサネ型らしく、両様式が混在していた。どちらが古式であるのか、その伝播経路も明らかでない。

ただタイコは総重量が一トンを越し、それを舁くには少くとも五、六十人、重いと七、八十人は必要であり、青壮年人口の少ないムラでは、とても維持できないから、どうしても大きいムラの多い純農村地帯ということになる。祇園祭型のヤマやホコは曳くので、ダンジリ、ヤタイなども同じだ。ただタイコだけはミコシのように舁くので、どうもミコシが源流らしい。つまりダンジリ、ヤタイなどをミコシのように舁きはじめたので、そうするとミコシ屋根の方が古式ということになるだろう。フトン屋根といっても現物のふとんを積み重ねているわけでなく、一枚の布で形だけ見せかけているにすぎない。要するにミコシ屋根より重量を軽くし、装飾費を節減することにあったのだろう。だから雨が降り出すと、昔はユタンをかけたものだ。しかしもともとは現物のフトンを使ったのかもしれぬが、いまは全く形ばかりである。ただフトン屋根のタイコでも次第に大型化して、あまりミコシ屋根と重量では変わらぬものになってきた。そうなるとヒラカサネ型では単純で見た眼に軽そうだから、四隅を反らせたソリカサネ型にして重量感を出すということになったのだろう。現実にも明石郡あたりのヒラカサネ型フトン太鼓に比べると、奥向きのソリカサネ型フトン太鼓は大型化し、舁く人数も多くなっている。昔はといっても戦前は、ムラから宮までの道中も、宮入りまでも休み場以外は肩で舁いたのだが、いまは台車に乗せて曳くので、ヒキダンジリと変わらぬものになってきた。肩で舁くのは宮入りや社殿前でのサシアゲなど、「見せ場」だけになっている。それだけどことも腕力も、肩も弱くなってしまったのだ。それに若い人たちが都市へ出て居らないようにもなったので、やがて曳きヤタイ、ダンジリと変わらぬものになるだろう。

これがマツリの景物であるヒキヤマ、ダンジリ、ダシ、ヤタイ、タイコの、だいたいの変遷の歴史である。

## 三

この辺でダンジリ祭りとして有名なのは、和泉の岸和田であった。若松町のものをあげると、高低二段の御殿屋根で、高い方が前である。京都あたりのヒキヤマと違って、背は高くないし、ホコなども立てぬ。屋台の下部を金網で囲っているのは、ネリやマワシのとき巻き込まれるのを防ぐためで、戦闘的防護策であろう。阪神間のダンジリは殆ど同じ型式だが、こうした防護網がなく、それだけ温和に曳くだけである。最も戦闘的なのは今でも面影を残している漁師町のもので、昔は荒くれ漁師の曳いたものだが、今は女高生たちが男装して加わるようになったと嘆いていた。ここもカカ天下では有名だそうで、まあしようがあるまい。そのハイライトともいうべきは南海・岸和田駅前の廻転、俗にヤリマワシであろう。京の祇園祭りの廻転も大へんだが、おっとりしたものだ。岸和田のダンジリの廻転は急角度で、速度も早いのが自慢だから、当てられる先の町角では太い柱のサクを組んで防衛している。廻転するダンジリの屋根の上には指揮者が立って踊るように合図しているが、少しでもバランスを崩すとはね飛ばされるし、カジが狂うと見物人や家の中へ飛び込む。まあ勇壮とよりいいようのないもので、それだけに町の曲り角や要所を太い柱のサクで防護している。それでも毎年、二三人の死者や負傷者が出るということであり、それがまた昔からの名物になっているとのことだ。しかし最近は警察の干渉もあって、だんだんおとなしくなっているそうだが、実はここも若い青年層が動かなくなってきたためで、女子供が曳くようになってはもう末の見込みはないと嘆いていた人もある。私見をいえばムラの祭りが、都市の観光

大宮八幡（三木）石段上り

物品化してきたためで、いずこも同じ秋の夕暮れであろう。

播州路でも有名なのは妻鹿の喧嘩祭りで、これは松原八幡のミコシ二基が御旅山の麓の踊り場で、たたき合ったり、ぶっつけ合う勇壮な行事である。周辺の段々畑は見物のサジキと化し、阪神地方からも観客が増え、最近では観光化が激しくなってきた。タイコが御旅山頂上までの急坂を上がるのも見もので、観光化はしようがあるまい。昔は、この祭りの市でまだ青いミカンを買って帰るのが、参拝記念の土産であった。もうそうした古い習俗も消えてきたようで、戦前までは売店の三分の一ぐらいがミカンを売っていたもので、俗にミカン市ともいっていたのである。

それに劣らぬ急坂登りは、三木の大宮八幡の行事であった。百段に近い急な石段を、重いタイコをかついで登るのだから大作業である。まず曳き子が太いロープ二本で引っ張り上げ、舁き子が必死になってタイコをかつぎ登った。前の中央に乗った指揮が前後左右を見て傾斜せぬように音頭をとるが、なかなか難しい役で一つ間違えば転倒する。後尾の支えも大へんで、かえって腕力の要る部分だろう。これが「見せ場」になっているので、見物人も手に汗で見入っている。神戸市になった明石郡神出神社の雌岡山の急坂登りも、松原八幡と同じ程度のものだが、この方は危険だからというので、よほど前に中止したらしい。その他にもちょっとした急坂登りを「見せ場」にした神社があちらこちらにあったが、いまはすべて廃絶してしまった。よほど観光化しないと、もうそれを実施するだけの人手が確保できないようになったのである。こうしてどこの祭りも画一化され、タイコをかつぐ方も、見物する方も危険はなくなったが、それだけ面白くもなくなり、警察や教育委員会が喧しくいわずとも、やがて一部の観光化したものを除いて自然に廃絶してしまうだろう。

「ふるさと」の祭りとか、味とかいってみても、しょせんは絵空事であった。ショーやパレード形式の「神戸まつり」その他の都市型にせ祭礼行事が主力になってきては、もうムラの昔ながらの祭礼行事は滅亡するほかない。そうしたムラの祭りを「文化財」などといって、下手に保護し、観光化するのには、私は反対である。ムラの祭礼行事も、いつのまにか発生し、変化して、そして滅びるときがくれば、いさぎよく滅亡するがよい。下手に歪曲されて残り、源流を汚されるよりはよほど立派である。

## 四

正調だの、本場だのという唄、民謡や踊りのバカらしい商品化はどうだろう。昔のウタやオドリは、いまや完全に滅亡してしまったとみてよい。昨年であったか社町公会堂で「音頭寄せ」があるというので聞きにいったが、全く驚き入った。芸人のような風をして、マイクを使ってやるのだから、いわゆるコブシの多い、口先だけのものになって、戦前の「音頭寄せ」の豪快さを知っている者にはヘドの出るようなものに変わっている。加西郡北條の酒見寺境内では、盆頃によく「音頭寄せ」をやったもので、吉川音頭系、揖保《いぼ》音頭系などの競演となり、聞き巧者をたんのうさせたものだ。その頃の聴衆の熱気もなくなれば、播州音頭も絶滅するほかはあるまい。

今年の夏、河内の八尾で河内音頭と盆踊りがあるというので見物に行くと、ここも昔の河内音頭や盆踊りの熱気はなくなり、同様にマイクをにぎった音頭取りではしようがなく盆踊りも幼稚園児のお遊びになり、なんとも白々しいものであった。と思って周囲を見ると完全に大阪の衛星都市となり、北河内の星田から南河内の長野あたりまで団地や宅地で埋められ、旧大阪市内の場末街の延長で少しも変わらない。大正末から昭和初頃の河内平野は、布施、小阪あたりまでどうにか家が続いていたが、それから生駒西麓まで、あちらこちらに小さい集落があるだけで、夜となればか細い電燈がポツン、ポツンと見えるだけであった。盆頃になって、この小さい燈を見当に行くと、音頭と太鼓の音が聞こえてくる。星田、八尾、富田林、長野などが河内音頭の中心で、社寺や公会堂、学校、役場前に組んだヤグラの上では音頭、下では太鼓というのがだいたいの風景で、三味線などの入るのは稀であった。踊り子は青年男女が中心で、それに年増女が多いムラもある。いまは少数の爺さん、婆さんに婦人会の年増と子供だけで、青年男女は殆ど居ない。これではお通夜の念仏みたいなもので踊れるはずもなかろう。しばらく河内音頭でやっていたと思ったら、これから江州音頭にしますと放送したのにはほんとうに驚いた。まさか河内音頭の本場で江州音頭を聞くとは、想像もしていなかったからである。昔なら、おそらくヤグラは倒され、音頭取りは袋たたきにされただろう。いまや土地の原住民より、移住の他所者が絶対多数を占めるようになったのだから、これもやむをえまい。今東光の『河内風土記』時代ですら、もはや遠い過去のものとなってしまった。大阪の商家に女中奉公したのは河内と大和の貧農の子女が多く、河内の女にあれを見せるなということになっていたのである。今東光和尚も盆踊りの夜の無礼講をしばしば書いていたが、若い男の経験からいえば、とても現実はそんな生やさしいものではなかった。娘も誘いにくるが、年増女の方が激しいのでなかったかと思う。ヤグラからちょっと離れてしまえば暗黒の世界だから、どこでどうしようと気にかける者もいない。その他にあった名物は軍鶏《しやも》のけり合わせ、つまり闘鶏であるが、ただ見物するバカはいないから、ときどき警察の手入れがあった。もうあんな暢気なことをやる者も、居なくなっただろう。

播州音頭も、河内音頭も、もはや滅亡してしまった。正調だの、本場だのと唱えて保存しようといっても、もはや無駄である。存続の条件がなくなってしまってから、復活しようとしてもニセモノを作って商品化するだけであり、やめておくがよい。

踊りで最も変わってしまったのは、御存じ阿波踊りである。エライヤッチャは変わらぬが、今のショー化したものを、昔からの阿波踊りだと思うのは、とんでもない誤解であろう。戦前にも「連」はあったが、だいたい多くても二十人ぐらいまでで、いまのように百人、二百人がぞろぞろ歩くなど想像もできなかった。まあ長屋連中や気の合った者たちで組むから、三人ぐらいからせいぜい十人が多い方である。同じような踊りに見えても、それぞれの「連」でいろいろと考えて特色を出した。戦前はクルマがなかったから、今のようにサジキをかまえた通りだけで踊らせたわけではない。どこからともなく駅前や大通りに現われて踊って行き、どこへともなく消えて行く。それが後から後へと続き、踊り子と見物人との間に今のような断絶がなかった。踊りたくなれば手近の「連」に加わって教えてもらえば、それでよいのだが、数人ぐらいの「連」のなかに、実にすばらしいのがあって、いまのように手品みたいなのを誰もほめない。大通りから横に入れば、家の前に床几をたてかけたり、横にしてあったりしたが、夜更けて暗く静かな小路では、床几の上で男女が自由恋愛を楽しんでいるのをよく見かけたが、誰も気にする者は居なかった。阿波女は情熱的といわれたものだが、それが腰ひねりダンスで練りに練ったのである。悪かろうはずもないし、しんぼうせえなどというのが無理だろう。どこの盆踊りも同じことだが、その点では阿波踊りは抜群といってよい。いまの阿波踊りのようにショー化され、観光化されてしまえば、もう昔の艶な風情は全くなくなった。

ウタにしても、踊りにしても、もう昔のものは滅亡してしまっているので、今、残っているのは亡霊だと思えばよい。それを復活できるわけがないから、滅亡するものは早く廃絶させてやるのが、せめてもの「志」というべきものだろう。

## 五

加古郡高砂町は、いま印南郡の南半を合併して高砂市になった。市役所も印南郡へ移したが、高砂神社の祭礼は、やはり市を代表するものだろう。ここのタイコはミコシ屋根であるが、他に船頭町などから舟型のダシを出している。帆を張って「船頭丸」としたのは町名からのものだが、ダシはどことも舟型にするところが多い。私は子供の頃、船頭町や魚町に住んでいたので、当時も鐘紡の工場はあったが、川口を除いて遠浅の砂浜が広くひろがり、朝のミソ汁には海浜へ行って貝を掘り出し、もち帰って間に合った。夏になるとこの付近で最大の海水浴場となり、演芸場や宝探しなどもあって面白かったのである。おかげで船頭町に一軒あった女郎屋も大繁昌で、当時は遊女がそれぞれ仮装して顔見せしたものだ。子供は格子の間からのぞきこんで、あれは赤垣源蔵だなどと話し合ったが、紫の着物に袴をつけ徳利を提げて武士姿で座っていた情景をいまでも思い出す。遊女屋は他にも三、四軒離れ離れにあって、そこでもいろいろ趣向のテラシをしていたので、悪童どもとのぞき歩いたものだが、もう他には記憶がない。ただどことも柿渋の千本格子であったことは覚えがあり、若い頃、東北、関東、信越などを遊び歩き、あの柿渋の千本格子だけは同じだなあと感心した。

高砂神社（加古）一ツ物

　そのうち大阪の松島、飛田《とびた》、姫路の野里、神戸の福原などで御殿風が流行しはじめたものだが、さすがに室津その他の港町では昔の通りだと感心したことがある。最近、姫路の野里、梅が坪の遊廓あとへ行ったら、ボツボツ空地はできていたが、戦前の御殿風玄関が残っており、あれは文化財として保存すべきであると本気で提唱したい。京の島原だけに保存価値があるわけでなく、室津の千本格子風の街並みも、いまや特別保護建造物の価値がある。今春の連休に伊勢、志摩の港の遊女町を廻ったが、どことも全く昔の面影がなく、現代化したホテルやトルコに変わるか、けばけばしい料飲業に代わっていた。

だいたい文化庁とか、教育委員会などというタテマエだけを後生大切にするところに、ほんとうの民衆の「文化財」の価値などわかるものでない。いわゆる文化史家とか、建築史家というのもバカモンばかりで、研究費や調査費のもらえそうな城郭、社寺、宿場、異人館などの町並は残せというが、お前、少しここがおかしいのと違うか、といわれかねない女郎屋街やスラム街になると見向きもしないのである。城郭、社寺、本陣、異人館、豪農、豪商の邸宅、どの一つでもわれわれ民衆にとって「文化財」といえるものがあるか。昔のマルクス・ボーイにかえっていえば、みんな民衆の膏血をしぼりとった記念碑ばかりである。女郎屋も、貧農の子女を犠牲にした記念碑ではないかと女性闘士は怒るかも知れぬが、東京の吉原、京の島原その他でも大名や豪商を相手というのはそれほどあるまい。まあ殆ど九九％までは、われわれ民衆が買い手であった。われわれも公認売春を喜ぶわけでないが、おかげでトルコ、スナックその他の一時的恋愛売春が増えたり、団地夫人など家庭主婦のバイトが繁昌では、どういうことでしょうか、と女性闘士たちに問いたくなる。そのためにも遊廓や一パイ屋、ダルマ茶屋などは、是非とも

「文化財」として保存したい。

若い友人の報らせだと、信州では製糸業が盛んであった頃に繁昌したサボシが、まだ残っているそうだ。いま廃止された北條線の駅前にも、戦前そうした茶屋があって、まだ昔のままの風情を残していると喜んでいたら、最近アッという間に現代式に改装してしまい、まことに残念である。神戸名物は山手の高等淫売とどこかのチャブ屋といわれたもので、高等淫売の方はとても手のとどくものでないから、その実態は私にとってわかりようがなかった。ただチャブ屋の方は、ともかくその気になればわからぬものでもない。狭いタタキの土間に机を置き、真白に顔を塗った娘が二、三人居るという、あのゴミゴミしたスラム街の角の店を思い出す。妙に段の下にある三角のテラスを占めているのが多く、店には机と女の座る椅子があるだけで、他になんにもなかった。玉の井、亀戸もなかったわけだろう。しかし店や居間の構造には独特のものがあって、ある必要あたりの風景とはかなり違っていた。それにオカマの居たことも、まあ特色といえるだろう。当時の大阪の今宮や新世界に比べると、とても自慢できたものでないが、港町らしい要求があってのこととしておく。東京の玉の井、亀戸をトップに、信州、上州あたりのサボシ、横浜、神戸などのチャブ屋は、民衆の「文化財」として実態保存の価値が十分にある。カッコのエエコトばかりいう、そこらのエセ文化人はともかく、ほんとうに「民衆文化」を保存するためには残された貴重な機会を、いま生かすべきであろう。

梅棹忠夫などという連中の、大阪中之島の文化の殿堂地域計画というのを読んで、心からあの連中を軽蔑したなあ。文化人類学の、社会文化学だのとご大そうなことをいうが、根は政治屋や土建屋雇いの高等タイコモチにすぎない。同じでも高等淫売には性病の危険があっても、まだ治療の機会がある。こいつら高等タイコモチときたら、人畜に及ぼす被害は計りしれないから恐ろしい。コンクリートで固めた壮大な劇場、演舞場、図書館、博物館群、もとより道路はクルマ第一の高級街道、こんなところへ観劇や音楽を聞きにくる奴、本を読んだり物を見にくる奴、そんなヒマやクルマのある奴、それがどんな階層か、いわずともわかるだろう。道頓堀や千日前が生気を失ってきたのは、あんまり高級化しすぎたからだ。表の劇場で芝居や活動（映画）を見て、帰りにその裏の小便たんごの小店で乏しい財布を気にしながら、酒をのんだり、天ぷらを食いつつ、いま見た芝居や活動を一ぱしの劇評家気どりで批評し、帰りにひょろひょろしながら、ほんとに置いてあったタンゴに小便を放水するという、あの楽しみ。あんな臭いところで食って、なにが面白いというのはエセ文化人だ。非衛生的にはちがいないが、どこにでもだべりながら放水できるというところに庶民性がある。四角四面の殿堂で芝居を見、音楽を聞いて、輝くような食堂で舌のまわらぬようなもの食って、クルマに乗ってどこかへ飛んで行く。それが高級文化というものなら、われわれ庶民にはムダな税金の食いつぶしだ。とくに「文楽」まで、そんなところへ引き入れるというのには、開いた口がふさがらぬ。そこまできたら浪華の文楽も、いさぎよく滅亡するのがよい。エセ文化人の食いものにされるのは、近松も西鶴も決して喜ぶはずがなかろう。

ついでに昔の今宮、いまの釜ケ崎へ行って驚いた。もう昔の「ドヤ」はなくなってしまい、鉄筋コンクリートのホテルやアパートに変わっている。高級化して結構なことだが、あれでは昔の風情がなくなり、住んでいる人間も棲みにくくなったことだろう。鰻の寝床のように長いドヤ、狭い中央の土間をはさんで両側にならぶ百軒長屋、百軒はホラだが、障子二枚の三畳一間でも立派に一軒前である。長い病人が寝ている横の間では昼日中に淫売しているし、向かいの間では夫婦が組み打ちの大喧嘩をやっているというようなのは珍しくもなんともない日常ごとであった。隣同士で米を盗んだの、醤油が減ったの大喧嘩していると思ったら、晩にはうまいオカズができたからと運んでやる。女房と乳くっただの、亭主をとっただのという喧嘩も日常的で、夫婦の立ち廻りの大喧嘩の原因は、だいたいそんなものだ。しかし独身男が迷い込んでいると、亭主も承知だから、私でよければと見舞いにきてくれる。そうした甘苦共生の理念がなければ、とても生活しきれるものでない。ただ、これは長屋型ドヤのことで、一人者だけのドヤ、といってもいろいろとあったが、四畳半ぐらいの間に五、六人つめこまれ、フトンは借料をとられる。払えなければ着たきりでゴロ寝するほかなく、もちろん宿泊料は前払いで、自分の持ち物は自分で責任をもて、ということであった。まあ警察のブタ箱や刑務所の方が、まだフトンはあるし、食う心配はなし、それなりの秩序もあって、なんぼ住みよいことか、と思う。こうしたドヤ、ドヤ街も、敗戦直後のヤミ市、雑居住宅街、神戸市でも新聞会館東の国際市場裏に典型的なものがごく最近まで残っていたし、初期の市営住宅群など、民衆の「文化財」として是非とも保存しておくべきものが多い。

われわれ民衆の歴史にとって、保存すべき「文化財」とはなんであるか。いっぺん考え直すべき段階がきたと、私は思う。

## 六

さて高砂も鐘紡の他に鐘化、武田薬工などが進出し、あの広い、長い砂浜をそっくりとられてしまい、おまけに海は汚染され、どうにもならなくなったようで、いま「入浜権」で騒いでいるが、あまりにも遅かったというほかあるまい。東は加古川市別府あたりから、高砂市伊保崎に至るまでの海岸地帯の驚くべき埋立造成を見ておれば、かつてそれが高砂の発展のための唯一の手段として期待されていたものと考えてよかろう。そのツケがいま廻ってきたのである。高砂名物のアナゴ焼、あれはうまかった。しかし地元の海はもうとれなくなっただろうし、あんな汚い海水のアナゴなど、とれてもうまくなかろう。子供の頃、一度だけホウラク島へ連れて行ってもらったが、あのときの海の青さがまだ眼に残っている。あれこそ海であったと、いまでも思う。最近家島へ行ってみたが、学術調査の頃と比べても海が死んでしまっているのがわかった。もう瀬戸内海も、ドブ川である。

いろいろ高砂には古い思い出もあるが、祖母に連れられていった三菱製紙辺は、かなり町並から離れていた記憶があった。郷里の知り合いの娘さんが鐘紡の女工になって来て、どこかの家を借りて住んでいたのを尋ねたこともあるが、もう人も家もどこであったかぼうとかすんでいる。ただ一つ、まだなまなましい記憶のあるのが、海水浴場近くの浜に掘っ立て小屋を建て、独居していた中年の狂女であった。八、九歳頃の記憶だから、あるいは二十歳ぐらいの若い女性であったかも知れぬ。ともかく夏は半裸で、下半身も露出していることが多く、私もその一人であった悪童どもが、小屋の前で「ＢＯＢＯ見せろ、焼けＢＯＢＯ見せろ」と合唱、石を投げ込むのもあって、怒った狂女に追っかけられた。追っかけられると逃げるくせに、よくたちの悪いいたずらをしたものである。その頃、聞きかじった噂では、妊娠して男に捨てられて狂ったのだとか、町中に置いておけないほどの色情狂になったので、親が海岸に小屋を建てて隔離したのだが、その狂女に妊娠させた男があって、ますますひどくなったのだとか、いろいろと聞いた。ともかく海水浴場の行き戻りには前の道を通るので、小屋におれば外からあいくるし、道に出ておれば離れた地点からからかって怒らせ、追っかけられるのが恐いし、面白かったのである。まことに冷汗三斗というほかないが、狂女と追っかけっこした道は、鐘紡工場門前から東の浜道であったが、いまは面影すら求めようがない。高砂の古い住民のうちでも、この狂女を記憶している人が残っているだろうか。「入浜権」の人たちには、夢のような遠い昔の物語であろう。

私が浜の狂女について語ったのは、もとより不幸な彼女のために一つの紙碑を建立したいということであった。これを読まれた高砂市高砂町西宮町在住の船津重次氏から、狂女についての新しい資料および高砂の祭礼についても報告を寄せられたので、原文のまま採録しておく。

海水道《みち》の学校裏に老女と思う女の人が住んでいました。私も今に其の頃の話を懐しく致します。赤松先生があの「シーやん」を知って居られるとは驚いて居ります。ほんとに変わった女の人でした。気違ひではないようでした。「狂人」という人もありましたが、茶びんを提げて学校の門前を通って、水汲みに来ていました。私が何年生であったか、「シーやん」が死んでいるのを見に行き、かわいそうに思って見てきました。今に思い出して懐しさより、悲しい思い出となりました。こんなこと今に思い出して書いて頂き、さぞさぞ「シーやん」も草葉の蔭から嬉んでいることと存じます。ありがとう、ありがとう。ほんとに懐しい想い出でございます。なんでも小間物やの娘さんで、よい家であったと祖母に聞いたことを覚えています。

高砂海水浴場は名高い美しい浜で、白砂の遠浅が今も心に残っていて、なんでこれが高砂の発展かと、今では腹が立つばかりの現在でございます。

御覧下さいました秋期祭典も、気の抜けた祭りになってしまいました。私の家は代々祭の好きな者でしたので、代々総代《ママ》をしていましたので、大勢の人が祭りには集まってきたものです。しかも町本意ですので意気は盛んなものでした。昔、私の町が屋台を求めた時、金の苦面《ママ》で大変なことであったとか。反対の人があり、その家は長く町八分にされていたことを覚えています。その屋台が百二十円でした。いまに私の家に受取書が残っていて、昔を物語っています。御著にあるように生殖崇拝が、元の形であったことでしょう。私の家の神棚にも、昔の人の作った虫食いの男根が祀ってあったのを覚えていて、面白く思ったことでした。今も、石で作った男根を祭っています。面白いことですね。（以下略）

私の記憶しているかぎりでは、やはり精神異常でなかったかと思う。夏などはドロドロの飯をかき廻して食べていたし、ヤケボボといったのは性器の表面が葡萄状に盛り上がり、茶褐色に見え、あたかも焼けているように眺めたからである。しかし軽快になるときもあるのだから、そのときによって多少の見方の相違はあるだろう。いずれにしてもその頃は、まだ精神病者の治療が遅れ、殆ど放置されていたのである。改めて彼女の冥福を祈りたい。

最近、県が加古川の河口に昔の白砂青松のミニアチュアを作ってみせた。砂浜らしいものが僅かに見える程度で、昔の遠浅などしのぶべくもなく、あんなもの作るより、もう他の浜を残せといいたい。

ところで高砂神社の祭礼には、「一ツ物」という興味のある神幸がある。古くは沿海地帯の諸神社に多かったようだが、いま高砂神社と、曾根神社に残っているだけらしい。氏子の町で、当たった町内から小学校五、六年生ぐらいの男児一人を選出し、これに立烏帽子、水干姿をさせて馬に乗せ、前を肩衣、袴姿の男児十数人で警固、後から米三俵を神饌物として台車に載せて曳かせ、神幸を終えると神社の祭殿で神主からハライを受ける。曾根の天満神社では、「一ツ物」を氏子中から男の子四人を選出して、神幸に加わらせた。大塩の天満神社では、戦前すでに廃止していたらしいが、町の東西から一人ずつ十二歳ぐらいの男児を選出、これをまた「神童」とも唱えたという。社参は初め馬であったが、後に父兄や親類の男が肩車にして神幸に加わったらしい。飾磨郡の松原八幡神社では、やはり十二、三歳の男子三人を選出、一人は馬、二人は肩車で社参させ、それを「天童」ともいった。昔の勅使、藩主の使者などと同じ格式のあるものと想定し、そうした待遇であったという。いまのところ、わかっているのはその程度であるが、もし他の神社でも行われているようなら教示いただきたい。

古い神たちは、高い山とか大きい岩、繁った樹木、奇形の子供など、平常と変わったものを選んで降臨したようである。つまり雷みたいに、なにか普通と変わったものでないと天降りの機縁がつかめなかった。戦前、生駒山の行場の中で十二、三歳の男児、十歳の女児兄妹に神が天降り、霊示があったというので教会を作り、「先生」と信者に拝まれていたのがあり、なんでもよく当たったそうである。いまでいう自閉症か、躁うつ症でなかったかと思うが、そうした異常な子供に神が降臨するという信仰は古いようだ。

そんな幼童を神として祭り、また神を祭るものにしたわけで、いまでも神幸に男女の稚児が参加するのは、そのはるかな遺存であろう。そのなかで「一ツ物」は、まだ神として祭られ、神を祭る者の代表として神幸に加えられているわけで、「神童」「天童」などというのは、その原型を伝えている。祇園祭でいえば長刀鉾に乗る稚児に類し、立烏帽子、水干姿、乗馬で社参、五位の格式を授けられるというのに相当した。おそらく祇園祭の、この慣行が諸国の祭礼にも伝播したので、播磨沿海地方へ流行してきたのは、そんなに古い時代でもなかろう。ただ「一ツ物」というのは、他にまた違った祭礼様式が複合したかと思われ、これらの稚児たちが祭礼の後に神への供犠として捧げられた名残りでないかともいえる。どこにでもある「稚児が淵」などは、かれらを沈めた場所と説く民俗学者も居た。

要するに近世から現代へかけての神事、祭礼は、各時代、各地方の様式が流行によって雑然と吸収され、統一のないままに組み込まれているので、それを一つ一つ解体して祖型を究明するのは難しい。どこの神事、祭礼でも、その神幸次第を見ていると、古代から中世、近世、近代まで、ある時代、ある地方で起こった様式が、諸国、諸方へ流行し、伝播し、しかも雑然と吸収合併され、ならべられているので、いわば年代順を無視した「時代行列」だと思えばよい。したがって古式の神事が一つ混っていたからといって、その神社の創建が古いとか、その祭礼全体が古いといえるものでなく、古式らしい神事そのものが、かえって新しい流行の採用にすぎないこともある。ダンジリ、ヤタイ、タイコなどは最も新しい近代になってからの流行で、幕藩制社会では、あんなもの流行もしまいが、造らせもしなかった。

だから現代の神事、祭礼行事は、あくまでも現代のもので、それで近世、中世、あるいは古代を推察したり、その遺存などと考えるのは誤解も甚だしい。伝播、複合などを一つ一つ解体して祖型を洗ってみたとしても、オーバーホールした部品をならべるようなもので、つまりはもとに組み立てて機能させるほかなかろう。私も部品の祖型をいくつか洗ってみただけで、その機能まで解析したわけでない。柳田民俗学の最も悪いクセは、そうした現代の機能を抜きにして、すぐに祖型を洗い出せると空想したことだ。しかし現代の神事、祭礼の機能を解析することは、そんなに生やさしいものではない。ただ、その一端を解いて参考に供してみよう。

## 七

私は戦前から、摂播国境地帯を中心とする鬼追い行事、すなわち「追儺」の調査を続けている。「追儺」についての調査や研究は他の機会に譲るとして、ここでは「追儺」の行事が、どのようにして変化するか、その一例をあげてみよう。

敗戦直後の長田神社の鬼追い行事をみて、私は自ら日本人であることが悲しくなるほどあきれはてた。太刀を持つべき鬼が、なんと御幣をもたされて踊っているではないか。正面の特別席で占領軍将兵や外国人が居並んで見物しているのは、まあよろしい。しかしなぜ太刀を、御幣に代えねばならないのか、その意味がわからないのだ。いや、わからないというのは私の日本人としての自尊心が、その真相に迫るのが恥かしくて思考を停止させたからである。

僅か半年前まで、「祈武運長久」とか、「祝出征」の長旗や日の丸の小旗を振って、多くの出征兵とその家族、隣組、会社工場の同僚たちが神門をくぐったはずだ。戦争に負けるのはしようがないし、占領軍が監視にくるのもやむをえないだろう。しかし古い儀式の慣例を破って、なぜ太刀を御幣に代えねばならないのか。かりに占領軍が命令したとしても、日本の神さまともあるものが唯々諾々と持ち変えるなど言語道断の話である。私みたいな人間でも、そうした横車を押してくるなら、たかが鬼追い行事ぐらい中絶するし、それでもなお脅してくるなら社殿を焼き払うぐらいのことはするだろう。しかし実情はそうしたものでなく、強権に媚びた自己規制だと推断して誤りあるまい。

長田の神め、お家芸の「神風」もよう吹かせず、あれだけ出征兵士や家族たちが懸命に祈ったにもかかわらず、おめおめと敵に本土まで占領させるとは、とんでもないフヌケの神だ。お前らに破邪顕正の太刀などいまさら持たせられるか、少しでも恥かしい思いをして御幣でも振っておれ、という忠告の意味ならわかる。私どもはもう軍国主義を捨てましたから、その表徴である太刀をもたせることは廃止しました。御幣は平和のシンボルでございますので、その祈願のためにもたせることにいたしました、というのが本音だろう。それでは「戦勝」を信じて武運長久を祈った出征兵士や家族たち、国民はペテンにかけられたことになる。まあ日本の神仏というのはその程度のものだから、いまさら怒るほどのことはないが、そういう機会主義、占領軍への弱者のへつらいを悲しく思う。占領軍が居なくなると、また御幣を太刀に戻したことからみても、この推理が当たっているのを遺憾とする。そうすると神たちはもう平和を捨てて、ふたたび軍靴の響きと「祈武運長久」の長旗が境内に溢れる日を待ち望み、官幣中社に復活、国家管理を夢見ていると考えてよい。復活を待望しているのは靖国神社だけではなく、八百八万の神たちということになるが、私はこうした無節操な神たちに日本の将来を委ねようとは思わぬし、かれらの祭礼行事、儀式などの一貫性を信じないだろう。

まあ、そう堅いこといいなはんな。神さんも商売でっさかいに、そのとき、そのときに合った販売方法を考えな食っていけまへん。そうでっしゃろ。それならわかりますがなあ、そのかわりあんまり威張るのはやめなあきまへんでえ。今度また負けたら、もうどうしようもおまへんやろ。いや日本人いうのは根っからの阿呆やさかい、なんべん負けても、だましてもお参りしまっせ。思い切りの悪い女と同じで、だましたるほどのぼせてお参りにきて、あんじょうに賽銭あげてくれまっせ。へえ、結構な御商売で。それに税金は一文もとられへんし、やっぱりわれわれにはエンがおまへんわ。

そもそも追儺、節分の行事は古代中国で道教と仏教が複合した形で成立し、日本へ伝来してから、また、神道とも複合したらしいものだ。仏教伝来以前の古い神道――というようなものは存在しなかったが、原始信仰らしいものと仏教との複合で「神道」が成立したと思われる——の実態はまだ明らかでない。仏教が勢力をもつにつれて、古い神たちはその従者として奉仕させられ、祭礼にも仏教的要素が濃厚に加えられた。原始信仰は多神教的であるから、どんな宗教でも吸収する。日本の神社の祭礼でも、純粋に古い原始信仰をそのまま残しているようなものは一つもない。この追儺、節分行事というのが最も典型的で、周知のように神社でも、寺院でも、同じ儀礼でやっている。役の行者が葛城一言主神を奴僕にして使役した以降、神々は仏教のために奉仕させられるほかなかった。神仏習合というが、神々たちの屈服である。この歴史からみても占領軍へのへつらいなど、それほど恥かしいことでなかっただろう。どこの寺院、神社の古文書を読んでも、双方の喧嘩ならだいたい仏教側が勝っているし、ちょっとした神社なら「神宮寺」が併置され、監視、管理されていた。奈良朝以降にしても千年近い歳月であるから、もはやどうしようもないほど仏教化してしまっている。

明治維新の神仏分離は、政治権力による仏教の弾圧であり、これによって祭政一致の古神道を復活させようとしたわけだが、なにが「古神道」かもわからずにヌエみたいな平田神学で料理しようとしたのだから、失敗するのが当然であった。これは神道の祭礼、これは仏教の行事と無理に分けてみたところで、長い間の密着、融合で、スッパリ一刀両断というわけにはいかない。それを神仏分離で滅茶苦茶に引き離したから、いまとなってはかえって元の根源をわからなくしてしまった。もつれた糸は、長い時間をかけて根気よく解きほごすほかないので、短気に切ってしまえば前後の継ぎようもなくなる。

いま私たちが最も困るのは、神社の祭礼なら神道、寺院の行事なら仏教と割り切っていることだ。それは明治維新このかたとしても、漸く一世紀にすぎない。それ以前の千年近い長期間は神仏混淆というより、仏教支配下の混合祭礼であり、行事であった。極端にいえば仏教思想の混淆していないような祭礼、行事は一つもない。その前提のない調査、研究など信用できるはずがなかろう。古事記、日本書紀、風土記などに近いものなら日本固有の古代思想などといってみたところで、オーバーホールした部品をならべるようなもので、それだけで古代日本の機能を組み立てて運転できるわけがあるまい。運転できないような部品をいくら組み立ててみても、古代日本の世界がわかるはずもなかろう。

神であろうと、仏であろうと、日本ではかれらが、われわれ土民の味方であったことは、かつてなかった。土民の声を代表したようにみえた行基も、いつのまにか権力に寝返っていたし、黒衣で過ごした親鸞が、いつのまにか蓮如になって、自ら政治的権力を掌握したように、かれらは民衆を裏切ることで発展している。祭礼や行事は、かれらにとって民衆を欺瞞するための一つの方便であったとみてよい。柳田民俗学の最大の考え違いは、そのなかに古い日本人の考え方や、原始信仰と祭儀などの断片が残されていると空想したところにある。それぞれの時代の政治経済的、あるいは社会文化的構造のなかで、仏教主導下に祭られるものと、祭るための儀礼、行事とに与えられた役割、そして土民たちがどのように反応したかの解明がなくては、ただ単に恣意的な、自分に都合の良い資料の抽出、その連鎖による空想的推理に終わるほかあるまい。

## 八

現代のように唄や踊り、太鼓、笛などの郷土芸能が、都市の売芸人化し、祭礼や行事などが観光資源化する前の、近世、近代において地方の芸能、祭礼、行事などが、どのような構造、機能のなかで作動したかを考えてみよう。ただ、その解明や分析がそう容易ではないから、ごく大筋の基本的な部分について書いてみたい。もはやそうした機能も、色あせて失われつつあるのを遺憾としよう。

近世の郷村、つまり普通にいう「ムラ」の特色は、直接的な領主的支配から離れて、単に領主へ租税を納める関係へ変わったことである。中世のように土着の領主に隷属するわけでなく、いくら領主が変わってもムラは存続した。わかりやすくいえば、ムラは独立採算制の企業に変質したわけである。中世の村落間の紛争、境界、水利、山野利用などの争いはまず荘園領主の抗争が源基となった。しかし近世のムラでは、まずムラが紛争の当事者にならねばならない。自分たちの利益は、自身で守るほかなくなった。いわゆる村方騒動の頻発、あるいは一揆、暴動ですら、ムラの独立採算制と無関係ではない。民俗学のいう年齢階級、子供組、若衆仲間、中老、元老などの縦の階層組織は、そのままムラの防衛機構となっていた。とくに若衆仲間、組、連中などいろいろにいわれるが、かれらは要するに戦闘の中核となる現役兵である。これまでの民俗学は、若衆組をいろいろに解釈してきた。ムラの伝統を学び、継承するための教育組織であったとか、獅子舞その他の祭礼に奉仕する芸能の伝習、保存の文化機能であったとかの類である。しかし水喧嘩や山野境界争いの現場で、双方から選出された弁士が討論し、それで勝敗を決したことがあっただろうか。双方が獅子舞その他の芸能の演出と、その巧拙で勝負を定めたことがあっただろうか。ただの一つの例もないということは、ムラの危急存亡を決するのが教育や文化でなく、ただ戦闘能力、物理的腕力にかかっていたことを証明している。

若衆宿が現役兵の兵営的役割を果たしていたことは、若者頭による統制、年齢による秩序の編成、米俵、土俵、力石、相撲などによる戦闘能力の練磨、シコミ、シゴキなど新参者に対する圧制の慣行によって明らかだ。若衆宿は、後に青年集会所、青年クラブなどに名称を変えたり、広場や社寺の境内を寄り場にするなどの変化はあったが、若衆組としての慣行はいまも続いている。

さて、ムラにとって、また若衆たちにとって「まつり」とはなんであっただろうか。いまムラ単独で行われる祭礼や行事については、しばらく触れないでおく。播磨地方には古い中世的な荘、郷による結合を、いまだに残しているムラが多い。数カ村、あるいは十数カ村のムラが、中心的神社、多くはかつて「郷社」とよばれた神社であるが、その祭礼を共同にする地域がすくなくないのである。中世では競馬、流鏑馬、相撲などで技を競い、しばしば神輿の遊行による紛争が起こっていた。たとえば加西市北條の酒見神社祭礼では、東の郷、西の郷に分かれて神輿を出し、著名な妻鹿の喧嘩祭りでも東西の二つの神輿が叩き合うことになっている。すなわち中世の古い時代から祭礼とは、単に神を祭るためのものでなく、実は祭礼に参加するムラの戦闘能力を誇示するための演習場になっていたわけだ。柳田民俗学が空想するような「祖霊」を祭り、鎮めるなどというキレイごとではなく、それがただちに水喧嘩や境界争いその他のムラ喧嘩を左右する、直結したデモンストレーションである。

日本の神話でも、神たちが力で争ったというのが多い。それは現実の社会を反映したものと、みるほかなかろう。祭りの日や、その行事が紛争のタネを蒔いたり、実力闘争の修羅場になったとしても、それは祭られる神たちも、祭る者たちも、かねて承知のことというほかない。あの神さんは荒れるのが好きだとか、神輿を叩きつけたり、海へ投げ込んだりするのを喜ばれるというのも、祭礼行事が、単なる儀式ではなくなり、ムラとムラとの間の実力闘争を反映するものになっているからだ。実力闘争であるかぎり、祭礼の中核となるのが若衆たち現役兵と、中老の予備役兵であることは、また当然であろう。

## 九

いま祭礼の中心となっているダシ、ダンジリ、ヤタイ、タイコなどが、いつ頃から流行するようになったのか、まだ明らかでない。京の祇園祭に出るホコや、その系統の中世に起源することはわかる。しかし播州の祭りに多いヤタイ、タイコなどとよばれるものは、おそらく明治も日露戦争頃から盛んになったようだ。これにも明石郡に多いダシ、ダンジリなど軽装のものと、印南、飾磨郡など海辺に多いヤタイ、タイコなど重装のものとがある。ヤタイ、タイコでは印南、飾磨など海辺ではミコシ屋根が多く、加西、多可など奥地ではフトン屋根が多い。どこの郷社でも同じだが、御旅所や本宮の宮入りには順序があり、また鎮座の場所にもだいたい約束の位置があった。しかし戦前では宮入りの順番や鎮座の位置でしばしば紛争が起こっている。軽装のものはともかく、数十人で舁《か》く重装のものは、ムラの若衆組や中老の総力をあげねば運行が困難であった。いまは台車を使って曳き歩いているが、昔は休み場以外は舁き歩いていたから大へんな力仕事である。

これにも「見せ場」があって、御旅所神前、本宮神前では肩から両手でさし上げてみせた。北條の節句祭りでは手のひらではなく、指の尖端でさし上げて見せるのが伊達である。あのムラは肩から指へ動かしもせずさし上げ、何分間ビリともさせなかったなどと評判した。キレイにさし上げ、その時間が長いほど拍手してほめている。少しビビッたり、時間が短かかったりすると、あのムラの若衆は力がないわいとなった。それだけならよいが、水喧嘩その他の紛争になると「やったれ」ということになる。郷社の祭礼が、昔の師団対抗演習ぐらいの実力展開の場となって機能したことは明らかだ。それでなければ、あんな重い、カネのかかるものを造って、舁き歩くわけがなかろう。中世の競馬、流鏑馬、相撲などという少数の熟練者だけで結着をつけるものでなく、いわばムラの総力をあげて対抗するわけで、いまでも新造した年の祭礼には白地のままでかつぎ、それがすんでから塗りにかかる。これほど立派なものを造ったぞ、中古品を買ったのでないぞという、経済的実力の豊かさをも宣伝するための方法であろう。つまり祭礼の際の運行は、ムラの物理的力も、経済的力も、要するに総力を発揮するべく仕組まれ、それを評価される機会であった。ともかく近世、近代の祭礼の本質は、そうしたものに変わっていたのである。

魚吹八幡（揖保）サシアゲ

なるほど祭礼には、芸能的なものも多い。酒見北條の宮入りの道行には、幕の前で二人の若者が笛で伊勢音頭を流した。印南郡大塩神社ではヤタイのほかに、獅子舞の競演が行われている。他の地方では竿燈とか、大たいまつとか、太刀踊りとか、いろいろと芸能的な要素が加わっているものも多い。しかし果たして芸能が主体になっていると、いえるものだろうか。たとえば揖保郡網干の魚吹八幡の祭礼には宮内、余部、坂出など山手の十数カ村はタイコを出すが、海辺の網干では、余子浜、新在家、興浜は、演技のための舞台を曳いてきて、社門前に並ばせ、同時に舞踊その他の芸能を競演して見せる。なかなか舞台も重いものと思うが、門前に到着したときフンドシ姿の曳子の若者たちが、二条の長い曳き綱を双方から歓声をあげて押し合い、からませて威勢のよいところを披露していた。ネリコミとか、ツナネリ、ネリアワセなどというものだが、これは単に芸能を見せる前の余興ではなく、タイコの運行やさし上げと同じムラの物理的腕力、つまりは戦闘能力の誇示が目的であろう。ムラのまつりは民俗学者の一部が空想するように、ヤタイやタイコの装飾の美しさ、舞台芸能、野外演技の巧拙を披露するというようなキレイごとが主体でなく、あくまでも自らのムラの実戦的、かつ経済的な総合戦力の展開と、その統制、指揮の機能を誇示するための機会であり、まさに秋祭りは秋季機動の師団対抗演習的役割をもっているのである。

したがってムラの祭礼の運行には、一定の規制があり、指揮系統の秩序があった。喧嘩祭りで有名な松原八幡の祭礼では、先頭に村名を表示した立派なノボリを進め、おそらく日の出若衆といわれる若者、漸く子供組から離れたというような数人が護衛している。昔、少尉が旗手となり、成績優秀な兵士が護衛した連隊旗と同じ構想であった。それに続いて総指揮、総取締などという部隊長、武士でいえば侍大将に当たる者が歩き、タイコの本隊が進んでくる。タイコの前にはボウバナなどとよばれる進行係がつき、周辺にも副指揮、取締などというのが居て進退を指導した。酒見北條の節句祭りや魚吹八幡の祭りでは、山高帽に燕尾服、白手袋にステッキという礼装の一団が先頭に進む。区長を中心に村会議員、消防団長など、ムラの最高幹部、軍事組織でいえば師団司令部に当たる。続いて単独か、副指揮または伝令を従えた侍大将が総指揮、総取締などのタスキや腕章をつけて歩く。礼装の一団はだいたい飾り物で、ほんとうの指揮は、この侍大将がとる。戦前、酒見北條の節句祭りで、ときどき喧嘩を見たが、喧嘩の進退や指揮は、当時「若者頭」とか「世話人」などと呼ばれていた侍大将がとり、礼装の一団は警察や喧嘩相手のムラ、他のムラなどとの交渉係になっていた。だからどこのムラでも見るからに強そうな、宮相撲でも三役に入るようなのを選出している。しかし力があるだけで

魚吹八幡（揖保）ヤリマワシ、侍大将（左端）

魚吹八幡（揖保）ツナネリ

はつとまる役でなく、それだけの知能も、決断力もあり、配下の兵士たちから信頼されていなければ役にたたぬ。

私は祭礼の一団が進行していると、まずこの侍大将を観察する。その挙措進退、つまり前後の他のムラの一団との間《ま》のとりかた、さし上げなどの「見せ場」の指揮ぶりを見ておれば、喧嘩になったとして、どれほどの指揮能力をもっているか、だいたいの推察がつく。いまの組子、曳子はおとなしくなったが、昔は酒を飲んで暴れる乱暴者も多く、朋輩たちがなだめてもなかなか静まらなくても、若者頭が一言叱るだけで青菜に塩であった。それだけの腕力と権威がなければ、とても勤められる役でない。昨年の魚吹八幡の祭礼で、網干から舞台を曳いてきた一団がツナネリを終え、門前広場の所定の位置へ納めたとき、車の前に乗って指揮していた巨漢が立ち、お前ら、遠い所をよお曳いてきた、日本一じゃ、ほめたるとあいさつ、これが侍大将の礼というものだろう。「皆さん、遠路を御苦労さんでした。どうもありがとうございます」では、気抜けがしてサマにならぬ。ただ侍大将やそれ以下の役も、最近では細分化される傾向が強くなった。総取締、総指揮などという侍大将の下に「副」のつく次長や補佐に当たる役があり、続いて「若者総取締」とか、「青年総指揮」などが作られ、さらに「平」の取締が多いムラもあった。なかには「交通取締」など、いまのクルマ社会を反映する新役職もできている。

戦前の多くのムラでは、こうした多重層的役職はすくなく、だいたい中老層のなかから適格者を選んで侍大将にしたが、その名称など「世話人」「取締」など平凡なものであった。消防小頭などが選ばれることも多く、これは「頭」「小頭」などという。しかし中核になる若衆組、若連中などでは、「若衆頭」がそのまま指揮をとり、「帳方」「世話方」「組方」などという役職にある者が、その補佐をした。つまり平素の「若衆仲間」の組織と機構が、そのまま祭礼の運行に機能したわけで、だから特別にタスキをかけたり、腕章を巻くこともない。しかしいざ喧嘩となれば、この機構がそのまま戦闘序列に変化した。「世話人」が部隊長となって総指揮をとり、第一線の戦闘部隊は「若衆頭」が先頭となって指揮し、他の役職は分隊長としての役割を果たしたのである。だから祭礼の運行形態は、いつでも戦闘隊形に展開できる様相をもっているし、指揮系統は戦闘序列をとっていた。タイコやヤタイの行列はただの祭礼の飾り物でなく、ムラの総合戦力を展示する演習であったことがわかる。本番というべき水喧嘩、境界争い、入会競争など、実戦の機会はいくらでもあった。いまいろいろと飾り物の役職が増加し、その顕示が派手になってきたのは、それだけ実際の戦闘の機会がなくなったからだろう。「若衆仲間」の結束もゆるんでくれば、腕力、体力も衰退してしまって、かえって飾り物の役職だけが増えたというのも、これからの祭礼の運命を予告する一つの指標である。

## 十

私が子供の頃、酒見北條の節句祭りに出るタイコを新調したムラがあり、村民が殆ど総出で姫路から数里、約二十キロほど舁いて帰るのを見た。記憶では、その頃でも十万円とか、なんとか評判していたと思う。いまなら、おそらく一億円を越すかもしれない。だから単独で祭礼するムラでも、一時の流行で作ったムラもあったが、とても永続できず、他へ売り払ったところも多かった。この頃、購入した後の維持費も相当なもので、他に競争相手のムラがなければ廃止する。しかし廃止したムラの中古品を売買することも多く、そんな話もよく聞かされた。しかし播州路に多い重装備のタイコ、ヤタイの歴史は、そう古いわけがない。そうした高額のものを購入するだけの経済力がムラに蓄積されたのは、日露戦争以後のことで、山高帽に燕尾服、白手袋にステッキという現在に至るまでムラの幹部の礼装となっている様式は、まさにこの頃の最高の伊達姿であった。一般の土民には夢のような晴着で、一握りの地主や土着産業資本家だけの特権である。

戦前のムラでは地主、小作、水呑などの階層関係は、明確に維持されていた。ムラは外部に対してまとまった共同体として作動したが、内部ではいろいろの利害の対立する階層を含んでいたのである。タイコ、ヤタイの購入に有産層が百円を負担したとしても、小作や水呑に割り当てられた一円、二円の方がはるかにこたえるものであった。そしてヤタイ、タイコをかつぎ、ムラのためという名目で、他のムラと張り合うのは腕力や体力で稼がねばならぬ、彼らに背負わされたのである。若衆仲間でも地主や土着資本家の子弟で中学校か、それ以上の学校に在学している者は、たいていのムラではハカマギなどといって加入義務を免除した。つまり第一線の戦闘部隊として他のムラとの抗争に、身体を張って戦わされたのは貧農の子弟なのである。祭礼でも、喧嘩でも、最も負担のかかる危険な位置で、彼らはムラのためという名分で働かされたわけだが、それによって最も利益を得たのは地主、土着資本家、富農など僅かな人たちであったことはいうまでもない。

それにもかかわらず、なぜ多くの人たちがムラのために喧嘩し、祭礼や行事に熱狂するのであろうか。いまムラ共同体について解説する余裕はないが、村落共同体での生活が、都市の人夫、労働者、あるいはスラム街での生活より安定性があるとみられていたことは一つの理由であっただろう。いまのように移住や転職が自由でなかった時代には、まだ故郷を離れることは、大いなる冒険にすぎたのである。こうして祭礼は年に一度の開放の日、貧農、小作の子弟も器量によっては「若衆頭」その他の役職に就いて、他の仲間を配下として指揮できた。地主、富農の子弟が一年志願兵となって予備役将校となり、貧農、小作の優秀な子弟が伍長勤務上等兵、あるいは下士官となって同じ階層の子弟を支配下に置くのと、全く同一の構造であり、古い村落共同体の軍事組織の継承というほかない。

敗戦後の農地改革は、たしかに古い村落共同体の階層関係を破壊し、高度経済発展と機械化の浸透、化学肥料の発達は、これまでの農業を変革し、専業農家を激減させた。都市圏の拡大、団地開発などで農業は老人や婦人の片手間作業で間に合い、多くの男や若い女は都市圏に移るか、通勤する勤労者になっている。腕力や体力が落ちるのは当然のことで、酒見北條の節句祭りでも、かつてムラから御旅所まで、御旅所から本宮まで舁いたタイコを台車で曳くこととなり、とくに御旅所から本宮までの道行ですら台車を使い、本宮境内の勅使塚を舁いて登れないという醜態を見せるムラさえできた。若い青年たちが都市へ出てしまい、やむなく代わりの人夫を雇うようなムラが多くなってきたから、これもやむをえないだろう。京都の祇園祭や大文字焼きで問題化した祭礼の「観光」資源化が、いまや播州路でも発生し、かつ進んでいるといってよく、喧嘩祭りで有名な松原八幡の祭礼など、すでに限界点へ接近しつつあるとみてよい。こうして播州路の祭礼も、いずれ廃絶へ追い込まれるか、地方自治団体の補助を要請して「観光」資源として維持するほかなくなるだろう。いずれにしても「ムラ」の祭りではなくなり、人寄せの見せものとなるほかあるまい。

祭礼にしても、行事にしても、刻こくに変化する。その記録化は、私たちの責務であろう。ただいま行われている大学や民俗調査団の報告を読むと、ただ古風の芸能や行事の形骸化したものの記録にとどまり、いま現に生きている祭礼や行事の熱気や構造は、なに一つ伝わってこない。私たちが、今、記録に残すべきは祭礼や行事の綜合的、全般的観察であり、すでに形骸化してしまった古い芸能や慣行だけではなかろう。つまり生態的調査であり、その機会はすでに去ろうとしている。大学や調査団などの報告によると、写真や記録のために特別の配慮をさせ、あるいは他の常の日に実演させるなど、馬鹿とよりいいようのないことをやっているのが多い。私もかつて某市教育委員会の末端に在籍していたが、いまだかつて特別の調査処置や配慮を頼んだことはなかった。まず職業上の名刺を出して、面接した覚えもない。いつも土民の一人として、群集の喧噪のなかで生きた祭礼や行事の熱気を楽しんできた。祭礼や行事の運行は毎年少しずつ変化して行く。まず変化がどこに発生し、どのように拡大、または縮小して異質のものに転化したり、あるいは廃止されるようになるか。それがどのようなムラの社会経済的、文化的、政治的背景をもっているか。それが新しい時代への橋を架けるものに育っているか、どうか。祭礼や行事は、その社会的集中的反映として動いており、私たちに生態調査の絶好の機会を与えている。

## 十一

記録とはなにか、祭礼や行事は民衆のなかの一人として実感するほかない。特殊な位置や条件のなかで、真の記録が可能であるはずがなかろう。私の撮影した写真はピンボケになったり、突然に横切った人の頭が写ったりしているが、これが本物の写真なのだ。群集の中で、彼らともみ合いながら写せば、これが当然のことである。特別に与えられた位置や、特権的な待遇のなかで、いかに所望の完全写真が撮れたとしても、それはすでに死物になっているだろう。腕章をわがもの顔につけて、行列や見物衆の迷惑も考えず、特権的に撮り歩くマスコミや「特別撮影許可」などを求める連中に、祭礼や行事の生態、ポイントがわかるはずもなし、ただの「絵」にはなっても、記録として残せる資料にはなるまい。とくにＮＨＫやテレビ連中の行動となると、まさにライオンが檻の中を彷徨し、民衆を威嚇して咆哮しているようなものだ。放送という大義名分のためには、どんな専横、暴力も許されるものと独り合点しているらしい。新聞社にしても、放送局にしても、読者や見る者があっての商売であろう。ならば見物衆のじゃまにならぬよう、小さくなって撮るのが商業道徳というものだ。その基本も心得ぬバカどもに、どんな写真が撮れるというのだろうか。幹部に忠告しておく。一ぺん腕章をとり上げて、民衆の中でもまれながら撮らしてみるがよい。よい写真が撮れるし、技倆の巧拙が一度でわかる。といっても、それがわかるような者は幹部にならぬし、なれもしないだろう。あ、あ。

それに輪をかけて悪化してきたのが、最近のアマ・カメラマンだ。腕章がないだけ、もう一つ無責任ともいえる。プロ顔負けの七ツ道具をぶら下げ、芸術写真かなにか知らぬが、神幸、祭礼の行列に接近し、演技者の接写をねらって密着し、最も肝要な祭りの主要部を一般の民衆、見物人から見えないようにしてしまう。自分だけ望みの写真が撮れればよいので、周辺で規制を守って機会を待っている他の撮影者のことなど、知ったことでない。おとなしく待っていたのでは、よい写真が撮れるわけがなかろう。チャンスは、一瞬のうちに過ぎ去る。それをつかむか、どうかは熱意の強弱にあり、他人や見物の思惑や批難を怖れていては、良い写真が撮れるものでない、ということになるだろうが、近所迷惑になるようなことだけはやめておくのが、お互いの最低のモラルである。祭礼や行事の運行は西部劇のような決闘場でないのだから、カメラマン仲間はもとより一般の見物衆の迷惑にならぬよう、細心の注意を払って現場に臨むべきだろう。どのように位置しても他者の迷惑になるようなら、撮影をやめるべきである。二度と機会がないとしても、それは誇るべき不運と観念していさぎよく撤退すべきだろう。

近頃、観光化した祭礼、行事ほど、こうした乱暴なアマ・カメが多いと思っていたら、最近では民俗学者の他はあまり知られていないものにまで、盛んに進出するようになってきた。情報の拡大化で、珍しいものを撮ってやろうという情熱はわかるが、それをどのように処理しようとしているのかが問題である。ただ物珍しさだけなら、子供が植物、鉱物などを集めて遊ぶようなものだ。そのために一般の見物衆には不快感を与え、専門の研究者には調査のじゃまをすることになっているとすれば、大いに反省し、自制してもらわぬと困る。子供が「花」とか、「玩具」とかの特定した郵便切手を集めるように、石仏とか、十一面観音とか、ダンジリとか特定の撮影をするのはよかろう。ただそれはあくまで自分だけの趣味なのであるから、他人の迷惑にならぬよう心がけるべきが当然である。特定の目的もなく、他人の撮るものはなんでも撮ってやろうという、まことに子供みたいに幼稚な連中が激増してきたのは、またいまの社会環境の荒廃が生んだ現象の一つであろう。

アマ・カメの一人としての私は、標準レンズを使用するだけで、他によけいなレンズは一切使用しない。記録には標準レンズで十分であり、それで撮れないようなものは無理して撮ることもないのである。プロならともかく、アマが一メートル近いほど長いレンズを継ぎ足して右往左往、まことに御苦労さまというべきか、往来妨害で告発すべきか、判断に苦しむ。たかが趣味としてのカメラなら、それほどの重装備は必要でなかろう。カメラ屋の口車に乗せられて広角、望遠他一揃えは必要などとバカなことは考えず、身に合ったもので満足すべきである。それがアマ・カメの良識というもので、いまの荒廃した情況を改める一つの機会ともなるだろう。

ついでに書いておきたいのは、文化財の尊重ということである。とくに石仏、石造品などは、拓本や写真の良い被写体としてねらわれることが多い。戦前もあったが、最近の拓本は全く訓練のない者が、滅茶苦茶な手法で荒すので、どこでもその防止に困っている。はっきりいえば、どんなに上手な拓本とりでも、必ず本体に悪影響を及ぼす。いわんや最近のように火事場のポンプみたいに水をぶっかけ、グループで本体のかわく間もなく次から次へ水をぶっかけて作成するなど、石はどんなにしても壊れないと思っているのか、その頭脳の幼稚さにあきれた。もっとひどいのになると本体に直接、スミを塗りつけて紙を乗せてとるのがある。魚拓と間違っているので、真黒になった本体ではどうしようもなく、破壊したのも同じことだ。だから私は拓本は殆どしないように忠告しているし、自身も最近は全く中止している。それは拓本に代って、写真機が進歩してきたからだ。無理な拓本をしないでも、だいたい写真でなんとか判読できるし、手法によっては計測の誤差もそう大きくない。それで写真での代用をすすめてきたのだが、最近、ここにとんでもないバカが居ることがわかった。

石仏の銘文はいろいろと工夫しないと、とても完全に写せないのはわかる。しかしそのために銘文の周囲にスミを塗ったり、いろいろの色チョークを使用して顕在化するのはもってのほか、言語道断というべきだろう。わからない部分は、わからないのでよいのだ。それを自分の判断で造作するのは、ある場合には石仏や銘文の偽造、欺作になる。好太王碑が問題化しているように、本体へ直接に手を加えることは、それがどのような手法であろうと厳禁であらねばならない。いまの石仏のなかでも、鎌倉、南北朝頃の作品には、美しく彩色したものが多かったと思われる。これにスミや各色のチョークを使ったとすれば、昔の古い色彩の痕跡かどうか、全くわからなくなるだろう。水洗すれば玉石ともに洗い流すわけで、せっかく残っていた痕跡も剝落するほかない。それがどれほどの文化財破壊か、よく考えてもらいたいのである。

ところが、最近とんでもないバカモンが居ることがわかって、もうあきれはててしまった。加西郡富合村笹倉の逆池から玉丘古墳のある玉野新家へ越える山伏峠の頂上に、鎌倉末期と思われる石棺仏が三体ある。その二体から、同年代の紀年銘が発見されたという噂が流れてきた。山伏峠の石棺仏は、この地方で少しでも好古の趣味のある者なら、必ず一度は調べるほど著名のものである。私なども十五、六歳ぐらいのときに初めて調べ、昭和九年頃から東播地方の考古学的調査をしたときも、何度となく調査して、拓本、写真などもとり、『人類学雑誌』にも報告しておいた。したがって、まず紀年銘があれば見逃すことはありえない。だが、われわれも人間のことであるから、どんな位置に彫られていたのかわからず、また殆ど消滅しかかっていたものなら、あるいは見逃すこともあり得るだろう。たとえば石棺が埋まっている部分とか、通常では気をつけて見ない石棺の頭部などに、かくし彫りのようにされたものであれば、まず見逃す恐れがある。また肉眼では判読できないし、普通の荒い技法では出せない拓本もあるので、よほど精密な手拓をとって、漸く判読できたのではないかと推定していた。だがいろいろと噂が高くなってきたので、再調査に行ってみると明確な偽刻であったから全く驚いてしまったのである。第一に偽銘の彫られているのが正面の両側であり、それも素人には判読が難しいような薄いものでなく、目があるならはっきり読める程度の鮮明なものなのだ。あんなものを見逃すはずはないので、戦後、播磨郷土研究会の例会として玉野地方文化財見学に廻ったときは、古家実三氏がいろいろと実地解説されたのである。そのときに紀年銘があれば指摘されているはずなので、この方面では権威であった古家さんもアキメクラであることになろう。

私は戦前、戦後にわたって十数回も写真をとっているので、詳しく検討すれば偽銘を明確に立証できる。しかしそれほど手数をかけずとも、偽刻であることは推知できた。私の調査日時から推定して、一九六五（昭和四十）年以降の工作と思われる。では、なにが目的で、誰がこんないたずらをしたのかが問題であろう。世の中にはいろいろのマニアが居るもので、最近になって石棺仏、石棺碑の調査が流行し、どこの石棺仏、石棺碑を発見したとか、なんとか騒いでいる。本人は初めて見たにちがいないが、その土地の人や、祀っている人たちは、はるか昔から発見していたわけで、いまさら新発見などと騒がれるのは迷惑だろう。だから私は、私が資料として検出したという意味で「検出」とはいうが、初検出などとはいわない。播磨とくに加古川流域は石棺仏、石棺碑の豊富な地域で、いまだに私が検出するものがある。だから未知のものを検出することがあっても、別に不思議でもないし、手柄になるわけでもなかろう。にもかかわらずグループの雑誌や印刷物などでは、発見、発見と大騒ぎしている。そこで昔の調査では検出していないようなものを、既知の資料の中から新発見するという手も出てきた。再調査によって新しい事実が発見されるのは喜ぶべきことで、それに文句をつける気はもうとうない。しかし古い石仏や石造物に、それらしい銘を偽刻し、新発見というのでは、初めて発見したという功名手柄が目的であったとしても、あまりにもあくどすぎる。まあ、石仏の拓本をとりにきたバカモンが、あまり交通もない峠道ではあり、一芝居やってみたというのではなかろうか。大笑。

　山伏峠の石棺仏は、この地方でいう高室石で、いわゆる石英粗面岩である。それも六百年近く露頭して風雨に曝らされているのだから、極めて表面は脆弱になっていた。下手に道具の知識もなしに彫れば、たちまち周辺が欠けてしまうだろう。ところが偽銘の位置といい、その彫法、書体など、とても素人に彫れるものでない。石仏にも紀年銘にも、また書体にもかなり通じており、彫技にも秀れた者でないと、まあ不可能である。つまり石仏の拓本を採りにきて、いたずらしてみたという程度の技術では、とてもできるものでない。非常に硬い錐のような道具で彫ったと思われるが、おそらく偽刻を職業としている者たちであろう。単独で作業は困難であるから、数名の集団でやったにちがいあるまい。京都、奈良、大阪などには、古美術商と組んで、石仏や石造品にそれらしい偽銘、とくに紀年を彫る専門業者が居り、おそらくそうした連中の仕事だろう。普通の好事家や蒐集家、庭園業者などというのは、鎌倉だの、平安だのといったところで高く買わない。それよりも紀年銘を彫って、年表を示して何百年前といえば、よくわかってくれる。だから富豪の庭園などに置かれている、紀年銘のある石仏、石造品なども、その元の所在位置が明確で、すでに紀年銘が確認されていたものでないと、とても信用はできない。そうした野原に孤立している在紀年銘の石仏、石造品を盗んで高く売りつける盗売集団が、ヤミで盛んに活動しているということだ。

ただ、こうした石仏や石造品の盗売は、そんなに容易ではない。暗夜にトラックで運び出せばよいわけだが、どこかの富豪の庭園へ人知れずに売り込んだとしても、まあ十年とかくすのは無理だろう。とくに山伏峠の石棺仏などはかなり特色が強いから、一度でも調査した研究者の眼をくらますのは可能であるまい。では、なぜ手間をかけて偽銘を彫ったかであるが、おそらくホトボリのさめるのを待っているのだろう。私には、戦前に廃寺址の心礎を売り飛ばされた経験があり、こうした仕事には必ず地元の土地に協力者が居る。山伏峠の石棺仏の場合は、いま土地の連中とどのように組んでいるかは明らかでないが、とても土地者の手引きなしにやれる仕事でない。まあ偽銘を彫って見ておれば、私のような者がいずれ偽刻だと騒ぐだろうが、人の噂も七十五日で、そのうち真物ということになってくる。そうなればどうにでもなるし、手間をかけただけ高く売れるという目算がついているのだろう。近頃では一億円の豪邸など珍らしくないし、十億円級となると庭園に重要文化財ぐらい吹き込める石仏や石造品でも置かぬとかっこがつかぬ。そうしたヤミ需要が吹き上がっているから、こういう事件も起こる。それは、それとして野中に孤立している石仏、石造品、道標石などを盗売するようになれば、もう世の中のことはどうしようもあるまい。仏さまもバチをあてることを忘れているのだから、われわれ凡人がなにをいったところでもうムダだろう。しかしよくよく考えてみれば文書、絵画、記録などの偽銘、偽作は昔から盛んであったので、なにもいまさら驚くことはない。漸く田舎の峠の石仏にまで波及するようになったのは、むしろ遅すぎたといってもよかろう。

加西郡には石棺仏、石棺碑などが多いが、なかに種子、銘文などを墨書したものも稀でない。もし写真に明瞭に写るようにというので、うすく剝離した部分や残っている部分を墨で濃く加筆したとすれば、どうなるだろうか。本人は明瞭に残っている部分だけを加筆したので、資料の剝落を防止したのだというかもしれない。しかし当初の筆勢がわからなくなるのは当然であり、もし使用した墨によって時代を判断できることがあるとすれば、その貴重な材料もなくなってしまう。それだけの犠牲を払っても、なおかつ一枚の写真が必要であるだろうか。私は、そうは考えていない。だから、そうした棺仏、棺碑、石仏などの所在を、公表することは避けている。拓本にしても、写真にしても、セミプロみたいな連中は全く信用できず、なにをするかわかったものでない。一枚の写真を撮って、仲間たちに自慢するためには、どんなことをやってもよいと思っているので、こうした荒廃した人たちにとっては文化財も、その保存と保護の方法がなかろう。私たちには、ただ少しでも破壊を少なくして、次の世代へ渡す努力をするほかあるまい。

なおつけ加えると拓本の売買も盛んで、そのため少しでも完全な拓影にするため、本体に工作するようだ。写真もアマの展示会が盛んで、そのため本体に工作を加えても、写りをよくしたいらしい。いずれにしても邪道というほかなく、本末てん倒もよいところだろう。さらに驚くほかないのは石仏ブームに便乗して、そこらに祀られている石仏を盗んで売る者があることだ。数年前、神戸市北区大池奥の団地近くの道で、路傍の小祠に「盗んだ本尊を早く返して下さい」の張り紙を読み、とうとうここまで荒れ果てたかとしばし動けなかったことがある。聞いた話では若杉など著名な写真集に載っている石仏や石造品になると、大へんな値段で売買されているとのことだ。まあ骨董的な石仏、石造品の売買は昔からあったもので、いまさら驚くこともないが、いわゆる野の仏、道の仏など庶民の信仰対象まで値が出て、盗み歩くとなるとただごとではないと思う。しかし文化財の保護の、保存のといいながら、政府や公社、自治体、企業が団地、道路などの開発という名目で、これだけ大規模な破壊をやっておれば、庶民の拓本や写真による破壊、石仏の盗売ぐらい、全く雀の涙ほどのものでもあるまい。そうとわかってはいるけれども、では、どうぞ御自由にともいえないだろう。学歴社会、受験戦争、学校暴力、家庭崩壊など、社会も教育も家庭も荒廃してしまっているなかで、文化財の保存、保護、祭礼や行事の維持、古い芸能の伝承など、もはやどうしようもない危機に面している。まことに惨として、いうべき言葉もない。あ、あ。

つらつら観ずれば、盛者必衰は天の摂理である。遠くアッシリア、バビロンの昔から、近くは七つの海を征服した大英帝国も、いま昔日の影がない。いついつまでもお家繁昌は人間の最大の希望だが、それでは後に続くものが困る。信長は「人間僅か五十年、下天のもとをくらぶれば夢まぼろしなり」この世に生をえて滅せざるもののあるべきか」の詞章を愛して、本能寺一片の煙と消えた。明治百年といえばわれわれの栄華も、いささか長きにすぎる。最近の政治、経済、文化その他すべての展望が、崩壊、解体の様相を激化しているのは、われわれが滅びへの道を突進しつつあることを指示するだろう。いつまでも世界が、日本のためにあると思うのは哀しむべき独断でなければ、あわれな誤解である。ならば、せめて滅びる日のために、いささかでも子孫と、この国のために消え去るべき道を掃き清めてやろうではないか。それが、いまやわれわれ市井の庶民の「志」とするべきものだろう。

# III 土俗信仰と性民俗

# 1 新婚の民俗

## 一 かたくま寺の話

播磨国印南郡から加西郡にかけて著名な話であるが、かたくま寺と俗称——というより笑称されている寺がある。印南、加西両郡の境にある西国札所法華山中の一寺院がそれだ。話の由来は塩が専売にならぬ頃のことだから、明治中期のことらしい。印南郡大塩——塩の主産地——の塩売りが荷をかついで、法華山までやってきた。そして某寺でも買って貰わんと思って門を入り、本堂をのぞくと、これは何としたことか、住持が新婚の——といっても女房の方は再嫁であるが——女房をかたくましてホイサ、ホイサと本堂を廻っていたのであった。これだけならまだ良かったのだが、それが両人とも一糸もまとわぬという有難い姿であったというのである。塩売りが仰天したのは当然として、坊さんも往生したらしく、そこで塩が一荷ほど残っていたのを、皆買うからという条件で他言しないことに交渉が成立した。しかしいうなということは、いいたいもので、かの塩売りの口から、またたく間に法華山を中心とする両郡へ分布してしまい、以後かたくま寺の笑称が起こったのだ。

ところが私としては、最近に加西郡の奥向、北條町附近で、同様な「かたくま寺」の話を聞いたのである。これは北條町にある某小寺院のことであるが、同様に新婚の女房を住持がかたくまして、本堂をホイサ、ホイサと廻っていたというのだ。これははだかだったか、着衣のままだったか不明だが、ともかく実見者があり、よって「かたくま寺」と笑称されている。

以上、両寺とも寺名は勿論、御本人たちもよくわかっているが、何しろものがものなので「かたくま寺」で許してもらう。

新婚の女房を嬉しまぎれにかたくまして、座敷をどうどう舞いしていたという俗人どもの話はよく聞くところで、これなら一カ村に一つぐらいは見つかる。だから坊さん達も嬉しまぎれにやったことだろうが、身分が御身分なので光栄？ある命名をいただいたのだ。だからこの附近一帯には、新婚の嬉しまぎれにかたくましてどうどう舞いする風習が、僧俗を通じてあるということになる。

以上の話は勿論、太陽の輝いている昼ひなかの話で、夜よなかの行動がかたくまどころでないのは断るまでもあるまい。新婚ということは、それほど嬉しいことか否か、未経験の筆者にわからぬから、大方の経験者諸氏に想像していただく。ただし、諸地方にもこんな例があるなら、持ち出していただいて共同鑑賞をやりたい。未経験者は駄目だ、といわれては困るが。また、とくに南方先生の御高話を拝聴したいと存じますが、如何でしょうか。

なお、塩売りについて。もちろん、塩売りは桝に量って売っていたので、その商売の附近で子供がどんどんあばれたり、走ったりすると非常に怒ったそうだ。何故だというと、塩という奴はうまく桝に盛り上げても、はたでどんどんすると、盛り上げてあるのが落ち込んで減ってしまうからだ。これは実験しても、よくわかる。こんなことでも、参考までに。

これは一九三五（昭和十）年三月刊、『ドルメン』第四巻三号に掲載された。かなづかいなどを改めたほかは、原文のままである。この頃は毎日のように自転車で走り廻って、若い衆や娘、嬶、後家どもと遊んでいた。あんた、商売いつするねん、と女たちが心配してくれて、こんどあれ持っておいでと注文してくれる。素姓の知れた人間だから、双方とも半日ぐらいしゃべっているうちに日が暮れた。今晩、うちへ泊るか、向こうへ夜這いに行くか、とすすめてくれる。新婚のかたくまなど、寺の住持だからの話で、その頃でもまだ夜遊び、夜這いは盛んなムラが多く、こうしたムラの若い衆たちの新婚なら、それほど新嫁が女として珍らしかったわけでない。また一般の家では夫婦だけの生活が少なく、他の家族も居るので昼ひなかにいちゃつけるはずもなかった。そうはいっても新婚というのはやはり嬉しいもののようで、いろいろと面白い話を聞かせてくれる。「かたくま」、肩くるまの約、小児を肩に乗せ、首に跨がらせて担ぐ、というのが一般的な解釈であろう。幼児なら抱き上げて、首へ跨がらせられるが、一人前の娘や嫁ではそうはできまい。まず女に股をひらかせておいて、男が首を間から突き出し、女に首をかかえさせて起ち上がるということになる。着衣のままなら、それもよかろうが、丸裸となると首筋へ当たるわけだから、いろいろと嬉しかったのだろう。その頃、天台、真言、禅などの寺院では、まだ結婚生活が一般化していなかった。したがって、まだ独身という僧も多く、その処遇はムラによって大差がある。他の檀家衆と同じ条件で夜這いを解放しているムラもあるし、阿弥陀講、大師講などに加わっている後家だけに限定するムラもあった。こうしたムラでは、後家以外の女へ手出しすると住持を追い出している。最も厳しいムラでは女との関係を一切認めず、姫路、明石などの遊廓や芸妓買いぐらいを黙認した。そうした厳しい戒律を求められるムラの寺では、住持が物売りや行商に来た若い男をねらい、びっくりした男が逃げて帰るというのもあり、この方は「シリヌキ」寺とか、「ケツワリ」寺、「オカマ」寺などと笑称されている。うまく成功した場合は、あまり噂にもならぬようだ。私が直接に聞いたのは、高野豆腐の行商人で、部屋まで行くと腹這いになって見せよといい、乗っかかってきたのでびっくりして逃げたということで、これも地方では評判になっている。

しかし他方では結婚を認めるムラも増えてきたので、かたくま寺の類例も多くなったということだろう。ところで北條町の某小寺院のはなしは、裸か、着衣かわからぬと書いてあるが、これはあんまり知りすぎるのでトボケたのである。もとより全裸のありがたいお姿で、白い身体が評判になった。戦後は、どこの寺も結婚が当然のこととなり、殆ど世襲化している。こうなってくると、また新しい問題が起こってきた。民衆教化より商売が主では、もう末の見込みもなくなってくる。

ところで尼寺の庵主さんもいろいろで、他の寺の住職と仲好くなり、汽車のなかでいちゃついてみせ、たちまち評判になった豪尼もあった。だいたいはムラの隠居などの機嫌をとるのが多いわけだが、なかには若い衆たちの性教育をするのもある。格式のある尼寺級はともかくとして、庵主さん暮らしではいろいろ内職でもせんことには生活も苦しいし、なかなか大へんであった。庵主さんのなかには有髪の尼といった形の婦人もあり、結婚生活に失敗してという前歴が多い。ムラの後家さんや、嫁《い》かず後家の横すべりもあって、その構成はいろいろである。お茶、生花、習字などの師匠をしている尼さんもあるし、ムラの講、組など宗教組織を利用し、団参、つまり観光旅行に精を出している尼さんもあった。尼さんによると女房のある男では噂を立てられるだけでも女たちともめるし、隠居では機嫌をとるのもしんどいし、老人たちの間でももめるのもあって面白くないそうである。若い衆ならどうにでもかわいがっておれるが、やはり若い者は若い女を求めて離れる、ということだ。しかしいろいろとムラの女人たちの相談を受け、夫婦喧嘩や帰るの、去《い》ぬのというのをなだめたりで、ムラの家庭の内幕はつかんでしまう。性生活も厳しい人ばかりでないから、これも「夜泣き寺」「ぼぼ寺」「ご開帳寺」などと笑称のあるのもあった。

そうした珍聞もいろいろと採取したので、よく『ドルメン』へ送っていたが、この種のものでは「かたくま寺」だけ採録する。他にヘンズリとか、マラくらべなどの民俗を送ったと思うが、これも採録しなかった。もとより「夜遊び」「夜這い」などの研究も送ってみたが、どうなったのかわからない。しかし「播磨に分布せる月の童謡に就いて」などの長編は、第四巻第四号から第七号に至るまで連載してくれたのだから、まじめなものなら載せますということであっただろう。いや『ドルメン』編集部としては載せたいが、どうも世の中がおかしくなって、しようがおまへん、にちがいあるまい。『ドルメン』も初期の間はいろいろ風俗壊乱の記事や論文で検閲を脅かし、欠字だの、削除だのをさせられている。いまからみればアホらしくなるようなものばかりだが、昔の日本人の性根がいかに曲っていたかの証拠になるだろう。

## 二　新婚の夜のこと

（1）

新婚の夜の嬉しさ、羞かしさは、どなたにも御経験のことと思う。徳川時代に書かれたある「女大学」式の心得書を読んでいたら、新婚の夜の夫婦のかたらいは神仏も許し給うところであるから、その旨を説いて心を静めさせねばならぬとあった。こんな説教を初夜の発端から聞かされねばならぬとしたら、封建社会の花嫁さん達も、まことにお気の毒であったと深く御同情する。ところで最近、ある著名な婦人雑誌を読んでみると、新婚旅行の宿で行末長い生活設計を寝物語にしたらよかろうとすすめてあった。真面目にすすめているものとすれば、この筆者は大馬鹿野郎である。封建社会の腐儒にも劣らぬ、似而非道学者というべきだろう。新婚の夜に、神仏も許し給うような説教や、行末長い生活設計を論議するほどの度胸があるのはおそらく「新婚」を笑ってする者か、結婚詐欺の常習者に相違ない。文字通りの新婚者にとって初夜は、男にも女にも羞恥と恐惑の一瞬間を必ず経験する。この瞬間を、いかにして乗り越えたか？　顧みて冷汗三斗の思いある者も多いだろう。

(2)

こうした羞恥と、恐惑の一瞬を乗り越えるには、何か一定の形式を作って自然に進行させる方法をとるのが良い。似而非道学者でなかった昔の真の良識人は、幸にしてその方法を残しておいてくれた。私が播磨の加西郡地方で聞いた話には、

| | | 方言にすれば |
|---|---|---|
| 男 | 貴女の家に柿の木がありますか | あんたの家に柿の木がおまっか |
| 女 | あります | おます |
| 男 | 柿の木に実がなりますか | 柿の実がなりまっか |
| 女 | なります、なります | なります |
| 男 | 私が登ってちぎってもかまいませんか | おらあが登ってちぎってもええか |

女　かまいません　　　　　　　　　　　　　　　　かましまへん
男　そんならちぎらせて貰います　　　　　　　　　へたらちぎらせてもらいまっさあ
かくて女の身体の上に登ってちぎるということになる。
ところが、あがってしまった、ある新婚夫婦がとんでもない大失敗をやった。
男　貴女の家に柿の木がありますか
女　あります、あります
男　蜜柑がなりますか
女　なります、なります
柿の木に蜜柑をならせてしまったわけで、恐るべき植物学者であるといわねばならぬ。ある篤実な青年の告白で、私もあがっていましたが、女房もあがっていたので、大変なことをやりました――と苦笑していた。

有名な「千代」の句に「渋かろかしらねど柿の初ちぎり」というのがある。実際に加賀の千代の作句であるか否かは保証のかぎりでないが、ともかく「千代」の句として古来より膾炙《かいしや》しているものだ。この「柿の初ちぎり」というのを、「ちぎり」の意味にだけかけたものと見るのが、これまでの解説であったが、こうした新婚の夜の民俗を反映したものと考えられないこともない。そうとすればこの句も、もう一段と深い情趣があるようである。私達からいえば、北陸の加賀地方にも同じような民俗があった一つの証拠となるのだが、さて果たして然るや否やは博雅の士の示教にまたねばならぬ。

(3)

加西郡の民俗を、「柿の木」型乃至「木登り」型とすれば、「馬乗り型」というべきものもある。即ち、摂津の武庫郡、今では神戸市に編入せられている某山村で聞いた話に、

男　これなんや
女　眼だす
男　これなんや
女　鼻だす
男　これなんや
女　口だす
男　これなんや
女　乳(乳房)だす
男　これなんや
女　おへそだす
男　これなんや
女　ヒヒ、ヒヒヒ……
男　馬なら乗ろか

——ということで、馬乗りになるわけだ。このことを、ある民俗談話会で話したら、

北九州地方でも同じような話が伝わっていると教えてくれた人がある。そうすれば播磨から九州まで、かなり広い範囲に行われていたのだろう。

(4)

「木登り」型にしろ、「馬乗り」型にしろ、今ではよほど古風な家でないと真面目にやってないようであるし、真面目な話としてよりも馬鹿話として伝えられることが多いので、嘘かほんとうか判らぬものも少なくない。しかし、これを丸まる嘘だらけの話として聞くには相当の根拠があることも確かに認められる。「こと」が、「こと」であるだけに真面目な話として人に語られる性質のものでないからどうしても「笑話」乃至「わい談」に近い表現をとるのもやむをえない。ただ、それ故に一場の「笑話」として、軽く聞き流すには厳粛なるべき人の世の「生」と「性」との苦悩が秘められている。新婚の夜の恐惑の一瞬をいかにして越えるか、古人もまた多くの恐れと悩みをもったことは、一夜、大国主命を戸外に立たせた高志の沼河日売も「浦渚の鳥」のように不安であると歌った。たとえ「あさひの笑みさかえて、栲綱の白き腕、あわゆきの弱る胸を、そだたき、たたきまながり、真玉手、玉手さしまき、股ながに寝は宿さむ」歓喜が待っているとしても、越えるまでの恐れと惑いは人類の生命のかぎり消えることのない宿命であろう。されば、この恐惑をいかにして最小限にとどめるかが、人類の課題になったのも当然である。

(5)

中世の西欧にも、東洋にも初夜権といわれる妙な権利があった。簡単にいえば、初夜の最初の花嫁と寝る者が、領主その他夫より目上の者である民俗をいう。この初夜権にもいろいろの種類と形式があるけれども、ともかく制度化せられ、かつ強制を伴う場合には一つの封建的な権利と見てよかろう。しかし初夜権の起源が、そうした権利・義務的な、乃至暴力的なものであったか否かには疑問がある。ある民俗学者は最初の夜、花嫁と床を共にする者は神であったと説く。即ち、初夜の交接による流血を、原始人達は非常に怖れたので、そうした悪魔の祟りを避けることのできる者、換言すれば神に最初の夜を捧げしめたというのである。神とは、神を祀る者であったわけだが、いわゆる「三輪山」伝説では大蛇が正体であるとされ、そうした人外婚乃至人獣婚ともいうべき話も頗《すこぶ》る多い。これらはトーテムを異にした氏族間の結婚を、神話化して伝えたものと考えてもよかろう。ともかく初夜の晩に花嫁と共床することを恐れた習慣は、世界的に広く見出される古い民俗である。そうすれば最初の夜を神に捧げることは、新夫新婦にとってむしろ望ましいことであったのだ。しかし、やがて神が神を祭る者、即ち神官・僧侶であることが明らかになるようになれば、族長や王侯が権利として初夜を領民から要求するようになる。かくして暴力的な初夜権が成立したわけだ。

(6)

近世封建社会の結婚に、果たして処女・童貞の結婚があったか否か、これは、頗る疑わしい。日本の農村では、いわゆる「夜這い」が盛んに行われていた。村中の娘と下女及び後家さんが、若衆達の共有物であった地方が多い。物判りが良かったのか、悪かったのか判断に苦しむが、ともかくある物堅い父親が青年達を寄せつけないように防衛したところ、家の屋根をめくってしまったとか、毎晩毎晩騒がし続けるとかして、遂に屈服させてしまった話が数多く伝えられている。それほどに男女間の風儀が解放的であったとすれば、新婚の夜に妹背の道を初めて解するというような無風流人があったか、否か、これも疑わしい。紀伊のある地方では、初めて月経があったり、女子十三歳に達すると、上手な老爺に頼んで破瓜して貰った。その礼に米酒や桃色の褌を贈ったというから、もし処女が居たとしたら小野小町ばかりだろう。同じようなことは男の方にもあって、中世貴人の成年式の夜にはソイブシといって年上の婦人が共に寝た。ある地方では、その年に成年に達した若衆ばかりを堂、宮に集め、村の中年の女房や後家達が共に籠って秘戯を教えたらしい。それでもなお新婚の夜に恐惑を感じたとしたら、技巧的な原因でなくして、心理的な理由からだろう。

(7)

そもそも結婚とは何か、これがやさしいようで難しい問題である。公式の届出で結婚を認めるのは近代社会の例であるが、しかし事実上の結婚をして社会的通念から認め得るものは内縁とし、全くの自由な結合を野合とすることにしても、三者を明確に分けるのは難しいだろう。況んや封建社会では、その土地土地で風習が異なり、最も新しい試験婚に似たものから、掠奪婚の古いものまで千差万別である。されば何時《いつ》をもって結婚初夜と認むべきか、わけの判らないようなものも多いので更に難しい。だが、ともかく結婚初夜に純潔の証明を要求する民俗も、東西・古今に渉って頗る多いので、処女尊重の風が一方にあることは事実であった。なぜ処女を尊重するようになったか、これもまた問題の多いことであるが、思うに女性を財産視するようになってから発生したらしいので、凡その起源と年代が推測できる。人間という動物は頗る得手勝手な動物で、動物でありながら神へ近づこうというのだから、矛盾のある生涯を送らねばならぬのも必至であろう。したがって一方に処女を怖れるものがあれば、他方に処女を喜ぶものもあり、処女にして娼婦をかねる女性があるとすれば、まさに理想であろうが、そうは問屋が卸さない。そこで男性は、この理想の女性を求めて永遠に彷徨していることになる。結婚初夜は、だから男にとって宝くじを引いて百万円を当てるか、否かの岐路であり、女にとっては肉体開眼の一瞬として生涯の運命を決することになった。処女を要求し、処女を保持しようとするのは、この瞬間のスリルを楽しもうとする男の得手勝手と、できるだけ危機を延引させ、しかも高く売りつけようとする女の功利心にあろう。

(8)

ロシア文学を読んでいると、農村の男女関係を描いたもののなかに、既に処女を失った花嫁が新婚初夜の試験に合格する場面を巧妙に書いたのがある。翌る日、どうして合格したのかと恋人が尋ねたら、「馬鹿」と一言答えているが、たしかに男は馬鹿が多いに違いない。徳川時代の好色本のなかには、処女と非処女を見分ける方法が、いろいろと書かれている。現代の最新の医学知識をもってしても、本人以外には判らぬ場合もあるらしいから、男の苦悩の種も尽きぬことだろう。「木登り」型や「馬乗り」型にしても、童男・処女が最初の恐惑の瞬間を、いかにして乗り越えるかと悪戦苦闘する場合であってこそ、美しい人世の秘められた絵物語になる。しかし女ずれのした男が、恐怖にふるえる花嫁を、鼠を捕えた猫のように楽しんでいるのだったり、既に男を知った新婦が笑いを秘めながら何も知らない新夫に答えているとすれば、これほど馬鹿げたことがない。しかも両方で知りつつ、新婚の夜なるが故に問答をくり返したとすれば、こうした美しい民俗も既に制度化され、何の感激もよばなくなっていたのであり、それは儀礼化し形式化した三三九度の盃と変わりがないわけだ。したがって、これが「笑話」となり、「わい談」と化するのも当然であるが、しかもなお私はこの民俗のなかに人世の美しい夢を見出したい。

# 2　土俗信仰と性民俗

## 一　生駒山

大阪平野から東方を望むと、一連の山脈が屛風をつらねたように聳立している。これが六百四十二メートルの生駒山を主峰とし、北は津田の源氏の滝、星田妙見から生駒山に至り、南は信貴山を経て大和川に達する信貴・生駒連峰であった。

生駒山の東側、中腹には有名な宝山寺があり、その主尊が聖天さんである。聖天さんは象頭人身の男女が抱擁して性交する姿勢の仏像で、家内円満、商売繁昌の守護仏として関西地方の土俗的信仰の基地となった。信貴山は朝護孫子寺と称し、主尊は毘沙門天で、一切の悪魔を払い、凶運を切るということで、同じく商売繁昌、家運隆盛を祈念する信仰の根本道場として尊崇されている。

ただ信貴山信仰は平安時代から盛んであったが、生駒山は徳川時代の中頃から盛んになっており、かなり時代的には差がある。信貴山信仰が盛んになったのは、その付近に高安城址があるのでもわかるように、浪華から平城京に至る幹線道路防衛の拠点であったからだ。その頃、生駒山西麓は沼沢地帯で、狼煙台はあったが、自然の要塞として重視されたにとどまる。ところが徳川中期になって河内平野の開発がすすみ、大和川の付け替え工事などで奈良と大坂との最短距離として、暗《くらがり》峠越の奈良街道が発達し、その沿線の生駒山もまた繁栄するようになった。私は道明寺、叡福寺など接続した南河内方面の信仰中心地も調査したが、いずれも徳川中期以降になってから、急激に団参、講組織による団体参拝の増えていたのがわかる。つまり大坂が天下の台所として発展するにつれて、市民の遊山を兼ねた観光地となったわけで、ただ単純な信仰のみでなかった。当時は自由な遊覧など許されなかったから、信仰を表向きにした息抜きの遊びであり、したがって門前町として精進あげの遊廓などがまた発達し、ますます遊客を招いたのである。この関係は現在も継続しており、生駒山東麓の料飲街を見るだけでも明らかだ。

ところで生駒聖天が繁昌するようになると暗峠道の他に、善根寺谷、日下谷、辻子谷、額田谷、元山上道、十三峠道、立石越、恩智越など西麓の峠越え街道が開かれ、生駒聖天や信貴毘沙門天を経て、奈良への交通が開かれ、また長谷寺、室生寺などを経て伊勢への参詣も盛んになってくる。辻子谷の興法寺、額田谷の長尾の滝、暗越の髪切慈光寺、鳴川峠の千光寺、十三峠の水呑地蔵などは徳川中期頃から、すでに名勝、聖地として知られていた。それが明治中期以降になって、日本の資本主義の発達による大阪市の工業都市化、河内平野の近郊農村化につれて、いろいろの社会的矛盾が激化し、これはまた古い伝統的宗教の他に、天理教、金光教、黒住教などの新興宗教を発生、成長させることになる。こうして生駒山系の西麓の谷道、峠道などに沿って、多くの民間信仰といわれる神祠や堂舎が建てられるようになった。

大正中頃に大阪の京橋、片町から星田を経て木津に至る片町線が開通、このため野崎駅で下車、慈眼寺を抜け竜間街道を経て生駒へ出る方向や、住道駅で下車、車谷か日下谷を経て生駒へ登る方向が盛んになってくる。それまではだいたい暗峠越え奈良街道を徒歩したわけだが、やや北方へ外れるけれども、ともかく生駒山の西麓まで汽車が利用できるようになって、これらの谷道は参詣道として発達した。そうした参詣網を一変させるような打撃は、大正後期に生駒山をトンネルでくぐり奈良に達した大阪電気軌道株式会社、略称「大軌」の開通である。これが戦時中、合併して近畿日本鉄道の奈良線になるわけだ。

大軌の出現は住道、野崎からの参詣道をたちまち廃滅させ、その道筋にあった民間祠堂を衰亡させてしまう。その代わりに大軌沿線の瓢簞山、枚岡、額田、石切、鷲尾各駅から生駒山頂に至る谷筋に、多くの新しい民間信仰の祠堂を発生させ、繁昌させた。大軌では初め鷲尾駅周辺に日下遊園地を計画、観光地として育成しようとしたが失敗、かえって石切駅下の石切神社がにわかに発展するようになり、当初は小さな村社にすぎなかったのに、たちまち著名な大きい社殿をもつ神社に変わってしまったのである。その理由は全く民間信仰的で、「石でも切る」というので、腫れものの根治に効くとされていたのが、悪縁、凶運その他もろもろの悪事、災難を切り払うということになって、数年の間に驚くほどの発展をした。公式の祭神は饒速日命《にぎはやひのみこと》ということになっているが、民間信仰の神としては「石切大神」とされ、この地方の神々の頭領として信仰されている。

このように生駒山周辺の民間信仰の発達は、当時の大阪から奈良に至る街道や、現代の鉄道、電鉄の開通によるなど、交通関係の変化によって大きい影響を受けていた。

## 二　水行場の発生

生駒山の西斜面は急傾斜の谷筋が多く、水量も豊富であったから精米、製粉、製薬などの水車がよく発達している。また源氏の滝、長尾の滝、氷室の滝、岩戸の滝、恩智の滝などの自然滝も多く、これらの滝は修験道行者たちの水行場として古くから利用されていたが、大軌の開通によって生駒山の信仰が飛躍的に発展するにつれ、民間信仰祠堂は人工の滝、水行場を競って造成するようになった。渓谷の流量は豊富であるから、僅かな傾斜を利用して水を引き、人工の「お滝」、すなわち水行場を造るのは、極めて容易である。これが、盛時には五十に達する人工水行場が繁栄した理由であった。

今東光和尚の『河内女』に、適当な資料があるから抜粋しておく。ただし彼は戦後のことより知らないが、水行場の新設はだいたい同じである。

——「その人の世話で信貴山の山裾で、わいはお滝の行場を開くつもりや」「えっ。お滝やて」「そうや。われも知ってるやろ。新清水さんのお滝が仰山お賽銭あるの。わいは一か八か、ひとつお滝開く」——あくる日から暗いうちに起き出した善妙は、元は土方だっただけに身仕度も厳重に、何所から借りてきたのか鶴嘴《つるはし》やシャベルを肩にしてさっさとお山に行って仕舞った。帰ってくるのは陽が沈んでからで、よくも身体がつづくと思われたが、根が鍛えた肉体だけにがっくりともしなかった。まる一カ月経って――信貴山麓から山道へ分け入って少し登ると、やがて淙淙と水音がして直ぐ傍が渓谷になっている。生駒山系にはこの山襞《やまひだ》の谷に水流が多く、昔は水車を仕掛けて米を搗《つ》いたり、綿の実を搾《しぼ》って油を採ったりしたものだが、今日はおおむね廃屋になっていた。善妙は人の世話でその廃屋を買い受け、自分で手を入れてどうやら人の住めるように拵《こしら》え、且《か》つ信者の脱衣場まで整備した。それから谷の流れを調節して人が打たれて怪我しない細流にした。滝行というのは矢張り予備体操をし、適時、滝を受けるわけで無法に頭から打たれたりすると軽い脳震盪を起したりする。またあまりに冷たい水を一気に浴びると心臓に故障を生じたりする――と書く。

これでわかるように素人でも一カ月ぐらいかければ「お滝」、すなわち水行場が造れる。もっと簡単なものなら、一週間もあれば建てられた。また、いわゆる先生といわれる神道宗派教師や山伏、僧侶などが、前身、土方などの職業の者であったこともわかる。ただ今東光和尚は天台で正式に修行しただけあって、ほんとうの水行場の実態は知っていない。自然滝で、本格的に水行した行者、坊主などの場合は、今東光の書いている通りだが、普通の信者たちが水行する人工の「お滝」では、そんなことをしていたら信者が水行できず、したがって商売にならない。人工の「お滝」では、石樋その他の細い樋口から水が落下するようにし、それも水量を加減するため調節できることにしてあるから、準備体操など難しいことはしないで、すぐ水行できる。それでも水行するときは脱衣所で着物をぬぎ、白の腰巻（男はサルマタ）と白衣に着替え、頭からゴム製の布をかぶって打たれた。まあ、すこし強いシャワーを浴びているようなもので、本格的な水行などといえるものでない。

それでなければ老人や病人、精神障害者などの人たちが、水行などできるわけがなかろう。教師は附近の自然滝へ信者を連れ出したり、また人工滝の水量を強くして本格的な水行、すなわち荒行をして見せる。しかし一般信者には、よほど修行してからでないと、そんな荒行はさせない。また冬季の厳寒期の水行は教師や行者が信者に代わってするわけで、一般の信者にはまず断るだろう。一般の信者が水行するのは、暖かくなった春先から、紅葉の頃までで、最も盛んな夏は、水浴びといった方がよい。ただ屋内みたいな場所に水道水のような細い水行場を造っている教派では、脱衣所のすぐ横の部屋に火鉢を置いたり、湯を汲んで置いたりして、水行をしても、ただちに温まれるようにするのもあって、これなら冬季でも水行ができる。一般の水行場、「お滝」というのは信者の賽銭が主要財源であるから、それだけのサービスもしないと繁昌しないということだ。

まだ今東光が河内の天台院に在職した頃までは、水行場を新設しても生活できたと思われるが、昭和三十年代ぐらいから信者が激減し、生駒山西麓にたくさんあった水行場も殆ど廃業し、宝山寺附近の有名であった行場の二、三も、いま売りに出しているそうで、もう戦前の盛んであった時代は夢と消えてしまっている。にもかかわらず驚いたのは、その約半数が韓国系の宗派寺院、水行場に変身していることで、北河内の星田あたりの水行場まで韓国系が進出し、いずれ日本人経営の水行場は消滅するのでないかと思われた。とくに戦前は有名であった星田妙見が、今は雑木、雑草の廃屋となり、参道もわからなくなっていたのには、こうした行場や祠堂の変遷の激しさに驚くほかない。ただ一つ、戦前にはただ一本の石柱が立っていただけであった「石切上社」が、立派な拝殿、社殿、庭園のある神社になっていたのにはびっくり仰天した。

石切神社上社（戦前、昭和７年頃）

民間信仰というものは、そんなように少し人気が出ると流行し、繁昌するが、一つ人気を失うようになると、たちまち廃滅に追い込まれてしまう。一度、人気を失うと、ほとんど回復が難しい。それが民間信仰の特色ともいえるが、その当たり、外れは、まあ運まかせというほかなく、善妙がいうように「一か八か」の賭けである。

## 三　民間信仰の成立

水行場「お滝」の実態の一面については、戦前に『民俗学』『旅と伝説』『上方』などに発表したから、詳しくはそれに譲っておく。これらの行場を大きく二つに分けると、大阪、堺、河内などに本拠の教会があり、それが生駒や信貴山中に水行場を造っているものと、生駒や信貴山中の水行場自体が本拠であるものとがある。初期には前者が多かったらしいが、後には殆ど後者に変わった。しかし都市や周辺の農村との関係は維持するものが多いわけで、賽銭だけではまず経営が難しい。

同じ宗派、教団といっても、仏教なら天台、真言などという著名なのはなく、日蓮宗系統が多かった。教会、堂などの先生というのも山伏ならよいところで、商売に失敗したからというのやら、暴力団くずれなどがあり、入れずみのすごいのもいる。私の確認しているだけでも男二人、女一人があった。かれらは正式の僧籍があるわけでなく、公式には「堂守」「堂主」「教会主」などと自称する。神道宗派でも天理、金光、黒住などという大教派はほとんどなく、御獄、神習、神理、神道などという一般には知られていない教派が多い。戦前は神道十三派といい、それより他に公認されなかったから、大本教やひとのみち教団、円応教なども、それら公認宗派の看板を借りて営業したわけで、教団が大きくなるほど看板料も高くなった。戦後のように自由に宗派や教団を創立できなかったので、この関係を知っていないと戦前の宗教団体のことはわからない。

そうした看板借りの宗派や教団には、所属の宗派や教団の教義は一応、受けているが、それだけでは商売にならぬので、いろいろと信者を集め、賽銭や布施の多いような方法、手段を考える。そのため公認の宗論や教義から外れたものになるのは当然であり、なかにはかなりいかがわしいものも出てきた。天理、金光など有力な教団ならすぐ排除するけれども、看板料だけで経営する弱小公認宗派になると、それだけの力もないから、全く野放し同様で、ただ看板料がたくさん入ればよいとする。都市の小商店街やスラム街、農村、生駒、信貴山系の行場などは、ほとんどこうした看板借りの教会や堂舎で、それぞれ独特の信仰や教義をもつ独立の宗派、教団といってよかった。したがって警察や寺社関係の役人たちも取り締りに苦心し、かれらは一口に「淫祠邪教」といったものである。正統な、公式の宗派教義だけでは一般の民衆に支持されるわけもなし、したがって俗耳に入りやすく、興味を惹くような教義、教理を案出するほかない。かくて淫祠邪教として当局から弾圧されたり、検挙されるものも出てくる。ひとのみち教団の教祖が、信者の悪事、災難を一切、わが身に「お振り替え」させ、それを流すためと称し、一カ月に数日、泉州の沖で魚を釣っていたなどは、まだよい方だろう。

これらの民間信仰的宗派、教団の第一の特色は、現世利益ということである。死んでから後の世界での成仏よりも、今、目の前の幸福が欲しい。つまり商売繁昌、一家円満、立身出世、福運招来ということだ。そのためにはどんな神仏でも祀るし、どんな行事や祭儀でもする。公認の神社なら、だいたい古事記、日本書紀に出てくる神々とか、菅原道真（天満宮）、楠木正成（湊川神社）などと歴史上で著名な人物を祀っていた。しかし民間信仰の神となると大岩大明神、信吉大明神、白龍大神、白玉大善神などと、おそらく普通の人なら聞いたことのないような神々を祀っている。

この頃は少なくなったが銭湯の番台の上や、脱衣場の角に三角形の棚を釣って祀られていたり、工場や会社の一角に赤い鳥居の小さい社殿が祀られていたり、料飲街の大木の根元の洞穴の前に小社が祀られていたり、要するに探せば私たちの周辺の至るところに、こうした神たちが祀られていた。祀られている限り信者があるわけで、ほとんど祭祀している理由は現世利益の、即物的効果である。

こうした神たちは、信者にはキツネ、タヌキ、ミイサン（蛇）などだと信じられているのだ。そうした神であればこそ、人間にいろいろの福を授けてくれたり、またはふりかかる災難や障害を除去してくれるので、普通の人間を神に祀っているような公認の神社や寺院では、ありのままの人間の欲望を認め、かつ助けてくれるのはない。

したがって国家も、こうしたキツネ、タヌキ、ミイサンなどを本体とする神仏を公認しないのだが、一般の民衆は、国家や政府が公認するか、否かは問題でなく、動物であろうと、木や石などであろうと拝んで利益があるのなら、なんでも信仰する。その間に大きい間隙があるわけで、それを埋めるのが民間信仰的宗派や教団であった。古くはキツネ、タヌキ、ヘビ、木、岩などをそのまま神として祀り信仰したのだが、だんだん独立の人格神へ昇華し、たとえば日吉神社の猿、春日神社の鹿、三輪明神の蛇、伏見神社の狐など、もともとは本尊であったものが、昇華して人間的な神となったものの使者とか、附属物にされてしまう。すなわち本体が抽象化された人格的な神と、具体的な動植物や自然現象との二つに分割され、後者が前者の隷属物にされてしまったわけである。国家的政策としては、それが当然であろう。

しかしアニミズム、つまり自然崇拝を基調として信仰する民衆には、それでは受容できない。そこに民間信仰的宗派や教団が発生し、両者の背反、矛盾を媒介し、調節する役割を果たしたといえる。これらの宗派、教団ではキツネ、タヌキ、ヘビその他の具象的な信仰対象を、御正体、御本体などといい、それは信仰する神々が信者の祈願に応じて霊示するものとした。したがってキツネ、ヘビ、タヌキ、サルその他を正体とする神々が、大岩大明神、白龍大神その他の神たちであり、それを診断し、祭祀するのが民間信仰的宗派や教団の先生たちということになる。

たとえばある人が路面電車から降車したとき、足を踏み外して落ち、骨折したため動けなくなった。なにかの祟りであろうと民間信仰的教団の先生に診てもらうと、ちょうど信吉大明神が通っているのにぶつかったため、その怒りに触れてつき倒されたことがわかり、信吉大明神をお祀りして、よくお詫び申し上げないと、一生動けなくなるというお告げがある。そこで信者が先生にも拝んでもらい、自身の家にも御分霊を祀って拝み、御本地である生駒山にも参って水行場でお滝にうたれたり、オコモリしたりしてお詫びしたところ、うそのように軽快となり、治ってしまった。こうして、その教団には有力な信者が一人増えたことになる。

それぞれの宗派、教団で多少の違いがあるが、夢だとか、参詣の道で狐や蛇を見たりするのを「身あらわし」すなわち神がその正体を見せるわけで、先生に診てもらうと神がかりして生駒山とか、某所の大木の空洞に居るとかがわかり、それを「所あらわし」

という。神が正体を現わし、その住所をしめすことは、信者にとって神との接触、祈願の通路が開けたということで、これから守護神、守護霊としての関係が始められる。神の出現にもいろいろの型式があるわけで、夢じらせ、災いじらせ、よいことじらせなど、その信者と教師の判断で変わってくるわけだ。要するに古事記の神代の時代、神話の世界がいまも生きている。だいたいそのようにして、民間信仰的宗派や教団は成長するものだ。

## 四　修行と祭式

民間信仰の教団、宗派には、またそれぞれ特定の「祭式」や、また「修行」、信仰の方法などがある。公認宗教のように固定したものでなく、その教師の意志と信仰意識によって、かなり流動的であるが、それでも長い間には一定の方式ができていた。だいたいの方式としては教師の祀る神を親神とし、信者はその御眷族、お子様神やお孫様神を祀るのが多く、神統図が形成される。第二に、神たちにも位階があって、天王↓龍王↓大神↓大明神となったり、天王↓龍神↓大善神↓大菩薩となるのもあって、それぞれの教会で多少の差があった。これは神たちも生駒山、神戸なら鷹取山などで荒行したりして、それによって神階も登って行く。つまり、これは信者がいろいろとお祀りしたり、御本地の生駒山、鷹取山などの水行場で荒行するなど一生懸命に参詣、修行すれば、自分の奉祀している神様の神階も登るというように連動することになっている。

第三に教団には、講とか、会とか、組とかの信者の組織があるが、熱心に信仰し、修行するようになると、いろいろと供え物も多くなり、会費の他にも多額の献金や鳥居、石燈籠などを寄附したりすることになるだろう。そこで平の会員であったのが組長にされ、世話人に選ばれ、会長とか、講頭とかの最高幹部に祭り上げられる。すなわち信心していると商売繁昌、福運招来というわけで、現実の社会でも、教会の位置でも立身出世するということになった。

これが民間信仰的宗派、教団の、だいたいの機能と、その構造である。天理、金光、大社、大本などという大教団でも、その根本原理は同じであった。

ただ大教団では、それぞれ固有の信仰や祭式を守って経営できるから、少しでも変わった解釈をすれば異端の分派として排撃される。天理教に対する甘露台などがそうであるし、浄土、一向などの大宗派でもいろいろと分派が多い。これは民間信仰的宗派、教団も同じというより、むしろ教祖や教師によって、小廻りが効くだけに多種多様に展開しているといってよかろう。天照皇太神宮教、俗に踊りの神様など、その著しい一例である。その他にも爾光尊など、変わったのも多い。

それらはいずれも戦後のことで、戦前では許されなかっただろう。それだけに戦前の民間信仰型宗派や教団、教会には、いわゆる淫祠邪教として弾圧される要素を含むものもあった。人間にとって商売繁昌や立身出世などという表向きの要望の他にも、好きな男や女といっしょになりたいとか、あんな男と早く縁が切れてほしいとか、酒やバクチがやめられるようにしてほしいとか、多種多様のものがある。とくに性的な原因のものは表面化されないだけに、心の奥や裏側でいろいろと作用した。民間信仰型教団や教会では、そうした人間臭いものの解決も、また大きい要素を占めることになる。

いまのPL教団、戦前のひとのみち教団が弾圧されたのは、要するに既成の教団を動揺させるほど大きくなり過ぎたからで、それが真相だろう。しかし一つの理由として、教義に性的迷信があり、教祖が十五、六歳の処女を数人も侍女として接触したなどとの噂もあった。同教団は教育勅語を表向きの原理としていたので、当然に「夫婦相和シ」も根本の理念としたわけだが、教育学界と違うのだから、そう公式的な堅い論理で一般の信者を説得できるわけがなく、いろいろの具体的な信者の相談に対して、教師の側でもそれ相応に具体的な解決の指針を出さざるを得まい。したがって具体的であればあるほど、セックス的なものは危険になってくる。そうした例も、かなり摘発されたようだが、ある意味では民間信仰型教団、教師にとっては宿命的といえるだろう。

生駒の聖天が繁昌したのは、聖天が性交の神様、つまり夫婦和合ということになるが、門前町では参詣者が性的解放を楽しむような機能を備えていた。伊勢神宮でも、古市に大遊廓があり、ここで性的解放を楽しんだわけだが、その上に爆発的に、周期的に起こった「ぬけ詣り」では男女、老若のはばからぬ性的解放が公然と行われたのである。民間信仰的教団や教会では、そうした公然、あるいは半公然の性的解放を楽しめるような機能を、別に持つことは困難であった。

そのため教団や教会の内部で、そうした性的解放の機会や機能を作ろうとするのも当然だろう。信者の要請があってみれば、そうした機会と、機能とを発見し、設置することは容易である。その最も代表的なものが、いわゆるオコモリであろう。普通にオコモリというものは、いわゆる教団や行場の本尊のご縁日、その他の祭日に参詣し、終夜、本堂やコモリ堂で御詠歌、経典読誦などの修行をするのである。しかし御縁日、祭日でなくとも、信者や一団の信者だけが、自分の希望の日にオコモリするのもあった。

オコモリとは、もともと終夜、本堂やコモリ堂で読経などの修行をすることであったが、後には夜深くになると寝るようになり、また昼間でもコモリ堂で、ある時間を修行してもオコモリというようにだんだん厳しさがなくなってくる。しかし典型的な様式としては、やはり終夜のオコモリだが、ただ深夜になると寝床に眠るものが多くなり、早朝に起床してまた修行をするようになった。こうしたオコモリの作法にもいろいろの形式があり、誰にでも希望者には自由に開放しているもの、またその宗派、教団の信者か、信者の紹介に限るもの、ある一定の日、縁日などには一般の信者にも開放するものなどがある。

オコモリすると夕食や朝食を持参して、湯茶だけの接待を受けるもの、夕食も朝食もその行場やコモリ堂で接待するもの、とくに朝食だけを接待するものなど、いろいろとあった。これに対して任意のお布施、賽銭などを出すもの、一定の会費みたいなものを徴収するもの、あるいは行場や教団の接待として全く無料のもの、ある信者が一人で、また数人の組で接待の費用を提供する供養のものなど、その教団、行場、信者などの機構、大小によって変わる。つまり、いつでも、どこでも同じというようなものはないので、だいたい初めて参席するときは、事情に通じた古い信者の手引き、紹介によるのが普通であった。ただオコモリするようになると、信者としてはかなり信仰が強く、固まってきたわけで、古い信者や教師が、その状況をよく観察して、もうよかろうと誘うのが常例である。本人の希望の場合でも、オコモリしようというのは、かなり信仰が強くなってからだ。

## 五　行場廻り

人世には好況の時もあれば、苦難の時もある。好況のときは永続を願い、苦難のときには早く脱出したい。そんなとき官幣大社枚岡神社へ参ったところで、宮司や神官が親切に訴えを聞いてくれるわけがなかった。それは東大寺、本願寺などの大寺院でも同じで、賽銭を投げるだけで祈願終了である。信者としては、もっと確実な手応えが欲しい。それを与えてくれるのが、民間信仰型の教団、教師である。かれらは八卦、スミ色判断、煙判断、手相、人相その他いろいろの秘法、技能を駆使して、信者の身上相談に答え、すぐに解決できる方法を教えてくれた。たとえば病気にしても、ほんとうに医学的、科学的に治ったかどうかは別問題で、信者が治ったと思い、軽快になったと思えば、すなわち効果があったのである。また店を開業しようか、どうかと迷っているとき、決断をつけてくれ、幸に繁昌すれば喜ばれるし、後になって他の者が開店して失敗したと聞けば、これもおかげで助かったということになるだろう。

人世は相場みたいに売りと買いよりないし、丁半ばくちみたいで、とるかとられるかである。民間信仰型教団の先生たちからいえば、信者のよろず相談を売りと買い、丁と半とに二分割しておけば、半分はだまされたと怒って離れても、後の半分がよく当たったと喜んで賽銭を上げてくれれば、それで経営はできた。そう理論通りにならぬとしても、経営の原理は同じところにある。

ただ、それだけ割り切ってしまえば、先生などとても勤められない。これだけ民間信仰の実態を知りつくした私であるから、その気になれば巨大な教団の一つや二つ、たちまち作って教祖と奉られ、若い女子衆の奉仕で若返っておられるはずだが、こんな原稿を書いている始末だ。反宗教闘争だの、無神論だのと、若い無鉄砲な時代の熱に浮かされたおかげで、いまや退職金はなし、年金は僅か二万円余という最低の貧乏暮らしである。まあ、それだけに遠慮気がねなく、民間信仰型教団の裏表を曝露することはできるだろう。

要するに信者を獲得する原理は以上の通りだが、クスリでも市販するためにはいろいろと効能で飾りたてる。同じように巨大型神社、寺院から末端の小祠、小堂に至るまで、神殿、仏閣を荘厳に飾りたて、ありがたがらせ、その上で特に歯痛によく効くとか、耳の病に効験あらたかとか専門をかかげ、最近ではガン封じとか、卒中除け、コロリと楽往生できるなどという専門科まで続出してきた。ああ、ありがたやと大型バスに詰め込まれて団参する善男善女が居るのだから、この商売、一ぺんやったらとてもやめられまい。一か、八か、俺も一ぺんやってみるか。

戦前、こうした教団の教師が経営する教会、宣教所などは小商店街とか、ドブ板長屋の中とか、スラム街、部落などの一角を占めていた。二階建の長屋ならよい方で、平長屋の一軒に、戸口にシメを張ったり、紫の幕をたれたりしているのでわかる。先生というのは、宗派にもよるが男性の多いのと、女性の多いのとがあった。たいてい中年以上で、若い青年は少ないが、稀に九歳、十三歳などという子供も居る。いまから思うとおそらく自閉児とか、精神障害者でなかったかと考えられた。その予言や指示がよく当たるというので、信者たちが行場や祠堂を建てていたわけだが、最近行ってみると跡かたもない。

そうした都市の教師は祭祀する神たちの本拠、すなわち星田、生駒、信貴などの御本地に水行場を作ったり、既存の水行場と特約したりして、信者のお参りに便宜をはかる。信者たちは、縁日や日曜、休日などにお参りするわけだが、それは単に信心というだけでなく、また平常のゴミゴミした場末の町から解放され、緑深い山中の行場を廻ることで身心ともにやすらぎを与えられるわけで、いわば観光をかねたものであった。したがって特定の水行場へ行くだけでなく、額田谷、辻子谷、石切谷など水行場の密集地帯を廻り歩くものも多くなってくる。これを「行場廻り」「お滝巡り」などと唱えて、昭和初め頃にはよく流行ったものだ。それは宗派、教団に関係なく廻るわけだが、賽銭や米などを供えるから、それだけの収入はある。

その頃は健康保険、失業保険などの社会保険がほとんどなかったので、長患いしたり、失業すると、たちまち翌日から生活に困った。これが民間信仰型教団、教会を維持し、繁昌させる原因にもなったわけで、信者たちはたいてい無尽講を作り、だいたい月掛け一円から三円ぐらいまで、期間は一年が多く、入札で落としたが、これで当座の生活はしのげたのである。

また生駒の教会や行場には顔色の悪い人たちが雑居しているのもあり、たいてい結核や胃ガンなどであった。一定の下宿料みたいなものを払うのもあり、全く無償で教会や信者たちが養っているものもあり、社会福祉的役割も果たしていたのである。女の先生のなかには、長患いしたり、失業して生活に困っている信者のために、独身で、性格も良いと思う青年に、あの女房と寝てやってくれんかと媒介するものも居り、まあ一回、二―三円ぐらいであるが、それでも数日は暮らせたわけだ。商売と違うから、媒介料などはとらない。しかし悪い男教師のなかには仲介料をとって淫売させるのもあり、女郎などに叩き売るのも居たから、油断はできなかった。まあ、そうした内部的な共済制度的な機能もあったということで、信仰や信心だけの単純な構造ではない。

ただお滝巡りにしろ、水行にしろ、それだけでも十分に保養になるが、しかしやはり魅力は知り合いの信者たち、あるいは現場の堂舎で知り合った信者たちが、男も女も気楽に話し合い、遊べることが最大である。男ばかり、女ばかりではしようがないから、別の団参であったものも、いつのまにか男女混成になった。そうなると気の合う同志もできたわけで、そうした人たちのために石切、額田、辻子あたりの電鉄駅付近に旅館料理店、いまのラブホテルがたくさんできたので、いまでも利用が多いと見えだいぶん残っている。ただ、当時としては最低でも五円、まず十円ぐらいが相場で、民間信仰型信者たちには高すぎた。普通は大阪あたりの商人たちの連れ込み宿で、主人が芸者や小間使い、女中などを連れてきたそうで、ゴリョウハンやオイエハンが子供や孫みたいな丁稚、手代を連れてくるのも結構多いという仲居の話である。そうなると仲居、風呂番、料理人まで心づけを出すので、軽くて二十円ぐらいになるそうだから、とても場末の老若男女には無理だろう。しかし性的欲望は、財産の大小に比例するわけでないから、かれらもまたいろいろと手段を考え出した。オコモリは、またその一つである。

## 六　オコモリ

生駒山麓の水行場、お滝巡りの老若男女にとって、オコモリは一つの魅力であった。またオコモリといってもいろいろのタイプがあることはすでに書いた通りである。またオコモリの堂舎も三十人から五十人ぐらいまで寝られる広いものから、せいぜい数人から十人ぐらいという狭いものまで、いろいろとあった。また本堂の仏前の広間を利用するのもあれば、別に大きいコモリ堂を建てているもの、別に小さいのを建てて平素は信者集会所とし、夜にはコモリに使うのもある。狭い川筋を利用するので、だいたい本堂、教師住宅、集会所など小建築が左右に分かれているのも多い。教会、行場の規模、信者の多少によっても、そうした地形の利用状況でも違うわけで、それは個別的に調べるほかないが、ともかく主要なもののほとんどは『民俗学』『旅と伝説』などに報告してあるから見ればわかる。ただ戦前の報告では、詳しいことは書けなかったが、だいたいには推察できると思う。

大きいオコモリ堂の場合には世話人が居って、信者たちのオコモリの指図をする。だいたいの寝具は揃えてあるので、人数によって数だけ敷く。人員によっても違うことだが、まあ男と女と、別の列に寝させるわけで、混合ということはない。つまり信者からいえば、それだけ面白味がないわけだ。しかし読経その他の儀式のときは自由にならべるのだから、全く楽しみがないわけでない。十人から十数人ぐらいの少人数が、本堂や教会とは別建ての小さいコモリ堂にオコモリするとなると、これは楽しくなる。ここでも世話人が居て、狭い場所でも男女に分けて寝させるのが、だいたいのタテマエであった。しかし寝入ってしまえばどうなるかわかったものでなし、仲の良い男女は平常からわかっているから、周囲も馬に蹴られぬように見て見ぬふりということになる。また狭い場所だから、早く来た者から良い場所をとるとか、しめし合わせて隣同士で寝ることにもなって、男女混淆の雑魚寝となるのもあった。しかし雑魚寝だからといって、必ずしも性交をするとは限らない。よほど計画的でなければ男と女とがちょうど組み合えるわけでないから、性交するかしないかは当人たちにまかせるほかなかった。
今東光和尚の筆を借りると、隣りに寝ていた「男」に、夜中にあらぬところに手を置かれ、吃驚して跳ね起きた――うんと寝返りを打った拍子に片手が胸の上にき、その手の下の円い隆起が敏感にその手が目覚めていることを知った。けれども大きな声を出すのも恥ずかしかったので、暫く我慢していると、その手は生きもののようにもぞもぞと動きだし、次第に下腹部の方にさがってくる――お腹の丸みをさすってから、もっと下の方へさがって来た――（尼くずれ）
雑魚寝で眠っていた若い娘が、隣の中年男からいどまれている情景である。まあ、オコモリの雑魚寝でも同じことで、これでうまく成功するのもあれば、寝場所を変えられて失敗ということもあった。京都の北郊、大原の三千院附近の雑魚寝は有名で、村中の男女老若が性の解放を楽しんだらしい。また神戸市になった駒ケ林の雑魚寝堂も、同じことであったようだ。摂丹播三国境地帯の山村では、大正初め頃までお堂で雑魚寝したそうで、別に雑魚寝堂などとはいわないが、いろいろの組み合わせの雑魚寝が残っていたという。山村、農村では珍しい風俗でもなかったから、生駒あたりのオコモリでも雑魚寝の伝統を継承していたのだ。
ただ生駒のオコモリのなかでも比較的まとまった教会の信者たちの間では、男女の組み合わせを最初から工作して雑魚寝をするのがある。平素の人柄とか、病気の有無などをよく吟味して、だいたいどんな組み合わせになっても良いように人選した。私もなんとなく誘われてオコモリすると、アミダクジしようというので、てんでに座っている男子を、本尊の前からナムアミダブツで指して行き、男と女とが組み合うまで指差しする。十名で五組が成立したわけだが、神仏のお引き合わせというので変替はできない。当たった男女は一組の夜具へ入るわけで、まあほとんど性交はあったとみてよかろう。それが楽しみなわけだが、みなおとなだから、朝起きても知らぬ顔である。夜這いも同じことだが、雑魚寝にしても、いまの乱交パーティみたいに派手に技術を公開するわけでないから、どうやって楽しんでいるかはわからない。

隣近所の運転ぶりを気にするわけでないが、女は大きな鼻息や口から声を出さぬよう着物の袖やハンカチをくわえ、下腹に力を集中するから、全身水ぬれのように大汗をかく。男の方もよほど気力が強くないと、できるだけ腰を動かさぬようにしなければならず、まあ男女とも御苦労さまというほかあるまい。後で聞くと、どうしても欠員ができたので選んだそうである。老若といっても、男女ともあまり老人も居ないし、子供も居ないということだ。他の教会でも一般と混じて、そうした特定のオコモリがある。信者の噂では、抜けないようになって大騒ぎになり、神さんのバチが当たったといって評判になったのもあるという。あれだけ強くしめつけたら膣けいれんを起こすのもあろうと思ったが、女によるとやはり要領だとのことである。そのへんのことは、男の立ち入るべきものでないとしておく。

念のためにいっておけば、独身や後家ばかりではない。そこで加えてもらえなかった連中が噂を聞いてヤキモチを起こし、風儀、道徳上けしからんなどと警察へ密告、たいてい投書するらしく、ときどき問題になった。しかし証拠があるわけでなし、売淫でもないから、いつのまにか立ち消えになる。雑魚寝のオコモリは多いのだから、一つずつ監視するわけにもならなかった。

最近、改めて取材に行ったところ、長尾の滝、清涼の滝などでは大きいコモリ堂がまだ残っていたり、新建されていたが、行場巡りをする信者も居らず、昔の行場や教会はほとんど元の繁昌はなく、廃屋になっているのも多い。ただ三カ所ばかり、古いオコモリ所の残っているのがあったが、現在は全く使われていなかった。つまり戦前の民間信仰型教団や教会の信仰は衰亡してしまったので、それだけ創価学会や佼成会、ＰＬ教団などに吸収されてしまったのだろうと思うが、しかし他面では高校、大学入学にまでたくさんの絵馬をぶら下げているのを見れば、底辺の深いところではまだくすぶっており、いつ噴火するかわからぬと思う。そのへんのことは、また改めて論じてみたい。

## 七　陰陽合相

さて、どうして女がこうしたオコモリの雑魚寝に加わるか、娘や後家たちならともかく、夫も子供もある女房連まで進んで供養するかである。今東光和尚ばかり引張り出して申しわけないが、赤松め、ほらばかり書くといわれるのも胸くそ悪いから引例しておく。

「あの女児《おなご》、御詠歌でも巧いよって先生が彼女にしてはるんかと思うたら、からきし節なんかなってへん。小ぶしが利けへん。あんな女のどこが好《よ》うて」「屹度好《え》えとこおまんねやろ」「ふん、年上の女か。一体、年上の女て男はんは奇妙に好くねんな。なんでやろ。もっと若うて別嬪、仰山あるのに何んで自分より年上のが好えかわからん」「そうも一概に言えんのと違うか。若うても工合の悪いのもあるし、年上でもとんとぴったりするのもあるいう風で」「へえ、あんた。怪態な言い方をしやすな。わての言うてんのは年のことだっせ」「わかってまんがな。せやけど結局、男と女や。肉体的に双方が満足せな無意味や。わしとこに相談に来るのかて、何や彼と文句ならべてるが結論をゆうたら性の不満だっせ」「へえ。そうだっか。そんなことまでべらべら喋って相談しやはりまっか」「何にも恥ずかしいことおまへんやないか。倦怠期ちゅのは、おおむね性の不満の状態だっせ」――「先刻、文句ゆうてはったが今夜泊んなはれ。皆で雑魚寝したゆうたら気遣いおまへんやろ」「アハ……大原の雑魚寝ちゅうのもおますよってな」「――あの雑魚寝は謂うなれば乱婚みたいなもんで――」（「ひめはじめ」より抜粋）。さすがに東光和尚、なかなかええとこつかんではります。まことにお書きの通りでございますと、申し上げるほかあるまい。

私はあちらこちら民間信仰型教会やお堂を廻っている間に、大阪市東淀川区中津町にある女の先生と仲よくなり、その教会や生駒の水行場へ行くようになった。いろいろと噂はあるが独身であったので、なにかと相談されたりしているうちに、信者の女性たちとも接触するようになって、同性の先生には相談しにくいからと、よろず心配ごとを持ち込まれたが、中年の女房や後家たちの不満は、全く性に原因するのが六、七分で、あとは生活関係といってよい。こちらも独身で、家庭生活の経験もないので、どれだけわかっていたのか、いまから思うとたよりないものだが、かえって相手の女性には面白いらしく、あんたはまだ若いからわからへんやろけど、といいながらとんでもないところまで聞かせてくれた。

こうした教会は、日中は病人のある信者がくるぐらいであるし、先生は医者みたいに病人のある家を往診して歩き、病床の横で祈ったり、さすったりして診断し、御祈禱料の包みをもらって廻る。昭和初め頃でだいたい一円、多くて二円が相場であった。それでも数軒廻れば十円ぐらいになるので、なかなかよい商売である。一般の信者がお参りにくるのは勤めや商売が終わって、夕食もすんでからなので、かなり遅くまで居ることも多い。女の信者が多かったが、男の信者も集まってきて賑やかになり、もう市電もないから雑魚寝しようというわけで、町の中の教会の狭い座敷でもオコモリした。中年の女性の間にはさまれて寝ると、両方から誘いの手や足を出してくる。後で、よんべは誰と誰とがあやしかったなどというのもあり、性交するのもあったらしい。まあ、そういうお遊びやお楽しみがあって、お参りも面白くなり、溜った不平不満を解消させる安全弁の作用をしたわけだろう。女の先生が私を助教にして離さなかった理由もあるし、私の方も普通ではわからない生態を調査できたということになる。

女とは、いったいなんちゅう動物か、とまじめに疑ったときもあった。こすっからい、慾の深い中年の女が、とんでもないことを信仰したり、インチキ先生にだまされて喜んで裸にされるなど、普通の常識ではわからない。あるとき、あんたどない思てやと相談されたことがある。あるよく当たるという先生に運勢を診てもらいに行くと、型通りに人相、手相を見てから、これは陽相というものや、天地神人は陽と陰から成立しているのだ。陽相だけでもわからぬことはないが、陰相と合わせて初めてほんとうの観相ができるというわけ。では陰相もというと裸になれとのこと、つまり性器の相を見るのが陰相である。さすがに考えさせてくれと帰ってきたそうだが、ちゃんと陰相を観察する寝台もあったというから、陰陽合相の信者もたくさん居たのだろう。『信長公記』にインチキ行者が女の信者を裸にして、ヘソくらべをしたとあるのを思い出しふき出した。太田牛一はいささか上品に「ヘソくらべ」と書いているが、正体はオマンコくらべであっただろう。これもその一種で、民間信仰の底辺ではなにが起こっているか、わかったものではない。

山伏、修験行者などという連中の間では、真言立川流の教儀が広く行われており、こんなのにひっかかると女はひとたまりもなかった。自分の身体はともかく、二人の娘まで食いものにされ、丑満どき女三人が裸で自宅の井戸の水をくみ上げて水行したという例もあり、ほとんど財産もしぼりあげられていたらしく、親類が警察へ説諭を頼んだため表沙汰になったが、本人が承知の上のことなので戦前の警察でもしようがなかったらしい。その頃、河内あたりの農村で、年に二人か三人ぐらい、狐が憑いた、狸が憑いたというので先生に追い出しを頼み、ゴマや湯立ての煙でいぶり殺された記事が出たものである。

詳しいことは他の機会にして、こうした祈禱には行者と験者とがあり、若い験者は行者と同性愛関係があって、それでないと祈禱がうまく進まぬという。女の祈禱師、つまり先生は若い男の助教を連れたがるが、これも同じく性的関係が緊密でないと、うまいこと祈禱が進まぬといい、いわゆる阿吽の息を合わせるためには確かに理由もあった。先生たちも商売なのであるから、いろいろ新しい販売方法を考えなあかんねやろ、ということである。

## 八　厄落とし

戦前の女たちが最も恐れたのは厄どしで、それを払う厄落としに熱心であった。女の厄は七、十三、十九、三十三、三十七、四十二などであるが、とくに十九、三十三を一生の大厄とする。詳しいことは各地方によって、また宗派、教団でも多少の差はあるが、だいたいそういうことになっていた。大厄には前厄《まえやく》、本厄《ほんやく》、後厄《あとやく》と三年間連続する。また当人の星廻りとか、えとによって重厄、大厄、小厄などと深浅の差があり、本厄が重厄とかさなると生命も危いというわけだ。

これだけ脅かされると、よほど気の強い女でもなんとか脱出の方法がないかと心配する。そこで昔からいろいろの厄落としの方法があり、通常は年頭に信仰の神仏へ参り厄払いを祈願した。また親類、近所の人たちを招いて「年祝い」したり、櫛や銭など所持品を道の辻へ落とすなど、土俗的信仰は各地に多い。民間信仰型教会、とくに大阪などでは諸国の信者の風習が、いろいろと持ちこまれてくる。これがまた行者や祈禱師たちの、よい金儲けのネタになった。うんと脅しておけば、それだけ儲けも大きくなる。

かつて摂丹播三国境地帯に、名月の夜、男に身体を与えて銭をもらい、それを観音さんに捧げて厄落としする風習のあることを紹介したが、同じような風習が河内、和泉、加賀などでもあったそうで、厄落とし寺とか、厄払い行事とかいわれた。河内、和泉あたりでは盆踊りの夜にすましたと、平気な顔でいう女もある。しかし世間体を考えたりする商家、地主などの女連になるとそうもできないから、民間信仰型教会などへ厄落としの祈禱を依頼にきた。そこで教師が信用のできる、独身の男に厄落としをしてもらえとすすめる。「先生があんたに厄落とし頼めいいはったんやけど、うちはいつでもよろしおます」ということになった。たいてい生駒の水行場のコモリ堂で二人だけのオコモリになるわけで、女の方から扇子料とか、御袴料などというのをくれる。扇子料なら十円、御袴料なら二十円が相場で、もちろん相手次第でもっとはずむのもあれば、少ないのもある。教会への献金もあるわけだから、かなりの失費になるだろう。

女が厄年を恐れるのは、わたしが死ぬのならあきらめもつくが、子供や主人にまでかかわるとなれば、どうでもして厄落としせねばならぬことになる、というわけ。なるほど女房の弱点をうまいことつかんだもので、女が占いやおつげに弱いはずだと思った。こうしてうまいこと厄年を無事に通過すると、おかげで厄落としができたというので熱心な信者になり、次から次へと新しい信者を媒介し、女の信者たちの講や組などの幹部になる。商売のことや、子供の病気、主人の浮気、その他なんでも先生にまず診てもらってから、おつげにしたがって行動するようになってしまう。

女の先生の場合には、どんなに狂ったところでたかが知れているが、悪質な男の先生にかかると前に書いたように財産はしぼられ、娘まで食われることになる。それだけ女の先生には弱点があるわけで、男の先生のように性的関係をつけてしまえば、まあ逃げるのは難しい。男の助教と組んでたらしこめばよいわけだが、うまくゆけば双方で嫉妬を起こすから、いろいろと面倒なのである。戦前でも、なかなか評判の女豪が居たけれども、女が男狂いをはじめると失敗した。男なら不特定多数の女を作るほど、ますます繁昌する。だいたい宗教とか、信仰とかは、そうした矛盾が大きいほど、信じる者も増えるという性格をもつ。

私が民間信仰型宗教、土俗的教団の調査をして感じたのは、反宗教闘争だの、無神論だのという運動は、まず成功する時代がなかろうということだ。個人的には可能性があっても、すべての人たちに支持される日がくるとは思えない。おそらく地球が絶滅する瞬間まで、われわれは宗教や信仰から離れられないだろう。そうと割り切って考えれば、われわれがどのように宗教や信仰とつき合ってゆくのが、人類にとって幸いであるかという方法論の問題になる。民間信仰型教団や行場で、縁日とか祭礼の終わった後の宴会、つまり直会《なおらい》・慰労宴ということになるが、そこでときに行われる女のはだか踊りとなると、これはとても男の及ぶものではない。なるほど天の岩戸の前で、天のうづめの命でなければ踊れなかった理由がわかる。東北地方のコッカラ舞も相当なものだが、なに関西地方にも大へんな女踊りがあるのだ。もとより女だけの踊りなどありえず、末は総踊りになる。われわれの宗教、信仰をつらぬくものは、原始人類このかたの「大地母神」ではないだろうか。いわゆる高級宗教ではかくされてしまっている原型が、民間宗教、土俗信仰のなかでは、まだ生きているということだろう。ならば、私たちはもっとこうした土俗型宗教や信仰とつき合う方法を考えねばなるまい。これを結語としよう。

なお原稿執筆のため、かねて注目していた今東光の河内風土記物を集めてみたが、雑誌、単行本でもあまり入手できなかった。さすがによく探っているが、だいたい戦後昭和二十年代後半から三十年代と思われ、まだ戦前の風俗がかなり残っていたのがわかる。しかし戦前の情況は、東光和尚にも手に余っただろう。引用したものは書名を出したが、頁数他ははぶいた。いずれ再調査の際に掲出したいと思うので諒恕されたい。いま河内平野は団地の巣となり、「河内風土記」時代も、また昔の夢語りとなった。

# 3 共同体と〈性〉の伝承

## 一 共同体と性意識

共同体とはなにか、ということになると、これだけでも一千頁ぐらいの本ができる。ここでは難しい理論はやめて、都市や農村の人間の集団、その構造ぐらいにとどめておいて、そうした集団の性的意識と、その社会経済的構造について考えてみたい。

まず性的意識について考えてみるとわかるが、時代、また年代によって大きく変わっている。私たちが、何歳頃から性器をかくすようになるか。あるいは性器の露出を、少なくともかくさねばならないものと考えるようになるか。それがまず問題であるが、私の今までの調査では、そうした基本的な調査がない。性、性愛についてのアンケート調査は無数にあるが、こうした基本的調査が欠けている。わたしの推察では、だんだん早くなっているのではないかと思う。私の子どもの頃、大正初期には、尋常小学校の間はそんなにかくさなかった。男と女では少し差があって、女児は十歳ぐらいになるとだいぶ恥かしがる者もあったが、しかしそう強い拒否反応はなかったと思う。そのうち尋三後半ぐらいに神戸へ出て長屋住まいをすると、町の連中は大へんお行儀がよいとわかった。だいたい小学校へ入学する頃になると、男も女もかくさねばならないものとして教えたらしい。

「夕涼み、よくぞ男に生まれける」で、幕藩時代には都市でもかなり露出的であった。維新の文明開化で、開港場の神戸ではとくに裸体を厳禁する法令が出されている。このあたりから、だんだん難しくなってきたのは間違いない。しかしそれは政治的目的による権力的規制であって、日本の民族的な風俗・習慣からいえば、とんでもない民衆弾圧であったことは明らかである。男女七歳にして席を同じくせずとは、幕藩社会の士族たちの規範で、一般の町人、百姓まで規制したものではない。まあ武士たちにしてもそんなもの守ったわけでもないが、タテマエとしてはそんなことにしていただけである。すなわち、うんとお互いに自由鑑賞の機会が長期にわたったということなのだ。

　私などが色気づいてきて、いろいろと文学作品などのなかからエロがかったところを盗み読みするようになって、へえっと驚いたのは「お医者さんごっこ」という幼時体験である。私の子どもの頃には、「お医者さんごっこ」などというものはなかった。医者の診察という発想からして都会派で、田舎の子どもにはどだい無理だろう。いつ頃から、お互いの性器に興味をもつようになるか、個人的な差も大きいだろうが、私たちの田舎では五、六歳になると、だいたい明確な意識が生まれたのではないだろうか。まあ、この頃から男児と女児とが別の集団に分かれて遊ぶようになる。

男と女と　遊ばんもん
チンチン　カモカモで
子ができた

というわけで、チンチンを噛むと子ができるとわかってきた。しかしそれ以上に具体的なことは、わかるはずもなかろう。ただ、そういう知識はだんだんついてきたが、お互いにかくし合うというところまではすすまない。夏になると川や池で水遊びをするが、小学校へ入ると男と女とは別行動になる。それまでの幼児は両属で、都合によってどちらへでもつく。水着やフンドシはしないから、双方とも全公開になる。だが意識して観察するというまでには、まだ間があった。当たり前だろう。いかに早熟であろうと、五つ、六つの鼻たれがヨニやリンガの研究をやるのはできすぎる。つまり「お医者さんごっこ」というような、秘密めいたことはしないでも、見たり、さわったり程度はできたということだ。

子供、こどもとて
いつまでこども、
七つ八つこそこども

で、まあ小学校へ入る頃になると幼児から少年に格上げになる。小学校に入るとすぐガキの先輩が鼻をつまんで、
雨か、蛇《じゃ》か

と、早口で三口いえと教えてくれた。これまではなんとなしに想像し、推理していた現象が、ここで初めて具体的な知識となる。また東播地方でボボにぎり、サネにぎりなどという、例の握りも教えてくれた。ていねいな奴になるとサネの内に黒いヒゲのある野草を挟んでしごき、まだ周辺にツバを塗って見せたのもある。まあ実物通りとはいえないが、ともかく陰毛や性液の要素だけは表現しているとみてよかろう。もう三年生ぐらいになると、その間へ他の人差指を突っ込んで性交の状況を実施して見せてくれた。そのぐらいのことは七つ、八つからでもやったが、まだこれほど手がこんでいなかったと思う。次第に知識が具体化してくるということだ。私の頃には、

尻めくり　はやった

と女児の尻を後からめくりあげるのが流行する。これは単独の場合もあるが、悪童どもが組んで一人がお尻をまくり上げると、前に廻った者が御開帳をのぞきこむ。着物と腰巻きを重ねてまくり上げると、ほとんど露出になった。女の子でも元気のよいのは、見たいのなら、サア見せたろと全開帳にして拝ませてくれたが、そうなるとかえって逃げることになる。

雨の日に女の子ばかりで遊んでいる家へ行き、尻めくりはやったとめくりあげたら、三人におさえこまれ、一人がまたへ手を入れしごかれた。ほんとに痛かった覚えがあるが、痛い、痛いと泣いて見せたら女大将が心配して、うちのもさわらせてやると手をまたへ入れさせてくれる。完全ににぎってみると、女の物は手一ぱいで大きいとわかった。

夏になると池や川で水遊びするが、あるとき女の子が呼びにきたので行くと五、六人集まってガヤガヤいっている。女大将が鯨の一尺差しを渡し、これでみんなのもん計れということになった。正確な計測は現代でも難しいと思うが、ともかくふくらんだところから下へ計ると、いまから推理するといわゆる下口は短くなるらしい。それで抗議する子があり、上のふくらみをつまんで押え、下をひっぱっていわゆる割れ口の長さを計ることになった。そうするとふくらみの高い子は損だといい出し、ふくらみの部分の基点に尺を当て、下へ傾斜させて下端を読むことになったが、当時の私の技術では直尺で正確に計るのは無理である。しかし私の記憶ではだいたい鯨尺の二寸五分から三寸前後で、年齢による差はそんなに大きくなかったと思う。ただ女のものは同じようなものと思っていたのが、核の出ているものや弱いもの、割れ方の大きいものや狭いもの、大陰唇の下端が不揃いのものなどいろいろとあるものだとわかった。この段階では男の子のものはそう変化はないが、女の子のものはかなり差があったと思う。男の子なら公正に計れると期待したのだろうが、まあ女大将が一番長いということにして、なんとかごまかしたのである。

ところで吉行淳之介『生と性』（集英社文庫、五頁）に「男の性器っていうのは、ネジリ鉢巻してタコ踊りしてるみたいな陽気な感じがあるというのが、開高健の見解だ。それに比べて女の性器というのはなんであんなにグロテスクで凶悪な感じがするんだろうか、不思議でしょうがないというようなことを話し合ったことがある」そうだ。以下略するとして、私は女の性器がグロテスクだの、凶悪な感じなどもったことがない。もとより男の子のものは青トンガラシで、ネジリ鉢巻というわけではないが、女の子のものもほんとにモモ（桃）に似て美しいのもある。色の白い子で、ふくらみかけたのは、ほんとに桃みたいできれいであった。計測で割れ目を引っぱり、両方へ開いてみたりしたが、ピンク色か、少し日焼けで黒くなった程度で、凶悪などという感じは全くなかったと思う。もう女の子の顔を忘れてしまっているのに、その風景だけはなんとなく記憶に残っているのもある。グロテスクだの、凶悪だのと感じるのは、そうした美しいのを見る機会がなく、成長してから売春婦のものなどをいきなり見せられたためだろう。これだけで「小児体験」の重要性を強調する気はないが、小学校の間はそう露出に神経質にならなくてもよい。

次は池田弥三郎『おとこ・おんなの民俗誌』（講談社文庫、五十一頁）「あたは、折口先生の説では、女性の性器の長さであって、これが昔の長さの単位の一つであったという。三種の神器の一つ、やた鏡は、やあたの鏡で、その大きさから出た名である」そうだ。昔なら不敬罪だが、折口さんの原文を知らぬので、なんともいえない。ただ折口さん、ほんまに女のヨニを計測したことあるのかいな、という疑いが残る。いまの医科学的な正確な計測方法など知るわけがないので、昔の人間もどうせ私がガキの頃の計測と似たり寄ったりだろう。

そうすると上端はふくらみの基部に置き、下端は蟻の門渡《と》りに置くことになる。後に工業用計測具外パスを使うと、直線距離は正確に出ることがわかった。しかし球面的なふくらみは計測外であるし、いわゆる上口、下口で誤差が大きいのではないかと思う。もう詳しい計測方法は忘れてしまったが、女の子で不利益を指摘した子がいたのだから、かなり誤差が目立ったのである。それで採用したのが割れ口の長さの計測で、これはふくらみの上端をつまんで押え、下端を引っ張って計測するのだが、ふくらみの高い子には不利益の印象が強かった。まあ内パスを使えば直線距離はほぼ正確に出るが、ふくらみの高い子は見た目より短くなる。このA、B両型の計測で、どのくらいの差が生じたか、そこまでの調査は残念ながらやっていない。

どちらにしてもほぼ鯨尺の二寸五分から三寸ぐらいに納まったと思うが、それは子どものもの話で、一人前の女になるともっと長くなるだろうと想像する。仮説三寸として八掛けすれば二尺四寸、八咫鏡はそんなに大きいのだろうか。普通にいう親指と人差指をひろげた間とすれば、ほぼ鯨尺の四寸になるだろうから、更に大きくなる。ともかく、あたが女性器の長さから由来するという折口説は面白いが、あの先生、ほんまに女の性器計測実験したのだろうかと思うと、吹き出したくなった。それこそ凶悪感で、戦慄したであろう。

いずれにしても村落共同体では、大正初め頃まで尋常小学校段階、十二ないし十三歳ぐらいにならないと、性器の秘匿を強要しなかったのである。まあ女の子は多少早くて、十歳ぐらいになるとかくすようになった。いまのようにズロースみたいなものはなく、腰巻一枚であるから、かくしようもなかったといえる。ガキの方もパッチというので、前の方で布が重なるようになっているだけだから、どうかするとキンダマがはみ出た。まあ、おたがいに完全防衛は無理で、拝んだり、拝ませたりは日常茶飯事となり、いまの教育からいえば、お行儀がよくないが、しかし性教育という面からすれば極めて健全な発達でなかったかと思う。

## 二　フンドシイワイ

ムラの子どもといっても、だいたい地域と年齢、性別でいくつかのグループをつくった。ムラの広狭、人口の多少でも違うが、五、六歳までの幼児は男女混成で、子守りなどと遊んでいる。子守りといっても雇われ女や年季奉公の少女たちと、子や孫など肉親の子守りをするムラの女とがあり、かの女たちで「子守仲間」を組んでいることもあった。子守仲間のツキアイもなかなか難しいムラがあるし、いろいろと変わった風俗もある。神社、仏堂、寺院などの境内、公会堂、集会所、火の見やぐらなどの前の広場が、だいたい集合場所になった。冬は暖かく、夏は涼しくというわけで、ムラへ入るとだいたい推察がつく。加古川流域ではヒアタリバ、スズミバ、ヨセバ、コモリバ、アツマリバ、アソビバ、スモンバ、ヨリバなどという。

五、六歳から小学校へ入るようになると、男と女が分離して、別の遊び仲間を作る。十歳ぐらいまではクミ、カイト、ジゲなどとよぶムラのなかの小区域毎に遊ぶ場所を定めるが、それ以上になるとムラの中心の遊び場へ集まるようになった。ここで若衆や娘仲間の働きや遊びに触れ、また子ども組の行事の相談ごとをする。ムラによって差があるが、概略はこの通りといってよかろう。つまりムラの子どもが、男女、年齢に関係なく一カ所に集まって遊ぶということはなく、それぞれの小集団に分かれて遊ぶのが一般である。しかし地域により、ムラによっては七夕、地蔵盆、祭礼、亥の子などの行事になると、ムラの子ども組として統一された。

子どもが遊びに困るのは雨の日で、天気が良ければ外の遊び場へ行くと、仲間がいるからどんなにでも遊べる。兄弟や姉妹があればなんとか遊べるが、一人っ子やそれに近い子どもは困った。しかしよくしたもので、雨の日は大人たちも外働きに出ないから、納屋や内庭で作業する家がある。なかには話好きがいて、子ども相手にいろいろと教育してくれた。

私の頃は近くにそんな人がおり、雨や雪で外遊びができないとガキどもが集まってきて、話を聞かせてもらったものである。ときどき私が一人で話を聞くこともあって、女房が茶と菓子を持ってきてくれた。オッサンが、お前、女の道具知っとるかと聞くので、女の子のものなら見たというと、そらあかんぞと横の女房をひっくりかえしておさえつけ、腰巻をまくり上げて見せてくれる。女房は子どもにアホなことしてと怒ったが、八つもなったらこんなことぐらい知っとらなあかんといばった。黒い毛の生えた本物を見たのはそれが初めてである。まだ三十ぐらいで若かったが面白い男で、ガキどもを集めてお前のオッカアの味はええとか、お前のオヤジと夜這いでかち合い喧嘩したとか、ええことを教えてくれた。正直に書けぬような話もしてくれて、ほんまにええ性教育をしてくれる。冬になるとコタツへ入れてくれたが、オヤジがいなくなったときオバハンが手をマタへ入れさせた。びっくりして手を引くと、なんや、女の子のもん、ようさわったいうたやないかと笑われる。夫婦でガキどもの性教育をしてくれたわけだが、それだけでなくワラうちや縄ないの初歩も教えてもらった。

今でも思い出すのは雀とりで、外庭に大きい竹カゴを置き、片端に棒を立てて少しスキを作る。中央に米を撒いておき、棒に縄を結んで内庭にかくれており、雀が入ると縄を引いて棒を倒した。面白いように雀がひっかかる日と、飛んで逃げる日もあって、今日は級長ばっかりや、落第坊主やなどと評判する。エロばなしばっかりしたわけでない。しかし柳田派民俗学がいうように村落共同体を維持するための基礎教育などと持ち上げるのは、被教育者の実感としては吹き出すほかないのである。

ムラの子どもはせいぜい八つまでで、それを過ぎると若い衆との中間的な、いわばコドモ・オトナとして教育された。いまみたいに中学や高校生になっても、まだガキ待遇で、大人に監督してもらうなど想像もできなかったのである。ムラの大道を男女混成のガキどもが、

××屋のオバハンが
十三むすこのチン噛んで

いたかった
いたかった

と合唱して歩いた。今なら大騒動だが、ムラの連中はエヘラ、エヘラと大笑いし、行列に混じっていたムスコに、お前も噛んでもらいんかとすすめたお袋もある。子どもが十三にもなれば、もう性交ぐらい知っていて当たり前なのだ。すこし顔立ちが良いとか、勉強ができるとかいうコドモがねらわれ、筆下ろしをさせられたのである。相手になるのはほとんど中年の女性で、いわゆるイカズ後家という女もあった。女房の場合は一過性が多く、あの子の筆下ろししてやったと喜ぶ程度であるが、あるムラでムスコをいつまでも誘いにくるので困るというのがあり、不嫁《いかず》後家である。

「筆下ろし」と書いておくが、東播ではトンガラシムキ、アオトンガラシナメ、ハツムキ、ハツスイ、ハツイレ、ハツイリ、ハツネ、ハツアジミ、ハツチャウス、ハツチャ、オトコシタテ、トンボ、トンボのハツドマリなどは、相手をしてやる女連中が多く使い、ハツボボ、ハツヨロコビ、ハツフンドシハズシ、ハツハズシ、ハツノリ、ハツケリ、ハツオトコなどは男の側がよく使う。大峰山その他の社寺で精進上げにはハツヤマ、ハツヤマカケなどがある。ただし厳密に使用が決定しているわけでなく、だいたいの傾向としてのことだ。なるほどうまいことというわいと感心するのもあるが、詳しい解説はやめておく。自分でいろいろと調査してみれば、地方で特色のある方言がいくらでも発掘できる。そういうことにして、なにごとも自分で調査すれば面白いものだ。

子どもの筆下ろしにも季節があって、秋の終わりから冬の初めにかけての野外作業が特に多い。東播、西摂、南丹地方では稲作業も終わると、山林の枝落とし、柴寄せで冬の間の焚物を集積する。これもシバコキ、シバヨセ、エダウチなどいろいろ方言があるし、ヤマイリの日を定めて入るようにし、それまではヤマドメ、ガンジキドメとするムラも多い。厳しいムラは、自分の持ち山でも入れなかった。

シバカキ、シバコキは女の作業で、男がするムラはほとんどない。五つ、六つの女の子でも小さいガンジキを作ってもらって、山へ入った。ガンジキにもいろいろ種類があって、小石の多い山では腰の強いものを使い、砂質の山では弾力のあるのを選ぶ。一荷というのは十貫であるが、ムラによって呼称や重量の違うのもある。若い女で十五貫、二十貫ぐらいが普通であるが、かえって中年女の方が二十五貫、三十貫と欲張りをした。若い娘や嫁はほどほどの荷になると連れ立って帰るが、中年女は誘われても、もう少しするわなといって断わる。そこで重い荷を背中にして山を歩いたり、とくに下り路などではよくすべって尻もちを突く。荷を下してかつぎ直せばよいのだが、それが面倒だから誰か人がくるのを待って、手を引いて起こしてもらおうとする。

横着なことだが娘や若い嫁の頃なら、若い男や中年の連中がすぐに引き起こしてくれた。その代わりに前をひろげられて、男に満足させるように接待しなければならない。下り道などですべったら、背の荷に両手をとられているし、足は投げ出しているので、男のするようになっているほかはなかった。それをねらって男どもも山を廻るのがあり、賑やかなことにもなる。

しかし中年女やババアには興味がないから、助けてくれと呼んでみても逃げてしまう。その頃まで山にいるのは初茸や松茸採りの子どもだけで、女の子は集団だが、男の子で十歳以上だと単独行の者もいた。十二、十三になると農作業で相当に鍛えられ、足、腰の丈夫なのもいるから、オバハンぐらい引き起こしてくれる。そんなのに出会うとオバハンも素直に引き起こしてもらわず、もっと力を出さんかいなどと叱ったり、中腰になったまま抱き寄せてともに尻もちをつき、子どものマタへ手を入れ、こんなに大きして、なにが恥ずかしいんじゃと筆下ろしさせられた。

そうした筆下ろしの統計などとれるものでないが、若衆たちに筆下ろし体験を聞いているとちょいちょい同型があり、珍らしいほどでもないらしい。似たようなものでは松茸の巣を教えてやると、山深く連れて行かれ、そこで筆下ろしというのもある。秋の日は暮れやすいから、お手てつないで下ってもわからぬ。そうした一過性のものはわからないが、子ども仲間がウタにして流すようなのは、かなり濃厚になっていたのである。しかしオバハンのなかには、あの子に山でお乳すわれたとか、抱きつかれたとかいう者もいたが、大人たちは笑っているだけでトガメダテするのはいない。まあ、あの子も一人前にしてもろたか、ぐらいの反応であった。

次に多いのは冬のコタツである。冬季は屋内作業になるのが、当然のことだろう。コタツにあたって遊んでいるうちに仲よくなるというのは、若い男と女との仲では教科書みたいなものだが、あんがいに多いのが中年の後家や嬶と十三子どもの仲である。オヤジや息子、嫁などがいっしょに遊んでいても、いろいろ農作業もあって抜け出し、いつのまにか二人が残された。まだ子どもだからと安心して、いくらなんでも遊びはしないだろうと思うのだが、子どもより中年女の方が仕かけるのだから、そうなると防ぎようがあるまい。後に都市へ出て、一般商店街、廉売市場、零細工場群、スラム街などで体験してみると、「丁稚」や「小僧」の筆下ろしも、やはり中年の嬶や後家、不嫁後家がほとんどで、とし上の姉というのですら珍らしかった。

田舎の場合は十一、二歳ぐらいから十四、五歳までの少年が中心だが、都市の場合は十三、四から十五、六歳までで、すこし遅れる。田舎では七つ、八つこそ子どもというわけで、十五歳で若衆入りすると一人前の男として認定されるから、九つより十四まではコドモでもなし、オトナでもないという中間年齢層になった。東播では一般に「コドモ・オトナ」というようないい方をしたり、チュウドモ、ガキオセ、ガキオサエ、ガキフレなどというムラもあり、コドモ組の中のコワカと位置づけるムラもある。いずれにしても厳密な意味の子どもではなくなり、オトナとして待遇される予備段階、いわば予科生ということだ。

この段階の特性や実態についての調査や研究は、まだほとんど未開拓で明らかにされていない。ただ男、女にかかわらず十三歳になると男はヘコイワイ、女はカネイワイをするムラが、全国的に散見しており、古くはかなり一般化した性民俗であった。つまり十三はコドモからオトナへの、重要な一つの階梯であったらしい。

コドモの間はパッチだけであるが、オトナになるとフンドシをする。しかしフンドシをする年齢は、だいたい十三と、十五の二つに分かれた。東播、西播、南丹の国境地帯の山村では、十三の正月、または誕生日前後の吉日を選んで、男の子にフンドシをしめさせるのがある。ところが加西郡、印南郡などの平地のムラへ下ると、十五の正月、若衆入りの前とか、その前の誕生日などにフンドシをしめさせたムラが多い。山村では人口もすくないし、早く大人に繰り上げる必要があり、十三歳を若衆入りにするムラも多いので、フンドシをしめるのは若衆入り、成年式ということになる。山村にしろ、平野のムラにしろ十三になると初めてフンドシをするが、それは色物で、十五になるとおとなものの白布に変えるムラもあった。

この民俗の方言もいろいろで、ヘコイワイ、ヘノコイワイ、ハツフンドシ、フンドシイワイ、アカフン、アカフンドシイワイ、オバノフンドシ、マラ正月、マワシイワイ、ハツマワシ、ハツシメ、ハツシメコミ、シメコミイワイなどがある。同じようであるが、儀礼の力点の置き方が変わっているので、詳しく解析すれば歴史的な変化がわかると思う。

## 三　十三の秘事

昭和初め頃の調査でも、どこともうフンドシをする若衆は少なくなり、徴兵検査のときに初めて越中フンドシ、つまり略式フンドシをするぐらいで、検査の前晩に母親が作ってやって、翌朝しめていくのが多かった。しかし山村とか、荒い作業をする人たち、とくに林業ではフンドシ祝いや、フンドシ使用が多かったようである。平野の村でも馬力曳き、荷車曳き、自転車荷商など力の要る職種ではフンドシの着用が多かった。まあ、腹や腰をしめないと力が出ないということである。そうしたことで、まだフンドシ祝いをしたり、着用していた人が多かったから、いろいろの伝承が聞けたのである。大正初め頃までは、まだフンドシイワイがあった。母の実家、あるいは母の姉妹から白布一反を贈ってくると、三方に飾って床に祀り、御幣、神酒などを供え、親類、友人などを招いて祝宴を開く。その後、母かその姉妹が白布を下げて裁断し、フンドシをしめた。母や姉妹のいない者は、祖母や兄嫁が代行する。もう母その他の女性が直接にしめてやることはなく、渡されるのを自分で着用した。

しかし古い伝統を残しているムラや、ムラの家のなかには、まだ昔の行事を維持していたものもある。摂播丹国境地帯の山村では、若衆入り、または若衆前の息子に白サラシ一反と米一升、あるいは紅白の大餅、酒一升などを持たせて母方の実家、または姉妹の家へ送った。だいたいは自村内か、ムラに近い家を選んだが、やむをえないとかなり離れたムラに行かせる。また姉妹に適当な人がなければ、父方の姉妹を頼み、それも難しいとムラの有力な家の婦人に依頼した。

ともかく訪ねる家がきまると、日を定めて訪問するが、その家では女房だけを残して、他の家人は外出してしまい、戸も閉めて暗くして待つのである。それで他の村人たちは、あの家へ今日、ハツフンドシがくるとわかった。男の子が訪ねてくると米とか酒、餅などは床の前に供え、サラシは裁断してフンドシを作り、裸にして女がしめてやる。家を暗くするのは、いくら伯母であろうと、裸になってしめてもらうのは恥かしいからだということだ。ただしその詳しい儀礼は、秘事ということになっている。

あるムラのはなしでは、まず客間の床に布反を三方にのせて祭り、男の子と三献の酒酒盃を交して祝ってやった。それがすんで布反を下ろし、裁断して本式のフンドシを作り、男の子と三献の自分の腰巻も作る。終わると裸になり男にフンドシをしめてやり、自身も腰巻をつけ、寝床を敷いてから床入りし、性交の伝授、つまり筆下ろしをしたそうだ。また、あるムラでは当日、自宅に本人と母か、姉、兄嫁か、あるいは母方、父方の伯・叔母の一人を迎えて残し、他の家人は外出してしまう。やはり戸を閉めて暗くし、裸にした男の子にフンドシをしめてやるが、その他は秘儀ということになる。伯・叔母を迎えるときはフンドシの原反は、彼女が贈るわけだ。柳田民俗学でいえば「妹の力」の信仰になる。これも、もう総領に限られ、次男以下では簡素になるそうだが、古い段階ではすべての男が成年式として、母や姉、伯・叔母などの女性に祝福されていたとみてよかろう。

次にフンドシだが、十三の場合は色物と白布の二種がある。成年式としてのものは白布のようだが、中間項としての使用は、だいたい色物らしい。これも伯・叔母などから白布を贈り、母か姉が好みの色に染めて使わせるか、もとから色布を贈るのとがある。

色はアカネ、モエギが多く、稀にアカ（赤）もあるらしい。ただしアカフン、アカフンドシというのは色物の総称で、必ずしも赤色に限らないのである。私の子どものころは、アカフンをすると一人前というわけで、かなりあこがれをもって見たものだ。十三は、まだコドモの一面もあるから、着物をまくって見せるのもあったのである。また夏になって泳ぐとき、アカフンをしておれば河童もコドモでないというのでワルサをしないという信仰もあった。ともかく十三というのは若衆入りするムラはもとよりだが、しないムラでも若衆入りしたのに近いものとして認めたのである。

昔のムラの論理でいうと、オトナとして待遇するということは、またその性の生活も保証したのだ。頭も、身体もオトナになったし、仕事も一人前にできるようになったが、性交は許さない、などという非論理的な考え方はしない。フンドシをすれば夜這いにも、公然と通えたのである。

私は若い頃、なぜ尋常小学校が六年であるかと、まともに考えたことがあった。当時の学制でいうと尋常科卒業して、高等科二年か三年、または中等学校ということになる。これは五年であっても、七年であってもよいわけだ。文部省はいろいろと屁理屈をつけているが、考えてみたら十三ではないか。戦前の低階層社会では十三になれば一人前として、働きに出した。昔の人間は賢いから、

十三と十六　ただの年でなし

という。男では十三で毛が生えだし、女は月経がはじまり、十六で毛が生え「道具揃

い」になる。尾沢彰宣「学校教育における性教育」（『伝統と現代』六三、一二七頁以下）によると女子の発毛は小学校四年生から高校二年生までかなり幅があるが、最盛期は小六から中二にかけてで、ほぼ十三ということになった。昔にくらべると初潮も早くなっており、男も女も十三ぐらいで道具揃いということだ。

白石浩一『愛と性のレポート』（現代教養文庫、二四一頁以下）によると女の性交初体験は十八から二十七まで、十八―二％、二十―九％、二十三―二十七％、二十五―十六％とあり、ほとんど二十歳以降になる。その相手は知人三十六％、職場十五％が多く、級友他は六％とすくない。古い感覚でいえば職場、級友が最多であるべきだのに、峠の接待型が主柱ということだ。男の童貞放棄は十五から二十六まで、十八―十八％、十九―十％、二十―十八％となり、過半が十八から二十歳までに集中している。その相手はＢＧ二十五％、接客婦二十一％、学生十六％、娼婦十五％とあり、孀は九％、後家は七％にすぎない。こうした統計は他にもいろいろとあるが、とりあえず座右にあるのを引用したまでで、どの程度まで実相を伝えているか保証は難しいだろう。

しかし、明治・大正に比較すると、筆下ろしも、水揚げも極めて顕著に後退していることは明らかである。最近の情報では男女とも、高校生段階での接触が著増し、大学では男性の童貞が増えているそうだ。いわゆる「非行」少年・少女は中学生から小学生に及んでいるそうで、他方では低下の様相も進んでいるらしい。明治社会なら十五で若衆入りすれば、ほとんど筆下ろしがすんだであろうし、女も十五、六になれば水揚げされただろう。早いのは男女とも十三で、性交の実技を教育されていた。十三で若衆入りするムラはもとよりだが、××屋のオバハンたちが普通のムラでも十三になれば実地の指導をしている。なお北九州一帯では、へこ祝い、へこ親などの民俗があり、男の子が九つになるとへこ親を頼み、へこ親からへこ、つまりフンドシをもらうが、赤フンドシであり、白フンドシを添える例もあった。そのフンドシをしめて氏神へ詣り、へこ親とは一生、親子のツキアイをしたという。つまり九州の方では九つですでにフンドシをしめて、男の仲間入りを認めたのである。播州地方でも九つになると、もう子どもと認めない風があり、九つから十三までが、いわばオトナへの予科教育であった。したがって九つにもなれば、冬のコタツに女とならべば、女が子どものマタへ手を入れたり、子どもの手を自分のマタへ誘ったりしても、早い教育ともいえない。

ただ摂丹播地方では女性がフンドシ親となり、性教育をするのが普通である。しかし九州地方ではフンドシ祝いに、熟年の男や壮年の男がフンドシ親となり、少年へフンドシを贈った日、あるいはその夜に性関係をもち、義親子、義兄弟になる地方が多いらしい。普通の思考では女性による性教育が基本で、男色関係は異型といえる。しかし、まだそれを断定するほどの実証は乏しく、まあ二つの型があるぐらいにとどめておく。

大正末ごろ、加西郡南端の某寺の住職が若い物売りの少年や在家の十三少年などを居間へ誘い、フンドシ親の教化をするという噂が高くなったことがある。この種の噂は山奥の深い寺院、とくに密教、禅宗などに多いもので、九つから十三、せいぜい十四、五ぐらいまでの、まだ体毛が柔らかい少年が好まれるらしい。ともかく摂丹播国境地域では、女性、とくに伯・叔母による性的開発を行うのが多く、西日本の九州地方では壮・青年による男色的誘導が多いということだろう。

女の子は、初潮があると娘になった。これはだんだんと早くなってきたようで、明治社会では十二、三歳ぐらいが多かったらしい。初潮があると桃割れを結い、赤い腰巻をさせて、娘になったことを表示させた。初潮がある頃になると、母方の姉妹、つまり外伯・叔母から腰巻、装身具などを贈っているムラが多い。ムラによるとカネ（鉄漿）を贈るところもあり、カネ親になった。ただしカネを贈るのは九、十三、十六、十九などの年齢によるムラもあったが、いずれにしても成女式の祝いということは同じだろう。男のフンドシ祝いも九、十三、十五が多く、あまり大きい差はない。

紀州の勝浦では娘が十三、四になると、老人を頼んで女にしてもらい、米、酒、桃色フンドシを、その礼として贈った。おそらく相手をした老人の方から赤腰巻、カンザシなどを返すか、先に贈ったものと思われる。また十三、四の少女が、若い青年などに臼を切ってくれと追い廻している地方もあったらしい。臼を切れとは、水揚げしてくれということで、初潮のあった娘が、若い衆や熟練者に自ら性教育を依頼したのである。摂丹播地方の民俗でいうと、こうした習俗はムラごとに違うので、いろいろの型式があったとよりいいようがない。初潮があればすぐ夜這いがくるムラもあるし、発毛するようにならないと相手をさせないムラもある。娘仲間で相談して生涯の相談相手になるような壮・熟年男性を選定してやるのもあるし、早い者勝ちというのもあった。また春・秋の宮祭り、秋や冬の粟島講、地蔵講などにオコモリ、ザコネで水揚げというのもある。最末期の段階では祖母、叔母などが連れて参り、かねて頼んである熟・老年の男性に破瓜してもらったという。まあお初穂、水揚げはなかなか難しいもので、若い未熟な男たちに頼まれぬということだ。

熟年の女たちが、山のお堂で十三、または十五の若衆入りを筆下ろしさせるムラでも、ときに性交ができない者もあり、そんな男に当たると苦労したらしい。経験の浅い娘が相手なら処理できずに投げ出すだろうが、もういろいろの経験もあるので、ともかく恥をかかせないようにし、二、三日、家へ通わせて馴れさせたというのもある。不能の原因もいろいろだが、その頃の女たちも性心理学的な方法で解決を考えてやったのである。初めて夜這いに行って失敗したとか、遊廓へ登楼しても相手の「女郎」が悪いと屈辱感だけで帰されるとか、男の筆下ろしも難しいものが多かった。それを考えると宗教的な情趣のなかで、お互いに知り合っている年上の女たちや尼さんに、親切に極楽浄土へお詣りさせてもらえるのは、極めて幸福であったといえるだろう。十二、三から十五、六の処女の水揚げもなかなか難しいもので、一晩ではうまくいかず、いろいろと苦労するのもある。生涯の性生活にも影響するから、ただ入れればよいというものではない。夜這いのムラであると、人柄も技倆も母親の方でわかっているから、最も信頼できる男を頼む。他のムラでも評判があるから、いろいろと考えて選ぶことになる。男の筆下ろし、女の水揚げの方式にもいろいろと技法や心理的手法があって、まあ合理性のあるものもあったことにしておく。そうしたムラの民俗に比べると芸妓、娼婦、町工場街、商店街、スラム街などの娘たちの売買による水揚げや筆下ろし風景は、悲惨というほかあるまい。古い村落共同体の性風俗を、ただ淫風陋習として排撃するだけで、それに代わる性教育や性風俗を創造できなかった私たちは、いまや性の社会的壊乱のなかで、その代償を払うことになってきた。

## 四　祭礼と性の儀式

西播の赤穂地方の手まり唄には、いろいろと面白いものが多い。

あけてとて　あけてとて
飛び立つように思えど
父のセイゼに　母の手枕

セイゼは性交、つまり母の手枕で雲霧の激しい情況が察知され、間の障子かフスマを子どもがあけかねているという風景である。

新聞や雑誌などで性教育を論じているのを読むと、アホタレがと吹き出すのが多い。都市であろうと、農村であろうと日本的兎小屋型住居様式で、父母や兄、姉夫婦などの性交現場を見ないで暮らせるなど不可能だろう。大きくなるとよい子の面して、ぼくは、あたしはなんにも知りませんでしたなどといっているが、アホらしい。夜中に聞き耳をたててマスかいたくせに、しらじらしいことをいう。その点では私たちを育ててくれた明治・大正の農村は、いたって公明正大であった。

七つ、八つにもなると本物を見せてやると、女房をひっくりかえして黒い毛のあるのを教えてくれるし、女房は女房で手を自分のマタへ入れさせて、つかませてくれる。学校では校長先生が運動場の隅でメンコ遊びしている女児童の前にしゃがんで、首をのばして腰巻のはだけた前をのぞきこみ、そら、めえとるぞ、めえとるぞとからかっていた。女の子は、いゃあ、校長先生の助平とたたきに行く、とほんまに天下泰平である。私も女の先生の尻めくりをやって、頭をとっつかまれてハカマの中へ押し込まれ、内マタの肉身で挟み込まれ息もできず、謝ってカンニンしてもらった。うつ向きだから毛のことはわからなかったが、その後もちょいちょい頭をとっつかまれオシッコかけたろかとからかわれる。男の先生の宿直に、近所のムラの娘や女が夜這いをかけた話など、子どもにまでどこからともなく伝わってきた。

改めて「性教育」などといわずとも、小学校へ入学する年齢になれば、なんでもわかる。

恐ろしや　恐ろしや
五ツ六ツから夫婦《みようと》ごと
十三になったら
なんとしよう

五つ、六つではママゴトだろうが、十三になれば実際に性交を覚えたということだ。加西郡のわらべ唄に、前記のようにオバハンにチンチンかまれた十三ムスコが、痛い、痛いと泣いたというのがある。同じ加西郡で、

あの子　どこの子
こうやの子
チンポむけむけ
おばはん　おばん（または、おばはん）
チンポむいてんか
ボボみせてんか

と唄った。オバハンが性教育するだけでなく、子どもの方から積極的に筆下ろしを頼んでいる。私の子どものときは、こうした唄をうたうのは六つ、七つから、せいぜい十歳ぐらいまでで、もうだいたいどんなことかわかるようになるとかえってうたわなくなった。

ところが十歳から十三歳ぐらいになると、オバハンたちがもうかわむけたか、まだむけとらんならむいたろかとからかうようになる。若い娘や嫁がからかうことはほとんどなく、嬶や後家たちであった。だいたい正月休み、春祭り、盆踊り、秋のシバカキなどに、機会があると筆下ろしをしたがる。どんな子どもでもということはなさそうで、やはり稚児趣味というべきだろう。女の方からの誘いは、もうかわむけたか、むいたろか

と、お乳のみたいやろ、のましたろかの二つの型が多い。しかし十二、三歳にもなれば相手の女の好みもできてくるから、そうどんな女とでもというのはすくないだろう。十三から十五ぐらいまでに筆下ろしさせたコドモと、彼が結婚するまで面倒を見るという例もある。

普通、わらべ唄とか、童謡として採取・公表されているのは、まあ教育的なものばかりで、性的要素の濃厚なものは出されていない。そうしたもののなかには、筆下ろし関係の具体的なのもある。加古川市の童謡《うた》のなかで、

こんの（または、このやの）
かかみやれ
早よ、戸ォしめて
ちんちくオメコしようぞ

というのがあるが、これは筆下ろししてくれということだ。他にもいろいろとあるが、割愛しておく。ほんとの教育的立場からいっても、こうしたわらべうたこそ採取しておかないと、村落共同体の性感覚・性意識がわからなくなるだろう。

たとえばコドモの筆下ろしにしても、他のムラの子どもを誘うことはほとんどあるまい。他のムラの伯・叔母たちが筆下ろしするということは、噂としては聞くが、事実か否かはわからない。もとよりフンドシイワイとか、フンドシイワイなどの儀礼とは別のはなしである。十三歳ぐらいで、フンドシイワイとか、包皮《かわ》むきとかで筆下ろしを経験するのがどれほどにな

るかは推定も難しいが、想像するより多かったのではないかと思う。したがって十五の若衆入りの夜の筆下ろし儀礼と合して、村落共同体社会では十五でほとんど性交の経験をもったのである。それからは夜這いで、いろいろと性的経験を重ねて、結婚生活へ入るということだ。しかし結婚したからといって閉鎖してしまったわけでなく、ムラによっては自由に夜這いで解放しているのもあるし、祭礼その他の日とか夜とかには解放する限定型なども多い。むしろ完全に閉鎖してしまうムラなど、ほとんどなかっただろう。村落共同体社会の維持ということからいえば、それが当然であった。

商品経済の農村侵略、近代化によって売春産業保護政策のため、村落共同体の解放民俗が弾圧されたのである。わかりやすくいえばどのような形態であろうと売春産業からは税金がとれるが、夜這いからは一文の税金もとれないというのが実相であった。その根底には「富国強兵」の、国家的目的がある。なにを大げさなと思うかも知れないが、大陸や海洋の侵略戦争に慰安婦を従軍させた軍隊の発想は、こうした国家にして可能であった。侵略した国家の婦女子を襲うのは、どこの国家の軍隊も同じだが、初めから慰安婦として徴発、従軍させるという発想は、とても正常とは考え難い。一夫一婦制だの、貞婦だの、純潔だのという教育勅語的発想が、いかにでたらめきわまるものであったかを明確に示している。私たちが村落共同体の性的慣習を解明しようとするのは、日本の農民の解放的な性的民俗とは全く異質な、こうした異常な国家的発想がどうして発生したかの糾弾にあるのだ。

農村では、いろいろの年中行事、盆踊り、神社や寺院の祭礼、縁日などの日、その夜などに性的解放をする民俗が多い。これもそのムラや社寺によっていろいろで、だいたいに同じムラの内部だけの解放にとどめる限定型と、他のムラの人たちにも解放する開放型とがある。また広く他の地方からも集まってくる広域型があり、これは特定の信仰によって集まってくるのが多い。春や秋の神社の祭礼は、だいたい宵宮、本宮、後宮の三段階に分かれて行われるが、性的解放の行われるのは本宮が多く、宵宮もあるが、後宮は稀であろう。しかし三日続けてというのもあるし、宵宮と本宮との二日に限定するのもある。また解放が境内か、あるいは附属地、山林に限られるのもあるし、ムラや氏子の家、その他広く開放されるものもあった。

摂丹播地帯でみるとムラ単独の祭礼では限定型、郷社などの連合祭礼では開放型が多い。開放型では屋台、神輿などの宮入りがすんでからの深夜が解放され、戦前では男女の予約型が多くなっていた。しかし若い男を、女が誘うのもあって、これは全くの新しい接触である。境内や山林の露天もあるが、予約型は近所の民家を借りているのもあった。いずれにしても男・女とも、独身も妻帯者も関係なく解放するのであるが、若衆と娘、中年同士という組み合わせになるらしい。加西郡の神社ということにして、数人の女たちに囲まれ、組んでいた紐を引くように頼まれて曳くと、ある女に当たった。こんな男定めもあるとわかったが、当たれば変改できないと脅かされる。他の神社では袋の中に入れた貝がらをとり、それに書かれた女と当たるのもあって、これも変改できぬということであった。これは神社というより、そのムラの選定方法であろう。個人的な好悪の感情で組み合わせを決めると不満も出るので、こうした方法も案出されたのである。

寺院や仏堂関係の縁日、行事にも、いろいろと変わったのがあった。最も多いのはオコモリ、ザコネで、八日、十三日、十五日、二十一日、二十五日など本尊の縁日というのが多い。オコモリは終夜になると、十二時後にザコネとなり、性的解放になった。神社と違って信者が遠くからも参詣してくるので、広域型になる。摂丹播三国の境界にある清水寺の名月会式は近隣に著名で、三国の盆踊りが見られた。周辺のムラの娘や女が、この一晩で一年中の小遣いを稼ぐというので名高い。その他に三十三を女の大厄とするが、この厄のがれに、この夜に男を選んで賽銭を貰い、それを仏前に奉納するという信仰もある。同じような信仰は丹波・加賀などにもあるそうで、やや似たような信仰は河内の生駒山西麓の行場にも残っていた。三十三を女の大厄とするが、その前年は前厄、後年は後厄で、三年続きの重厄というわけである。そこでこうした信仰も生まれたので、摂丹播国境地帯のムラ、ムラや河内周辺のムラでは、いろいろと女たちが苦労していた。

古くはぶっつけ本番であったと思うが、だんだんと予約型に変わっていたらしい。山頂の広場で探すといっても限界があるので、盆踊り現場で待ち合わせるということになる。もとより会うのは初めてであるから、それなりにスリルがあるだろう。合意すれば山頂の山林地帯で木の根の枕、草の褥ということになる。相手に頼むのは検査前後の若い男で、人柄の良い人を選ぶのは当然だろう。だいたいは地主、豪農、医師などという上流階層の嫁、婢などが、ムラの女頭目たちに頼んで仲介してもらった。中以下底層の嫁や婢たちなら、自分で相手を探すだろうし、あるいはぶっつけ本番のスリルを楽しむだろう。戦後はどう変わったか、それはわからない。

春から初夏になると、どこでも大きい寺院で「四万六千」という行事がある。東播では清水寺、光明寺（滝野）、法華山、書写山などが有名で、この日、西に向かって歩き、西国札所などの大きい寺院へ参ると、一日で四万六千日参ったことになるというので、娘、嫁、婢など女連中が多勢で参った。私たちの頃は娘は少なくなっていたが、それでも賑やかに赤い腰巻を尻からげして出し、通っていたものである。

そうした寺院の境内では男もいたが、十三から十五、六ぐらいまでの若衆が多く境内の山林で筆下ろしというのがあった。嫁や婢が連れて行くのもあるし、道中で道連れになるのもあるし、境内で探し当てるのもあって、女たちにとっては法楽の一つである。水色の腰巻を出している女たち、つまり四十代の婢や五十代以上の婆たちまでが、まだコドモみたいな若衆を追っかけてキャッキャッ騒いでいる風景もあった。もうカワむけたか、むいたろかと、二、三人がとっつかまえてマタへ手を入れ、さぐるので、半泣きになっているのもある。こうして筆下ろしがすめば、男も女も浄土の法楽ということであった。日中は西へ、浄土を求めて歩き、法楽がすんで太陽が沈むとともに回帰する。

同じような民俗が、寺院や尼寺などの祭礼、行事、法会などにも見られ、「法楽」というものの本質が、もともとどういうものであったかということを明確にしていた。神社も、寺院も、その祭礼、行事、法会のクライマックスには性の解放があったので、男も、女も、そうした法楽のなかで性の開眼をする機会が多かったのである。

性の解放は寺社の祭礼や年中行事、盆踊りなどだけでなく、いろいろの「市《いち》」の日にも行われていた。大阪地方で有名であったのは七月三十一日、堺の大浜の「大魚夜市」で、威勢のよいセリ風景と生きた魚を安く買えるのが名物で、大阪あたりからも出かける客が多く、深夜まで雑踏する。なにしろ狭い通路を押し合って歩くのだし、セリに手を出して重《かさ》なったりするから、いつの間にか見も知らぬ女性とおテテつないでいた。笑福亭松鶴が「たとえ人のヨメハンでも、イテまってよろしというくらい、まあ無礼講の晩だんねん。——ナニも夜市の晩の公認やよって、浜辺のアチコチでナニしてはる人が多い。」(『極道ばなし』二十、二十一ページ、昭和四十八年十月、グリーン・アロー出版社刊)といっている。私は大正末、昭和初め頃には、毎年楽しみで通った。廉売市場の女客を連れて行って、よい魚を買ってやったり、いろいろとサービスしてやる。別にヨメハンに限るわけでなく、腕次第で娘もくどけるが、やはり一限《いちげん》では娘に逃げられた。嬶は期待しているのもあるわけで、しばらく廻っておればだいたい目安がつく。気にいったのが居れば手をふれてみると、すぐ反応があって諾否はわかる。嬶の方も気にいった男を探しているのだから、こちらが気づかないとわかるように誘ってくれた。女が若い男を選び、男が嬶を選ぶのも、後くされがないからである。これは盆踊や祭礼、行事の場合も同じで、一晩のみのアバンチュールを楽しみたいだけであるから、好きになっただの、惚れただのとまといつかれるのは困るためだ。大阪では、その頃、毎夜のように「夜店」が開かれて賑わったものだが、その夜店でもお互いに誘ったり、誘われたりする。夜市だの、夜店だので、下げ電燈の灯で見ると、たいていの女は美人に見えた。夜店でも女が誘いにくると評判であったのは福島の浄正橋筋、梅田から天六へ出る通り、九條新道、玉造などである。暑い夏の夜も、寒い冬の夜も、若い頃は楽しかったので、噂のある夜店には行ってみた。女給くずれ、女工くずれの半商売みたいのもあって油断できなかったが、それなりに楽しいのもある。その頃、都市の繁華街と歓楽街との接触地域を調査、商店街の構成、分布図を作成していたので、夜店もだいぶん調査に廻っていた。そういう勉強もしたので、女の尻ばかり追っかけていたのではない。いま思い出しても楽しいのは北浜二から長堀橋まで、堺筋の電車道に沿うての長延な大夜店で、端から端まで歩くだけで二時間かかった。イトサン、ゴリョニンサン、オイエサンも出てくるから、まあ夜店の豪華版であったが、戦時色とともに消えている。夜店の方は、どこにでも安宿があるから苦労しない。大浜の夜市の方はすぐ浜であり、浜には舟や小屋があり、その陰がだいたい野姦《のかん》の席ということになる。夜も更けると端の方まで廻らぬと席が見つからないが、うす暗い浜を未知の女と手をつないで歩くのもなかなか風情があった。この頃は海水浴場でもあり、店小屋、掛小屋もあったから、小屋の中も利用されている。大浜は、浜寺ほど広くないし、遠浅でもなかったが、市街が近いので、賑やかであった。しかしもう大浜も名だけで、海は埋め立てられてなくなっているが、大魚夜市だけは細ぼそと残っている。同じような物産の「市」は河内、大和あたりにも多く、ミカン、柿、松茸などのイチがあった。ただヒルのイチで、夜でなかったから、性の解放はムリであろう。ともあれ古代の「海柘榴市《つばいち》」の歌垣の伝統を継ぐものといえるが、たしかに盛期の大浜「大魚夜市」は、そうした伝統を継ぐものとして恥かしくなかった。ただし堺の大魚夜市も、正確には港に鎮座する住吉神社の祭礼の夜の行事として発足したものであるし、大阪の夜店も社寺の縁日に開かれるものも多い。しかしだんだん宗教性がうすれ、土地の繁栄策として「市」や「夜店」を開くように変わってきたのである。

## 五　若衆仲間の本質

どこのムラ、つまり村落共同体でも、だいたい子ども仲間、若衆連中、中老、隠居の四段階に分けて構成する。

子ども仲間は誕生から十四歳まで、若衆連中は十五から二十五歳まで、中老は二十六歳から四十歳まで、それ以上が隠居とされ、年齢によって区切られるので年齢階梯制といった。女もほとんど同じで、十三、四歳までが子ども、結婚するまでが娘、結婚してから家政を譲られるまでが嫁、それから隠居するまでが嬶、隠居すると婆ということになる。いずれも娘仲間、嫁仲間、嬶連中、婆組などと同年齢的な組織をつくった。嬶になって夫と死別すると、後家といわれる。嫁の段階で夫と死別すれば「死にわかれ」、婆になって死別すれば「死に遅れ」となった。後家とは夫にかわって家を代表するもので、息子が後を継ぐと隠居する。嫁や婆が夫と死別しても、後家とはいわない。ムラによって仲間入りや脱退の年齢、その名称などにいろいろと少差はあるが、ほとんど同じとみてよかろう。

こうした年齢階梯による特性は、それぞれが自主的に機能し、必ずしも支配、あるいは指揮系統になっていないことだ。まず「中老」層がムラの基幹となり、執行機関を選出するが、絶対的な権限はない。ムラの大事については若衆組、隠居連中、女仲間とも根廻ししなければならぬし、ときには子ども組の意見を聞くこともある。公式な議決機関は全戸、一戸から一人が代表権をもって出席するムラヨリアイであり、ムラヨリアイにかけて決定しなければならない。

まあ、それはタテマエで、よほどの緊急事態が起こらない限り、年頭のハツサンカイ、ハツヨリアイで事後報告されて承認になった。したがって年齢による横断的重層構造を形成し、その相互的な均衡によってムラの政治が執行されることになる。行政的に任命される庄屋、名主、区長、部落長などという役職に、必ずしも指揮、支配される関係でなく、それだけの自主性・自治性があった。それが近世のムラ、郷村的村落機構の特色といえるだろう。

とはいうものの、実勢力もあるし、横車を押して、比較的強い影響力のあるのが若衆組、若者仲間、若連中などといわれる青年仲間の組織である。若衆組と蜂の巣にはさわるなというほど、どこのムラでも怖れられた。

早いと十三歳、だいたい十五歳になると若衆入りする。最も多いのは二十五歳で脱退、あるいは結婚すれば退くというのだが、ムラによって三十、三十五、遅いと四十歳というのまであって、一様ではない。若衆組織のなかにも、またいくつかの段階がある。東播・西摂地方でいうと若衆入りした年か、次の年までが見習い期間で、軍隊でいう初年兵であり、兄貴たちにこき使われ、苛められ、雑役をさせられた。しかし名称だけはヒノデ、すなわち「日の出」で、立派なもんである。ただしムラによっていろいろと違った方言があり、デケワカ、コワカ、スケ、ゾウリ（草履）モチ、ミナライ、ツカイ、フレなどというのがあった。それから二十歳ぐらいまでがナカワカ、アニワカ、セワ、チュウニンなどといろいろある。二十歳以上、脱退までの幹部になると、だいたいワカモンガシラが多いが、ワカモンシハイ（支配）、ワカモノサイリョウ（宰領）などというのもあり、またチョウモト（帳元）、フレモト、トリシマリ（取締）、アツカイなどともいった。

ただしムラによると若衆頭とか支配、宰領などという幹部は、中老から選出するのもあり、また中老から選出するのを総支配、総宰領、総取締などと重層化するのも多い。戦前はセワニン（世話人）、チョウヤク（帳役）などと奉仕的な役名にしているムラも多かったが、戦後は名誉職的な役が増えている。

なお同年度に若衆入りした仲間で、同年兵的な横断的結合をするのがあり、某年組、羊組などというのもあるし、特殊な命名をするのもあった。なかには兄弟よりも固い盟友として、生涯を誓うムラもある。

そこでよくいわれるのは、若衆仲間の目的・役割・機能というものだ。甚しい例は香川県小豆島四海村小江の若者組で、正月二日の若者入りから同十五日までの間にイイキカセという十五章の口頭伝承を暗誦できるようにしなければならなかったという。四百字詰原稿用紙にして八十五枚になる、厖大なものだが、先輩の口授でおぼえたらしい。その内容は「分団へ来る身まわり、頭に帽子、鉢巻、頰かむり、腰に手拭い、煙草入れはせられず、足に下駄、せきざ、表つきの下駄なおもってはけず」と禁止条項、「けいざい」は「小若衆はマッチは月に小箱五箱、炭は年に一俵」と制限、「行っての言葉、門口で言えるか言えんか言うて見て、言えると思うたら入って行って、庭の口の上り立ての敷居へ手つかわして、ごめんなされ、分団の方から参じました」と口上の規定など、微にいり細にわたっている。

こうした若衆仲間の条目というものを、私は一部の研究者のように信用しない。おそらく明治維新後の新作だろうし、記憶してみても役に立つわけでなく、要するに新参者を苦しめるのが目的である。こうしたものには必ずウラがあって、なんとか抜け道があり、それが半公然と認められていただろう。他所者にはそれがわからないだけで、こんなものをマトモに記憶したり、暗誦させられていたと思うのはバカだ。だいたい若衆仲間の条目というのは、親に孝行、神仏拝礼、ばくち大酒をつつしめ、喧嘩はやめとけ、火事盗賊の取り締りぐらいが大眼目で、後はつけたりである。若衆入りの日に先輩が読み聞かせたり、新入り代表が読み上げるぐらいが多い。これで面白いと思ったのは明治・大正には「君に忠」がほとんどなかった。ところが昭和になると「君に忠」がトップとなり、「忠君愛国」が基調になる。

明治になると各種の団体が組織され、規約・会則などを作った。それぞれ苦労して作ったと思うと大間違いで、ちゃんとネタ本、ヒナ型本があって、それをいくらか修正したり、自作を加えてデッチ上げたのである。

明治四十二（一九〇九）年頃刊の「条例規則及規約」を見ると、村長ニ関スル条例、文書整理規程、町村会議規則などと地方の町村自治体がすぐ使えるようなヒナ型を二百件ばかり例示してあり、大阪府何郡何村条例と書き、この何郡何村に実名を入れればできるようになっていた。青年会、矯風会、労働組合、水利組合などに至るまでヒナ型がつくられ、とくに岐阜県恵那郡何町（村）教育会青年部会準則というのは、恵那郡の全町村が同文であったとみてよかろう。この本自体が刊行年月日、発行所、編著者、定価もないヤミ出版物で、おそらく自治体関係機関が部内資料として配布したものと思われる。

徳川時代の若衆掟、若者申合、若者仲間吟味などという御条目も、だいたいは御公儀様御法度相守可申こと、親子兄弟睦じく仕るべきこと、博奕大酒を致すまじきこと、喧嘩口論をつつしむべきことなどが中心となる。

ただ「他の妻に密通一切致間敷候、仮令主人に無拠用事有之候共留守の節は早速罷帰り諸事正路に致すべき事（享保十年、静岡県賀茂郡朝日村吉佐美、若衆掟）、後家寡之住宅又ハ亭主の留守等にて長遊び仕る間敷候事（文政十一年、同県同郡宇久須村、御条目）、他所へ参り女くるい等仕候もの御座候而先様に如何様之儀出来仕候とも村方へ帰り相談相成候様ニ可致候、若不埒之儀有之時ハ指構不申候（寛政六年、同県志太郡広幡村、掟）」などというのは明らかに「夜這い」禁制だが、後家や孀が対象で、娘は外してあるようだ。「他所へ参り女くるい」というのも夜這いの遠征型である。それにしても『若者制度の研究』所収の八十三通のうち、娘への夜這いを禁止したのはただの一通もなく、後家や孀への夜這いは密通になるから注意せよというのが三通ばかりであるから、夜這いが天下公認であったことが明らかだ。

ところが明治四十一（一九〇八）年六月の京都府紀伊郡柳原町矯風会申合規約になると、

一、夜間夏期は十一時、冬期は九時後、用事なくして道路を徘徊せさる事、

とあり、同会則十三に「幹事ハ会員ノ品行ヲ監視シ」とあるから、夜這いの禁止が目的であることがわかる。

同じ頃の奈良県宇陀郡神戸村三十五個条目では、第二十六条に「神戸村民ハ麦搗、或ハ若連中ノ夜遊ヒト称シ、夜中若者等集合散歩スルヲ廃シ、之ニ代フルニ実業補習学校ニ入校シ、又ハ夜学ヲ開キ農事ノ改良発達ヲ図ルヘシ」といい、夜這いをやめて夜学で

勉強せよと勧告していた。明治四十一（一九〇八）年二月議定、佐賀県杵島郡六角村青年会会則では「第一条、教育勅語ノ主旨ヲ奉体シ、」十五以上四十歳までの男子は小学校内に設置した「倶楽部」で毎夜午後五時から十一時まで出席せよといい、同じ頃、岐阜県恵那郡何町（村）教育会婦人部会準則、第四条に「町村内婦人ノ風儀ヲ改善スルコト」といい、広島県青年会設置標準でも、「市町村青年会ハ教育勅語ノ趣旨ヲ遵奉シ、善行良風ヲ勧奨シ」というわけで、教育勅語が夜這い弾圧の根本として作動するようになっている。

　どうも日露戦争後の解放感、社会主義思想の擡頭が、教育勅語による善行良風の勧奨、つまり夜這いに対する弾圧強化の弾機《ばね》になったのだ。

　しかしほとんど同じ頃の、明治四十二（一九〇九）年十月改則の青森県下北郡東通村目名、若者連中規約によれば、「一、若者連中は、一週間に一回平均なる集合に会合する事。一、集合には何時も神楽を主席とし、手舞三味線を習うものとす。一、十五歳以上の女を以て、めらし組合を組織し、之れは若者連中に付属し、凡ての行動は若者連中の指揮を受くるものとす。随って保護を受くるものなり。一、めらし外泊は、若者連中の許可なくして出来ざる事。一、尚連中の若者に非ざれば、肌を接する能はざる事。一、家族は一切娘そのものには、何も構えもせず、一切若者連中に預け、若者の自由に任せる事。一、夜間は戸締、鍵等を掛けたる節は、罰金を徴せらるるのみならず、時には除名せらるる事あり。」と規定している。

この一週間に一回平均なる集合というのは若者宿、寝宿というので、ここが若衆たちの集合場所となり、定期、不定期、または常時に集まったわけだが、まずワイ談が主で、ヨナベ作業をするなどは少ない。いわんや実業補習学校や夜学のような教育は、とても望めなかった。これにも若衆宿へ娘が遊びにきたり、娘宿へ若衆が行く型や男女合宿型などもある。

この下北半島尻屋岬の周辺は、ごく後まで若衆連中の独占的支配が残っていた地域で、十五歳以上の娘や出戻り女、後家は、若衆たちの性的要求に絶対に服従しなければならなかった。娘や女たちが外泊するにも許可が要るし、自村の若衆以外は肌を接する能わずというのだから徹底した封鎖型である。摂丹播の山村でも封鎖型は珍らしくないが、さすがに外泊の許可まではいわないし、それだけ封鎖が弱いことも事実であった。親や兄弟などでも娘をかまうことができず、一切を若者たちの自由にまかせ、夜間の屋内立入りも自由にさせねば罰金をとったり、村八分にするというのだから、これほど絶対的権限をもったのは珍らしいだろう。

ただ私が興味をもつのは、若衆連中の運用である。ムラの経済情況、人口構成などがわからないのでなんともいえないが、こうした完全封鎖型は男も他のムラから排撃されるから、完全に自村内部だけで性的消費を循環しなければならない。女房も加えてならまだしも、娘や後家に限るのなら、まず一年もたてば内部から崩壊する。人口比率などの諸元の設定で違うが、総人口二〜三百ぐらいなら大差なく、どんなに計算しても夜這いの順廻しは破綻するだろう。尻屋岬の岩屋、尻屋、尻労などのムラは、古くは孤立的でおそらく村内婚に限られたと思われるが、そうした自己完結的様式でないと困難である。ただし、それではいずれ血族結婚ということになって、これも内部的に破綻するほかあるまい。

つまり完全な封鎖型村落は存続できないということで、こうした若衆連中の規約がいつまで守られ、どのようにして崩壊したかが問題である。おそらく、そうした厳しい規約はタテマエで、ウラでは抜け道があったと推定するのが事実に近い。摂丹播地方の封鎖型村落にしても、盆とか祭り、行事などに解放する限定型が多いのはそのためである。平素でも絶対的封鎖というタテマエだが、ムラの娘や女をとったの、とられたのという紛争が多い。それによって村落生活に活気を生じ、一定の役割を果たしていることを見逃してはならぬ。

このようにして、ムラの若衆たちは娘や後家たちを性的対象として支配したのだが、もともと近世の若衆仲間の結合は戦国乱世の経過のなかで、村落社会を自衛するために発生したものとみてよかろう。つまり若衆組は近代軍隊用語でいえば現役兵に当たり、中老組は予備兵役、元老や隠居連は後備兵役、または国民兵役に当たる。幕藩制成立とともに兵農分離が進められ、自衛組織としては解体されたが、なお水喧嘩、共有林野争奪などの紛争には戦闘部隊として動員しなければならず、また結婚生活の保証として娘や女の支配を認めたというのが、若衆仲間の存続意義であり、役割であった。

資本主義社会への転換とともに、商品経済の侵入によって村落共同体の崩壊がすすみ、若衆仲間も解体され、国家体制による一元的な大日本聯合青年団へ改組されたというのが、その凡その経過である。これは同時に若衆仲間を中心として、民衆がもっていた自由な性民俗、慣習が、一定の国家目的のために制限され、弾圧されるもとになった。しかし、それは一方においては一夫一婦制を中心とする家父長制家族の維持を指向したが、他方ではそれを崩壊させる売春産業の造出と、その保護をせざるをえない矛盾を発展させ、社会的性民俗と性意識の混乱を惹起している。

もともと私たちの性民俗、性意識は極めて自由闊達であり、七つ、八つから具体的な性教育を始め、十三歳にもなれば性交をも指導したのであり、純潔だの、貞操だのという国家目的的倫理観とは相容れないものであった。私たちが忠君愛国の国家理念に屈服し、性意識の自由を失ったとき、また思想・信仰の自由も失ったのである。

いま性の自由、性意識の自由を守るためにたたかうのは、すなわち信仰、思想の自由を守るためであることを、かつて治安維持法の弾圧に抗してたたかった者の一人として、切に希望せざるをえない。

# 解説

宮田 登

日本の民俗学は、二〇世紀前半でほぼ体裁を整え、アカデミズムとしての体系化に近づいていった。柳田国男は民俗学が好事家的な扱いを受けることを拒否する一方、民間史学の立場を離脱し、大学などの研究機関の中に民俗学が入りこむことをすすめていた。かつて土俗学とか博物学などと同一視されていた民俗学は一方に人類学、民族学、社会学などときびすを接しながら、次第に人文学界の中に市民権を獲得するに至ったのである。現在大学で民俗学を専攻する学生は多く輩出しており、日本民俗学概論、演習・実習などの授業科目が開かれ、民俗学の体系的知識を学ぶことができる状況となっている。日本民俗学会にしても、二千名に近いメンバーをもち日本学術会議に所属することによって、対外的な体面を保っているかに見える。

ところがこのような客観的に学問としての形式を整えてきているにもかかわらず、民俗学がどこかで何か本質的なものを見失ってしまっているのではなかろうかという懐疑の念が澎湃として起こりつつあることを否定できない。

いったい現代の民俗学が何を見失っているのかということを考えるとき赤松啓介氏の民俗学がそのことをはっきり教えてくれているのであり、先に刊行された『非常民の民俗文化』（明石書店）に引きつづいて、本書にも、そうした赤松氏の視点が鮮明に打ち出されているのである。

元来民俗は、文化全体の活性化の原点にあって活力にあふれ、ドロドロした捕捉しがたい現象を示している。したがってその全体像をとらえる作業は困難をきわめるだろう。折角網の目をかけてすくい上げたように思えても、本質はスルリと抜け落ちてしまう。日本民俗学の主流を占めてきた柳田民俗学自身にもそうした空しさがつねにつきまとっているのであり、赤松啓介氏の一連の仕事はそうした空白部を早くから鋭く衝いてきたのであった。

たとえば戦後の民俗調査が、「昔のわれわれのように地を這うような民俗採取はやらない」ために「貧乏人、渡世人・漂泊者など非定住人、被差別者たちの世界」が欠落してしまったと指摘している。また支配権力側の立場から記録された公式的な文書だけに典拠しているため「ほんとうの民衆の非常民の生活実態」を切り落してしまうことになるというのが、赤松氏の戦前からの体験から主張されていることである。要するにこれは「地獄の下まで自分で入って行って納得できるまで調べた」という赤松氏の自信が裏付けとなっているのである。

赤松氏が目指したのは、「柳田民俗学でできなかった調査」なのであり、いわば柳田民俗学が意識して触れるのを避けた「民俗の階級性、差別、性の問題」なのであった。そのための民俗調査の具体的フィールドは、特定の地域社会に絞られている。それは兵庫県の東播七郡の加古川流域であり、赤松氏の実生活と直接かかわっていた行商圏の範囲である。大学や研究所などの文部省や行政からの補助金を受けて行う「恣意的・機会的」な資料採取ではない。自らの生活の糧を得る行商先きをそのままフィールドとしていわば大地を這い廻る調査結果にもとづいていることが、赤松民俗学の大きな支えなのである。

「赤松民俗学の特色は、百姓どものどてっ腹へ匕首《あいくち》を突っ込んで、これでもか、これでもかと掻き廻し、ドロドロと血を吹き出させる土佐『絵金』の世界である」（本書二九ページ）と著者は自ら述懐しているが、そこにおいては農民の定住社会ではなく、現代の浮浪人、非定住人の世界が中心となっている。これを赤松氏は「非常民」とよんでいるのである。

たとえば大島紬行商の女性に同行して聞書きをしているが、行商の特別のルートがあって峠や森の中に「ヌスット宿、バクチ宿」と称される一軒屋が存在していることに気づく。そこで赤松氏は、この存立は、どうして可能であったのか設問する。「いわばオモテとウラの接点に、どのような生活と社会機能、人間意識が働いていたか」を問題意識としているのである。非定住人たちの生活が、このような表と裏の接点の境界に顕在化していることを前提に、「聖と俗、浄と穢などに働く接点の、原型的、原理的な作用を発掘できないかということなのである」（本書三九ページ）。この発想は優れて現代的な問題意識なのであり、巧まずして民俗学上の「境界」の課題となっている。

本書には正しく赤松氏の言う「境界民俗」の視点が生き生きしており、余人の追随を許そうとしない。本書後半の性生活、性信仰と村落共同体との結びつきなどの解明などは、柳田民俗学を当初から超えていた赤松氏によってはじめて行われ得たのであった。ところで赤松氏はつねに村落共同体の永続性を主張している点が印象的である。一方では一九六〇年代以降の日本列島到るところで、ムラの解体が顕著になっていることを多くの識者が指摘している。しかし「どのように変化しようと、ムラは、村落共同体は生き続けるだろう」という思考は、非定住の人たちの民俗と都市民俗との連帯によって可能なのであるという見通しのもとに、本書において語られているといえよう。

本書には二つの柱がある。一つは、祭りと被差別の実態をとりあげた論考で、赤松氏の「民俗境界」の視点が基調にあることは言うまでもない。

祭りは、民俗学上の大きなテーマであり、数多くの民俗調査の対象となってきた。神幸や芸能、神事儀礼についての詳細な記録も多くある。しかし赤松氏は、祭りを見物人がどのように見たり、考えたりしていたかという観察が従来ほとんどなかったのではないかと指摘している。「出演者や見物衆の人間的な情」が分らないまま、地方の祭りが紹介されてしまう。「人間としてのいろいろの情感、思想、環境などによって、それぞれの個性が発酵し、一つの共通の場で熔融され、造出されるのが『祭り』であろう」

（一〇三ページ）。ところが、祭りの民俗調査といえば、舞いや踊りなどの芸能や、神事儀礼の精細な次第が記録されているが、肝腎の人間としての反応が認められていないと、赤松氏はのべている。毎年打ちならされる太鼓の音の年ごとの強弱に対する見物人の解釈の仕方なども意見として聞書きしておくべきだとする。年ごとの祭りの変化、見物人の体験から生じた批評の変化を実際に祭りに参加して、楽しみながら記録しなくてはならないというわけであり、この点は、古風な祭りがショー化して祭礼に変化していく点を把握するについての一つの鍵をにぎる資料と思われる。赤松氏はすでに村落共同体の祭りの実体を、そうした観点から見ていたのであった。

赤松氏の祭り論には、三つの主張がある。一つはショー化した祭りについてである。村の伝統的な祭りは、どこも画一化されていく。ふるさと回帰や村おこしなどを志向しても、これは行政主導の「都市型にせ祭礼」として観光化する宿命にある。赤松氏は「文化財」として温存され、やがて観光化するくらいならば、むしろいさぎよく滅亡した方がよいというのである。その方が「下手に歪曲されて残り、源流を汚されるよりはよほど立派」（一六一ページ）だという。

二つは、現代の祭りはあくまで現代文化なのであり、近世・中世・古代を再現するわけでもないし、その残存とみるべきでもないという。近世から現代へかけての神事祭礼は各時代、地域の様式が流行によって雑然と一体化して混在化しており、それらを一つ一つ解体して祖型を発見することは難しい。古代の神事が一つ残ったからといってその神社の創建や祭礼全体が古いというのではなく、新しい流行の採用という現象という事例もある。「柳田民俗学の最も悪いクセは、そうした現代の機能を抜きにして、すぐに祖型を洗い出せると空想したことだ」（一七六ページ）という批判である。

三つは、若者と祭りの関連についてである。祭礼に参加する若者たちは、競馬、流鏑馬、相撲などで技を競い、神輿かつぎで紛争を起こした。これを赤松氏は「祭礼に参加するムラの戦闘能力を誇示するための演習場」（一八三ページ）とみなしている。つまり祭りは、祖霊や御霊の鎮魂の目的ではなく、水争いや境界争いなど村同士の対立葛藤を反映したデモンストレーションだと説明している。祭りは実力闘争であり、若者集団は、「村落共同体の軍事組織」に匹敵するのだともいう。

「いつも土民の一人として、群集の喧噪のなかで生きた祭礼」を観察してきたという自負心が、以上のような祭り文化論として表現されているのである。そこには形骸化した祭礼記録だけからは祭りのもつ独特の熱気が伝わってこないと批判する赤松民俗学の面目が躍如としているのである。

次に被差別の実態について、たとえば「媒妁業者」の眼を通して「キキアワセ」「トイアワセ」の要件となる課題があげられている。それは「被差別部落」「カッタイ・狂人などの病系」「憑き物筋」の三つであるという。この「媒妁屋」は「田舎紳士」であり、かれらを聞書きの当事者に見立てることなどは、とても予想がついていなかったといえよう。行商人と同様、非定住民の視角がここにも示されている。

縁談にからまる差別意識について、赤松氏の調査では、破談、離婚の経緯は、父方よりも母方の親類から反対が出るケースだという。男性が弱腰になり、妻すなわち当人の母親に転嫁してしまう結果となる。そして縁談から結婚に至るまでの人間関係が総ざらいされ、当人の問題だけにとどまらなくなる。このように被差別部落の婚姻の習俗を通して、日本の婚姻制度の全体像に迫っていく可能性すらうかがえるのである。

「差別解放」に対する私見として赤松氏は、「本籍」戸籍の全廃による「家」の解体を主張している。「家」とは男と女とが同居して共同生活を営むというのが原点であるとする。だから同居した女性が男側の「姓」に改める必要はない。共同生活で獲得した財産は双方の合意で処理し、財産の相続は考えない、といったきわめてシンプルな「家」システムを赤松氏は想定している。そうなれば「家」の格や「筋」をいちいち問題にしないで済むはずだとのべている（一五〇ページ）。これは明快にして理想的な原理論であるが、この思考を導き出したのは、まさしく赤松氏の体験的民俗調査研究の結果であることにわれわれは深く思いをいたすべきなのである。

赤松民俗学の見事な成果の一つとされるのが生駒山の聖天信仰に関する実態調査である。生駒山はかつての修験系の道場であったが、江戸時代中期以降から現代まで流行神化し、民間信仰のセンターの様相を呈するに至った。主神「石切大神」は「石でも切る」という霊験効《あらた》かな切れ味から生じた名称だという。すでに戦前赤松氏は生駒山の民間信仰調査報告を『民俗学』『旅と伝説』『上方』などに発表して注目されたが、近年民俗宗教としての生駒山信仰が、宗教社会学の分野でも関心をもたれており、赤松氏の研究は、当該領域の古典としてかならずとり上げられている。当時余り顧みられなかった民間信仰の実態調査に敢然と取組んだ赤松氏の問題意識は高く評価されよう。

民間信仰の特色は現世利益。祭神も、大岩大明神、信吉大明神、白竜大神、白玉大善神等々が小祠に祀られている。その本体もキツネ、タヌキ、ヘビである。アニミズムを基調とした民俗宗教の特徴であり、国家が公認した『古事記』『日本書紀』の祭神とは別ものである。赤松氏が関心をもったのは、宗教の原型が高等宗教よりも民間信仰の中に生きていると感じたからにほかならなかった。赤松氏は反宗教闘争や無神論運動というものはまず成功しないといい、「おそらく地球が絶滅する瞬間まで、われわれは宗教や信仰から離れられないだろう」（二五〇ページ）というのである。生駒山の水行場のオコモリの実態を調べながら、そこでは性交がごく自然に行われている。それは「陰陽合相」に適合する事実なのであり、また女の厄落としにみる人間の業の深さなど、民間信仰の基底にある人間性の本質に触れ合うことが、赤松氏の調査体験の真骨頂でもあった。

この点は、共同体と性の関わりを説いた一連の論考にもよく表現されている。戦前農村の年中行事、祭礼、盆、縁日など行事のあった夜に性的解放が行われたという民俗的事実は従来も知られていたが、赤松氏はこれを積極的に資料として収集していた。性に関する事例を赤松氏の報告からみると、珍奇な習俗をことさらとり上げているというようには決して見られない。性の営みは、人間本来の生活慣習であったことが民俗としてとらえられるのである。柳田民俗学が避けていた「性」が民俗学の根本課題であることは、赤松氏の批判をまつまでもなかったのである。「もともと私たちの性民俗、性意識は極めて自由闊達であり、七つ、八つから具体的な性教育を始め、十三歳にもなれば性交をも指導したのであり、純潔だの、貞操だのという国家目的的倫理観とは相容れないものであった。私たちが忠君愛国の国家理念に屈服し、性意識の自由を失ったとき、また思想・信仰の自由も失ったのである」（二九三ページ）という赤松氏の言はまことに万鈞の重味をもつものである。国家権力と民俗の関わりをいち早く見抜き、「非常民」の眼を通してそのからくりを、観念よりも体験として把握した赤松民俗学の現代性は衰退化をたどる一方の現在の民俗学の今後の行方に喝を与えることに間違いはないだろう。

●文庫解説

# 赤松民俗学の遺産から、未完の歴史を構築せよ

川村邦光

赤松啓介（本名・栗山一夫）さんが亡くなって、一七年である。一九〇九年（明治四二）三月に生れ、二〇〇〇年三月に死去した。享年九一。長命であった。私は晩年の赤松さんに会ったことがある。いきり立った若衆組めいた集団のなかに、穏やかな風貌をした、赤松さんが長老然として、ちんまりと鎮座していたことを思い出す。

一九〇九年は幸徳秋水や管野須賀子らによって『自由思想』が創刊され、安重根《アンジュングン》によって伊藤博文がハルビンで射殺された年であり、翌年には大逆事件が起こっている。赤松の青年期は一九二〇年代から一九三〇年代にかけて、大正デモクラシーから左翼運動の弾圧・壊滅期に当たり、戦争の時代に突入していった時期である。赤松自身、勤め先を転々としつつ、左翼運動に身を投じて、三九年（昭和一四）に治安維持法違反で検挙されて、非転向のまま有罪とされ、大阪刑務所に投獄された。二年六カ月獄中にあり、敗戦色の濃厚なさなか、四三年になり、満期釈放されている。

赤松の古代史や考古学、民俗学に関する野外探査は、左翼運動とともに、商業学校などを転々としていた、一七歳頃から始まり、生涯で一度の定職についた大阪中央郵便局勤めを経て、化粧品などの自転車行商をしながら、行商圏と並行して都市部から山間部へと及んでいる。特に日本戦闘的無神論者同盟の活動として、生駒山の宗教調査に入れ込んでいる。

赤松は性の民俗学者、また夜這いの民俗学者として名を馳せたが、本領はマルクス主義の唯物史観による社会科学的民俗学である。それは柳田民俗学説の徹底した批判と革新的な社会運動によって確立できるとする。歴史科学として、マルクス主義民俗学理論・調査法をまとめた、赤松の『民俗学』は一九三八年（昭和一三）に刊行されている。民俗学概説書の最初期のもので、記念碑的な労作である。現在では、『赤松啓介民俗学選集』（岩田重則編、全七冊、明石書店）で、赤松民俗学の全貌を知ることができる。

赤松民俗学では、「ムラにとって、民衆にとって支配権力、国家とはなんであったのか」、「天皇制国家とはなんであったのか」、「非定住の人たち、差別されている人たち、都市の低層住人たち、スラム街の人たち、ムラと連帯しながら生き続けようではないか」（六五〜六六ページ）と問いかけつつ、天皇制国家の打倒に向けて、ムラと非定住者・被差別民・都市底辺労働者との連帯・共同闘争を呼びかけている。それは現在にいたるまで未完のままである。

現天皇が〝玉体放送〟で「お言葉」を発して、退位を示唆した。老齢により天皇の

「象徴としての務め」ができなくなるとのことであった。この〝玉体放送〟は政府・国会をはじめとして、マスメディアや国民を動かしたという点で、まさしく天皇による政治行為ではなかったか、天皇制国家の存続をあらためてリアルに確認させたのだ、誰も天皇制廃止を口にしないのか、と赤松なら大いに憤慨したのではなかろうか。

赤松民俗学で、性と差別は天皇制解体と密接に連関した終生のテーマである。本書の境界論、祭礼論、民俗信仰論にも一貫して追究されている。赤松は柳田民俗学の「常民」といった平板な民衆概念を批判して、小作農や多様な自作農、また被差別民の民俗に階級性と差別が貫かれていることを明らかにしている。そこで重要なコンセプトが「境界」である。

境界において、多様な階級の農民や地主、非定住人などの生活様態が顕在化する。多様な階級性と差別が交差し衝突する動態的な領域、接触領域（コンタクト・ゾーン）が境界であり、境界は民俗調査の戦略的な領域となり、民俗への視線を転換させる概念となる。行商や港湾労働によって培われた、赤松のすぐれて独自なコンセプトである。そこには、日本民俗なるものの残留した祖型・固有性があるのではなく、歴史的に変動し、階級的に多種多様な流動した民俗文化の諸相が重層し、いわば生々流転していると、きわめて動態的な民俗社会像が描かれるのである。

この境界領域では、性の習俗も差別と階級性を帯びて浮上してくる。夜這い習俗は決して牧歌的でも、おおらかな性の解放でもなく、村落を維持するための男女の交渉の所産であり、「双方に選択の自由が確保され」「極めて健康な性的民俗として深く浸透し」ていた（六三ページ）が、他方では「不均等」で排除と統合の働きをもって規制していた。したがって、村落の構成・秩序が弱体・解体していけば、夜這いも変容し、衰退・消滅していくことになる。

資本主義が農村社会を解体・再編していくなかで、下層労働者として若い男女・若衆が都市へと流入し、婚姻形態が家父長制・一夫一婦制による見合い婚の普及によって変化して、夜這いは衰退の一途を辿っていった。夜の闇が深かった時代にこそ生きていた民俗である。それでも赤松は男女の交情の味わい深さにほだされて、夜這い習俗の残影を拾い集めて、性愛・セクシュアリティの歴史を書き留めていったのだ。

夜の闇の深さのなかで、赤松民俗学は生成・展開していった。赤松自ら「赤松民俗学の特色は、百姓どものどてっ腹へ匕首《あいくち》を突っ込んで、これでもか、これでもかと掻き廻し、ドロドロと血を吹き出させる土佐「絵金」の世界である」（二九ページ）と語っている。百姓・民衆を美化して媚びるのではなく、欲にまみれた生産者・革命の主体として鍛え上げようとする姿勢である。今や百姓はいなくなってしまったが、闇のなかに蠢く有象無象の血みどろの世界は確かにまだある。

きれいに整えられた舗道の下、そこには塵芥《あくた》もあれば、石飛礫《つぶて》もある。そして、埋もれながらも鮮血を滴らせている「百姓どものどてっ腹」から溢れ出た、いまだに顧みられない悲喜交々《こもごも》の民俗が横たわっているかもしれない。「せめて村落共同体の最末期の環境と、戦時下における抵抗と屈従の歴史を残しておきたいというのが、私の唯一の目標である」（二八ページ）と期した、赤松民俗学の遺産をきっちりと受け止め、未完の歴史を発掘する営みに、赤松は誘っている。

（近代文化史研究）

# 初出一覧

Ⅰ「民俗境界論序説――はしがきにかえて――」
（書き下ろし、一九八八年四月執筆）
Ⅱ「酒見北條の節句祭見聞記」（『旅と伝説』第九巻第五号・一九三六年五月）
「北條の節句祭り　加西郡北條町」（『兵庫県郷土研究』第一巻第二号・一九三七年三月）
「ムラとマツリ」（『半どん』八六・八七合併号・一九八二年一月）
Ⅲ「かたくま寺の話」（『ドルメン』第四巻第三号・一九三五年三月）
「新婚の民俗」（『庶民評論』第二巻第七号・一九五一年七月）
「民俗宗教と性民俗」（『解放教育』）
「共同体における性の伝承」（『解放教育』二一九号・一九八七年三月）

＊本書は、赤松啓介『非常民の民俗境界――村落社会の民俗と差別』（明石書店、一九八八年十月刊）を改題して文庫にしたものです。ルビは原則平仮名とし、ところどころに補いました。

# 性《せい》・差別《さべつ》・民俗《みんぞく》

二〇一七年　四　月一〇日　初版印刷
二〇一七年　四　月二〇日　初版発行

著　者　赤松啓介《あかまつけいすけ》
発行者　小野寺優
発行所　株式会社河出書房新社
〒一五一-〇〇五一
東京都渋谷区千駄ヶ谷二-三二-二
電話〇三-三四〇四-八六一一（編集）
〇三-三四〇四-一二〇一（営業）
http://www.kawade.co.jp/

ロゴ・表紙デザイン　粟津潔
本文フォーマット　佐々木暁
本文組版　株式会社創都
印刷・製本　中央精版印刷株式会社


Printed in Japan　ISBN978-4-309-41527-7

## 天皇の国・賤民の国　両極のタブー

沖浦和光　40861-3

日本列島にやってきた諸民族の源流論と、先住民族を征圧したヤマト王朝の形成史という二つを軸に、日本単一民族論の虚妄性を批判しつつ、天皇制、賤民、芸能史、部落問題を横断的に考察する名著。

## ツクヨミ　秘された神

戸矢学　41317-4

アマテラス、スサノヲと並ぶ三貴神のひとり月読尊。だが記紀の記述は極端に少ない。その理由は何か。古代史上の謎の神の秘密に、三種の神器、天武、桓武、陰陽道の観点から初めて迫る。

## 信長は本当に天才だったのか

工藤健策　40977-1

日本史上に輝く、軍事・政治の「天才」とされる信長。はたして実像は？その生涯と事績を、最新の研究成果をもとに、桶狭間から本能寺の変まで徹底的に検証する。歴史の常識をくつがえす画期的信長論。

## サンカの民を追って

岡本綺堂 他　41356-3

近代日本文学がテーマとした幻の漂泊民サンカをテーマとする小説のアンソロジー。田山花袋「帰国」、小栗風葉「世間師」、岡本綺堂「山の秘密」など珍しい珠玉の傑作十篇。

## 江戸の都市伝説　怪談奇談集

志村有弘〔編〕　41015-9

あ、あのこわい話はこれだったのか、という発見に満ちた、江戸の不思議な都市伝説を収集した決定版。ハーンの題材になった「茶碗の中の顔」、各地に分布する飴買い女の幽霊、「池袋の女」など。

## 弾左衛門とその時代

塩見鮮一郎　40887-3

幕藩体制下、関八州の被差別民の頭領として君臨し、下級刑吏による治安維持、死牛馬処理の運営を担った弾左衛門とその制度を解説。被差別身分から脱したが、職業特権も失った維新期の十三代弾左衛門を詳説。

## 弾左衛門の謎

塩見鮮一郎 40922-1

江戸のエタ頭・浅草弾左衛門は、もと鎌倉稲村ヶ崎の由井家から出た。その故地を探ったり、歌舞伎の意休は弾左衛門をモデルにしていることをつきとめたり、様々な弾左衛門の謎に挑むフィールド調査の書。

## 異形にされた人たち

塩見鮮一郎 40943-6

差別・被差別問題に関心を持つとき、避けて通れない考察をここにそろえる。サンカ、弾左衛門から、別所、俘囚、東光寺まで。近代の目はかつて差別された人々を「異形の人」として、「再発見」する。

## 賤民の場所 江戸の城と川

塩見鮮一郎 41052-4

徳川入府以前の江戸、四通する川の随所に城郭ができる。水運、馬事、監視などの面からも、そこは賤民の活躍する場所となる。浅草の渡来民から、太田道灌、弾左衛門まで。もう一つの江戸の実態。

## 河童・天狗・妖怪

武田静澄 41401-0

伝説民俗研究の第一人者がやさしく綴った、日本の妖怪たちの物語。日本人のどういう精神風土からそれぞれの妖怪が想像されたかを、わかりやすく解く、愉しく怖いお話と分析です。

## 山窩秘帖

水上準也 41404-1

三角寛の山窩長篇は未完に終わったが、山窩小説界で完結した長篇時代小説はこの一作のみ。由井正雪の慶安事件の背景に迫る、気宇壮大、雄渾のサンカ小説が初めて文庫に。

## 貧民に墜ちた武士 乞胸という辻芸人

塩見鮮一郎 41239-9

徳川時代初期、戦国時代が終わって多くの武士が失職、辻芸人になった彼らは独自な被差別階級に墜ちた。その知られざる経緯と実態を初めて考察した画期的な書。

## 裁判狂時代　喜劇の法廷★傍聴記

阿曽山大噴火　40833-0

世にもおかしな仰天法廷劇の数々！　大川興業所属「日本一の裁判傍聴マニア」が信じられない珍妙奇天烈な爆笑法廷を大公開！　石原裕次郎の弟を自称する窃盗犯や極刑を望む痴漢など、報道のリアルな裏側。

## 裁判狂事件簿　驚異の法廷★傍聴記

阿曽山大噴火　41020-3

報道されたアノ事件は、その後どうなったのか？　法廷で繰り広げられるドラマを日本一の傍聴マニアが記録した驚異の事件簿。監禁王子、ニセ有栖川宮事件ほか全三十五篇。〈裁判狂〉シリーズ第二弾。

## ミッキーマウスはなぜ消されたか　核兵器からタイタニックまで封印された10のエピソード

安藤健二　41109-5

小学校のプールに描かれたミッキーはなぜ消されたのか？　父島には核兵器が封じられている？　古今東西の密やかな噂を突き詰めて見えてくる奇妙な符号——書き下ろしを加えた文庫オリジナル版。

## 黒田清　記者魂は死なず

有須和也　41123-1

庶民の側に立った社会部記者として闘い抜き、ナベツネ体制と真っ向からぶつかった魂のジャーナリスト・黒田清。鋭くも温かい眼差しを厖大な取材と証言でたどる唯一の評伝。

## 「朝日」ともあろうものが。

烏賀陽弘道　40965-8

記者クラブの腐敗、社をあげて破る不偏不党の原則、記者たちを苦しめる特ダネゲームと夕刊の存在……。朝日新聞社の元記者が制度疲労を起こしたマスメディアの病巣を鋭く指摘した問題作。

## 言論自滅列島

斎藤貴男／鈴木邦男／森達也　41071-5

右翼・左翼、監視社会、領土問題、天皇制……統制から自滅へと変容した言論界から抜け出した異端児が集い、この国を喝破する。文庫化のために再集結した追加鼎談を収録。この真っ当な暴論を浴びよ！